白沙漢詩百首 5
東方燈燭

黃必洪 漢詩集

황 필 홍

연세대 철학과 학사
미국 Utah대 정치철학 박사
영국 Cambridge대 Visiting Scholar
국립철도전문대학 교수
단국대학교 교수
개화공정미술 대표
한국한시학당 대표
한시 시인 하영섭 선생 사사
"漢詩作法定石 河永燮 黃必洪 共著"
"白沙漢詩百首 1, 2, 3, 4, 5" 外
YouTube 漢詩定石 縱橫無盡
phhphd@naver.com

그리운 아버지 어머니 영전에

序 文

시집 제목 "白沙漢詩百首5 東方燈燭"의 白沙는 山浦와 더불어 사용되는 나 필자의 別號(Penname)다. 백사는 내가 태어난 전남 강진 백사에서, 산포는 내가 자란 전남 나주 산포에서, 따온 이름들인데 두 곳 다 나의 어릴 적 고향산천이다. 글자가 뜻하는 바는, 쉬이 알 수 있듯이, '바닷가 모래사장'이라는 백사요 '산 아래 개의 어귀'라는 산포다. 우리집은 2곳에서 조부 조모 아버지 어머니 2대에 걸쳐서 공히 술도가 양조장을 운영하였는데 내 시 창작의 시상을 태동시키는 원천의 桃花源이 되어 주는 살아 숨 쉬는 영원한 2이상향이다. 그러므로 백사한시백수는 당연히 나 백사 황필홍이 쓴 한시 백 편이라는 말이 된다.

1권과 2권은 책 제목이 "백사한시백수1" "백사한시백수2"였다. 이제 3권 4권 5권에 이르러서는, 도서출판 다운샘 김영환사장님의 독자의 이해를 돕는다는 제안을 좇아서, "백사한시백수3 동행" "백사한시백수4 해동성국" 그리고 "백사한시백수5 동방등촉"이라 부연하여 명명하게 되었다. 처음 시집을 낼 때는 1권 2권 3권, 곧 상편 중편 하편, 정도만 계획하였는데 급기야 4권에 이어 5권으로 곧장 무려 500편의 시를 짓고 나니 내 스스로도 정말 놀랄 지경이다. 그런데 이제는 언제부턴가 슬그머니 1000편까지 가보려는 圖謀의 機心이 생겨나니 한편 가슴이 벅차고 한편 두렵기도 하다. 그러나 그것이 어디 내 맘대로만 되겠는가. 엄히 '人間은 계획하고 제안하고, 神은 결정하고 처분한다 - Man proposes, God disposes!!'라고 하였으니...

오랜 옛날부터 이웃하는 국가들에서는 우리를 가리켜 동쪽의 예의 바른 군자의 나라라며 東方禮儀之國이라 호칭하였다. 唐나라에서는 우리 渤海의 높은 문명의 수준을 稱頌하여, 그 번영과 강함을 稱揚하여, 바다 동쪽의 융성한 나라 海東盛國으로 불렀다. 그리고 근현대에서는 印度에서는, 아시아 최초 노벨문학상 수상자 시인 타고르(1861-1941)는, 우리나라를 가리켜 東方燈燭(The Lamp of the East) 곧 동쪽 나라의 등불이 되리라고 稱歎해 마지않았다: 'The Lamp of the East: In the golden age of Asia [Corea] was one of its lamp-bearers, and that lamp is waiting to be lighted once again for the illumination in the East. Rabindranath Tagore 28th, March, 1929. 동방등촉: 일찍이 아시아의 황금시기에 빛나던 등촉의 하나인 조선이여 그 등불 한 번 다시 켜지는 날에 그대는 동방의 밝은 빛이 되리라 1929년 3월 28일 라빈드라나스 타고르.' 문화예술활동의 거리로 소문난 대학로를 지나면 동방등불의 시인 타고르의 어여쁜 자그마한 기념시비를 마주치게 되는데 반가우면서도 한편 아쉬움이 있다. 그 옆에 반듯하게 큼직한 해동성국 발해의 중흥군주 宣王의 기념동상도 함께 세웠으면 어떻겠는가. 해동성국 동방등촉!!

필자의 본래 주 전공은 정치철학, 법철학, 역사철학이지만 정확한 표현을 빌자면 개인주의/자유주의(Individualism/Liberalism)의 철학이다. 더 본래는 사실 영문학을 전공하려 하였다. 그런데 사정이 생겼다. 과거 대학 원서접수 마감 1시간 전에, 접수처 일대에서 학부형 어머니들의 '지원자가 많이 몰려서 커트라인이 많이 올라갈' 것이라는 웅성거리는 소리에 깜짝 놀라서, 영문과 지원을 포기하고 부랴부랴 지원서류를 고쳐서 철학과에 지원하게 된 것이다. 아무 생각 없이 점수가 낮은 과를 찾아서 그냥 철학을 지원한 것이 이후 내 일생의 業이 되었다. 철학과를 마치고 미국에 가서 철학박사학위를 받고서 귀국해서 철학교수로서 활동하게 된 것이다. 그러던 중 어릴 적부터 조선 끝자락 개화기 1884년 甲申政變의 실패에 미련을 못 버려 개화파인사들의 서화작품에 관심을 갖고 있었는데 그들 작품에 한시가 자주 등장해서 그래서 한시감상이나 몇 년 해볼까 하였는데 한시공부로 근 사반세기의 세월이 흘러가면서 인생후반전의 또 하나의 업이 되었다. 세상살이에 꼭 필연이 지배하는 것은 아닐 것이지만 이렇게도 우연하게 철학을 공부하고 이렇게도 우연하게 한시를 공부하게 된 것은 참 기이하다. 우연히 철학이 인생전반을 지배하고 우연히 한시가 인생후반을 지배하게 된 것이다. 나약한 한 인간의 의지를 이리저리 끌고 다니는 어떤 알 수 없는 힘(Unknown force)에 놀람을 금치 못한다. 물론 막연히 영국 셰익스피어(W. Shakespeare) 문학을 공부하려던 계획에서, 서양철학을 휘돌아서, 다시 동양문학 한시로 왔으니 문학으로의 복귀요 귀환이라고 애써 위로(?)를 삼아 본다. 서양철학 동양문학!!

나의 한시공부는 韓國漢詩學堂을 세우고 이끄신 浩亭 河永燮선생님으로부터 시작한 것이니 한시를 호정선생님에게서 親炙하였다. 주위의 추천으로 참석한 첫날 강의에서 '노신사가 명강의를 하십니다!! 우리 운명적 만남이요!!'라고 속엣말로 반갑게 뇌까렸던 기억이 남아있다. 호정선생님께서는 수제자로서 卷宇 洪贊裕선생님에게서 한학을 수학하였고 권우선생님은 수제자로서 爲堂 鄭寅普선생님에게서 한문학을 수학하였다고 전해 듣는다. 정인보선생님은 한시학자로서만이 아니라 교육자로서 정치인으로서 독립운동가로서도 명성이 자자한데 대한민국 정부수립 과정에서 국경일노래 다섯 중에 넷을 작사한 것으로도 알려져 그 시 세계의 위상을 실감케 한다. 한글날 노래를 제외한 삼일절 제헌절 광복절 개천절의 노래가 사를 모두 그분이 마련한 것이라고 한다. 글자 하나하나가, 한글 우리말에서도 한자 우리말에서도, 출중하고 아름다워 압권임에 의심의 여지가 없더라. 위당 정인보 권우 홍찬유 호정 하영섭으로 이어지는 한국한시학당의 걸출한 시 전통과 정신의 맥을 賤學非才한 내가 감히 짊어지기에는 전통의 짐(The Burden of tradition)이 실로 어깨에 무겁다.

일본어는 50%가 한자어인데 일본인은 한자를 자기언어로 생각하면서 쓰고 있다. 고유의 히라가나와 가타카나와 한자가 동시에 섞여 쓰이는 것이다. 그런데 우리 한국어는 70% 이상이 한자어 관련 우리말임에도 우리는 언제부턴가 한자말을 거의 온전히 배격하고 있는 실정이다. 수천 년 사용하던 언어를 이제 와서 우리언어가 아니라고 배척하는 것은 그 말이 맞지도 않으려니와 또 손실이 너무 커서 차라리 해롭다. 일본도 1868년 明治維新 전후로 한자병용에 대한 찬반논란이 있었다고 듣는다. 그렇지만 당시 위정자들은 대부분 유지하는 것이 더 낫다고 판단하였다는 것이다. 우리는 1961년 5.16 군사정변 이후 군인정치가들이 한글전용이 편리성에 더 부합한다고 나름 판단하는 우를 범하여 한자를 멀리하였다. 구한말 西勢東漸期에 우리조정이 쇄국보다는 문호개방을 적극 지지하였으면 좋았으리라는 판단이 서고, 현대 60년대 이후의 언어정책에서는 우리정부가 한글전용보다는 한글한자 공용의 정책을 채택하는 것이 더 나았을 것이라는 판단이 내게는 여태껏 남아 있다. 첫째, 그 이유는, 한자가 우리글이 아니라는 것에 동의하기 어렵기 때문이다. 그것은 너무 자학적이고 너무 결벽적이다. 한자는 중국과 한국과 일본과 대만과 월남 등 주변에서 수천 년씩 함께 쓴 상용문자가 아닌가. 꼭 시작부터 자생적이어야만 자기 것이고 그 외 유입되거나 빌려 온 것은 다 영원히 남의 것으로 배척해야 하는가. 그렇다면 한자나 한시도 남의 글자요 남의 문장이며, 水朴이나 木花도 아프리카와 대륙에서 온 외래 농산물이고, 아파트(Apartment)나 시내버스(City bus)도 서양언어인가. 왜 일본은 한자가 자기의 언어라고 여기고, 미국은 왜 영어가 자기들의 언어라고 간주하는가. 영국의 식민지시대도 겪었으니 더욱 배제해야 맞지 않겠는가. 둘째, 이어지는 더 큰 이유는, 우리글에서 한글로만 사용하는 경우보다 한글과 한자를 섞어 쓰는 경우가 문장을 바르고 용이하게 이해하는데 훨씬 더 도움이 된다는 사실 때문이다. 한때 심심한 감사의 뜻을 표한다는 말의 심심하다를 한자어 깊고 깊은 '深深'이 아닌 한글 말 지루하고 따분한 '심심'으로 이해하였다는 말이 있어 웃음거리가 되었다. 고문이라는 단어는 얼른 전기 '拷問'을 생각하겠지만, 물음에 응한다는 '顧問'도 있고, 옛글이라는 '古文'도 있고, 빼어난 글이라는 '高文'도 있을 것이다. 그러므로 한글도 한자도 모두 우리 한국어인 것이요 모두 우리 한국어야만 하는 것이다.

필자가 한시를, 한시공부를, 우리가 꼭 지켜야 할 필요가 있다고 판단하는 데는 다른 이유가 더 있다. 첫째는, 한시에는 우리 조상들의 지혜(Wisdom)가 가득히 녹아있어서 인생살이의 도정에서 일찍이 그것을 송두리째 경험해 볼만한 가치가 있다고 본다. 시 속에 우정과 사랑이 있고 전쟁을 반대하고 평화를 염원함이 깃들어 있다. 자연보호가 있고 예술추구가 있다. 나라에 대한 충성과 부모에 대한 효심이 있고 사람간의 신의가 있고 국가간의 외교도 있다. 또한 인간적으로 좌절하는 신세타령도 있고 가는 세월에 대한 원망과 한탄도 빠지지 않는다. 모두가 우리 인간 삶에 더 없이 소중한 낱낱한 일거리들이다. 우리가 일찌감치 읽고서 깨우쳐야할 중요한 소재들인 것이다. 일본이나 중국은 소학교에서 70-80편의 고전의 반열에 오른 다양한 주제의 명품 한시를 배운다고 한다. 왜 우리는 아니 하는가. 소년소녀시절 선대의 명작 시문장을 공부하는 것이 아니한 것보다 훨씬 더 나으리라는 것은 불문가지다. 이런 것이 진정한 조기교육 아니겠는가. 둘째는, 한시 구성에서 요청되는 엄격한 논리성(Logicality)을 배울 필요가 있어서도 그렇다. 보통 우리가 17세기를 이성(Reason)의 시대, 18세기를 계몽(Enlightenment)의 시대, 19세기를 이데올로기(Ideology)

의 시대, 20세기를 분석(Analysis)의 시대라고 불러왔다. 21세기는 예측컨대 논리(Logic)의 시대가 되리라고 진단해 본다. 작금은 논리성이 결여된 글은 글로도 취급되지 못하는 시대가 되었다. 바야흐로 논리가 절대인 시대다. 그렇다면 논리를 배우고 깨치기 위해서도 한시 공부의 정당성은 분명하다. 지금부터 우리가 나서서 중국과 일본과 대만과 월남과 손잡고 다시 한번 한시 중흥과 한민족 중흥의 시대를 열어가기를 두손모아 빌어본다. 해동성국 동방등촉이 아시아와 세계를 밝히리라는 믿음을 굳건히 지키고 실천해보자.

영어 표현에 'Build a better mousetrap, and the world will beat a path to your door a la Ralph Waldo Emerson(1803-1882) 조금 더 개량된 쥐덫 하나라도 만들어 낸다면 세상 사람들은 당신의 집이 아무리 울창한 숲속에 있다고 할지라도 그 문 앞에까지 길을 내고 찾아갈 것이라고 에머슨이 말했다.' 참 일리가 있다고 난 생각하게 되었다. 꼭 무슨 혁신의 기술 따위가 아니더라도 한 작은 생각이 주위의 동시대의 이웃들에게, 어떤 형식으로라도, 작으나마 유용한 인식과 위안을 제공한다면 그것도 좀 더 개량된 쥐덫이 될 수 있지 않을까. 나는 이 시대를 살다가는 왜소한 개인주의 자유주의 철학자이자 고전 한시 시인으로서, 철학이 가져다주는 개인의 자유의 유용함을, 한시가 가져다주는 계몽의 유용함을, 환호하는 이웃들에게 정성 들여 선물할 것을 꿈꾼다. 사회를 바꾸는 큰 혁명도 한 때는 어느 한 사람의 가슴속의 작은 생각이었다고 하지 않던가...

2025. 6. 1.
운현궁에스케이허브 개화공정미술사무실에서 쓴다.
백사 산포 황필홍 배수 계수

目 次

- 序文 / 4

〔詩原文〕1 [先韻] 顯忠 현충 / 16

〔詩原文〕2 [元韻] 烏鵲橋化作老萊子 오작교화작노래자 / 18

〔詩原文〕3 [陽韻] 懷古光復八十周年 회고광복팔십주년 / 20

〔詩原文〕4 [微韻] 歸臥故山秋 귀와고산추 / 22

〔詩原文〕5 [虞韻] 送崔秀才弼歸江華 송최수재필귀강화 / 24

〔詩原文〕6 [虞韻] 一病夫美術品所藏家 일병부미술품소장가 / 26

〔詩原文〕7 [微韻] 麻衣太子 其一 마의태자 기일 / 28

〔詩原文〕8 [先韻] 麻衣太子 其二 마의태자 기이 / 30

〔詩原文〕9 [先韻] 賈生 가생 / 32

〔詩原文〕10 [支韻] 苦盡甘來 고진감래 / 34

〔詩原文〕11 [陽韻] 弔喪漢城黃必洪先生 其一 조상한성황필홍선생 기일 / 36

〔詩原文〕12 [庚韻] 弔喪漢城黃必洪先生 其二 조상한성황필홍선생 기이 / 38

〔詩原文〕13 [尤韻] 贈別滿洲和沿海州 증별만주화연해주 / 40

〔詩原文〕14 [麻韻] 羈旅人海 기려인해 / 42

〔詩原文〕15 [尤韻] 大家大門 대가대문 / 44

〔詩原文〕16 [文韻] 自疚之嘆 자구지탄 / 46

〔詩原文〕17 [冬韻] 江海驛站喜見故人又乃別 강해역참희견고인우내별 / 48

〔詩原文〕18 [庚韻] 共生 공생 / 50

[詩原文] 19 [侵韻] 呈幽谷佳人仁義堂先生 정유곡가인인의당선생 / 52

[詩原文] 20 [陽韻] 寄贈香積堂崔永宇先生 기증향적당최영우선생 / 54

[詩原文] 21 [庚韻] 秋蟬 추선 / 56

[詩原文] 22 [蒸韻] 厭世主義 염세주의 / 58

[詩原文] 23 [灰韻] 鷺梁津舊址 노량진구지 / 60

[詩原文] 24 [歌韻] 秋日詩話酬酌 추일시화수작 / 62

[詩原文] 25 [灰韻] 讀後贈內人及孤雁 독후증내인급고안 / 64

[詩原文] 26 [文韻] 和崔塗孤雁 화최도고안 / 66

[詩原文] 27 [麻韻] 分數 분수 / 68

[詩原文] 28 [刪韻] 休日尋訪北山隱士哲人不遇 휴일심방북산은사철인불우 / 70

[詩原文] 29 [支韻] 除夜有懷 제야유회 / 72

[詩原文] 30 [庚韻] 老年生死 노년생사 / 74

[詩原文] 31 [佳韻] 映畵劇場一番街皮作迪利團成社 영화극장일번가피커딜리단성사 / 76

[詩原文] 32 [庚韻] 將養 장양 / 78

[詩原文] 33 [尤韻] 回憶船遊樂 회억선유락 / 80

[詩原文] 34 [麻韻] 送人之京 송인지경 / 82

[詩原文] 35 [齊韻] 長生久視 其一 장생구시 기일 / 84

[詩原文] 36 [尤韻] 長生久視 其二 장생구시 기이 / 86

[詩原文] 37 [寒韻] 海東盛國 해동성국 / 88

[詩原文] 38 [灰韻] 登金剛山佛頂臺 등금강산불정대 / 90

[詩原文] 39 [寒韻] 又欲飮椰子水 우욕음야자수 / 92

[詩原文] 40 [庚韻] 尤極近侍天主 우극근시천주 / 94

〔詩原文〕41 [眞韻] 暗主 암주 / 96

〔詩原文〕42 [庚韻] 經先妣墓 경선비묘 / 98

〔詩原文〕43 [陽韻] 傾城之貌蓮堂姑娘 경성지모연당고낭 / 100

〔詩原文〕44 [庚韻] 運動漢詩美術英語 운동한시미술영어 / 102

〔詩原文〕45 [東韻] 構文規則難中難哉 구문규칙난중난재 / 104

〔詩原文〕46 [先韻] 杜甫聞官軍收河南河北讀後有感
　　　　　　　　두보문관군수하남하북독후유감 / 106

〔詩原文〕47 [眞韻] 讀杜甫七言律登高有懷 독두보칠언율등고유회 / 108

〔詩原文〕48 [眞韻] 放浪客 방랑객 / 110

〔詩原文〕49 [魚韻] 春日梨浦泜游望 춘일이포보유망 / 112

〔詩原文〕50 [冬韻] 爲老年健康生活必定補修修繕心身抵抗抗衡病惡
　　　　　　　　위노년건강생활필정보수수선심신저항항형병악 / 114

〔詩原文〕51 [眞韻] 淪落人 윤락인 / 116

〔詩原文〕52 [冬韻] 金剛山 금강산 / 118

〔詩原文〕53 [陽韻] 開化工程美術韓國漢詩學堂 개화공정미술한국한시학당 / 120

〔詩原文〕54 [虞韻] 讀後詠懷古跡五首深知益知少陵流落生平
　　　　　　　　독후영회고적오수심지익지소릉유락생평 / 122

〔詩原文〕55 [陽韻] 弔麻衣太子和劉諶 조마의태자화유심 / 124

〔詩原文〕56 [侵韻] 漢詩作法定石 한시작법정석 / 126

〔詩原文〕57 [文韻] 後半生 후반생 / 128

〔詩原文〕58 [豪韻] 詠懷古蹟 其一 영회고적 기일 / 130

〔詩原文〕59 [元韻] 詠懷古蹟 其二 영회고적 기이 / 132

〔詩原文〕60 [眞韻] 陶朱公范蠡 도주공범려 / 134

〔詩原文〕61 [陽韻] 氣候變化 其一 기후변화 기일 / 136

〔詩原文〕62 〔灰韻〕 氣候變化 其二 기후변화 기이 / 138

〔詩原文〕63 〔尤韻〕 立秋有感 입추유감 / 140

〔詩原文〕64 〔眞韻〕 范蠡和石崇 범려화석숭 / 142

〔詩原文〕65 〔陽韻〕 陸游和元稹 육유화원진 / 144

〔詩原文〕66 〔眞韻〕 斷髮文身僧侶 단발문신승려 / 146

〔詩原文〕67 〔陽韻〕 中華料理萬里長城 其一 중화요리만리장성 기일 / 148

〔詩原文〕68 〔麻韻〕 中華料理萬里長城 其二 중화요리만리장성 기이 / 150

〔詩原文〕69 〔刪韻〕 時間空間人間 시간공간인간 / 152

〔詩原文〕70 〔尤韻〕 靑雲萬里 청운만리 / 154

〔詩原文〕71 〔侵韻〕 美術品重病 미술품중병 / 156

〔詩原文〕72 〔麻韻〕 元稹微之遣悲懷說往說來 원진미지견비회설왕설래 / 158

〔詩原文〕73 〔東韻〕 大器晩成 대기만성 / 160

〔詩原文〕74 〔庚韻〕 秋日尋故居不遇大門井泉廚下一家眷屬
추일심고거불우대문정천주하일가권속 / 162

〔詩原文〕75 〔庚韻〕 尋訪故園山浦 심방고원산포 / 164

〔詩原文〕76 〔東韻〕 秋日尋訪昌德宮闕 추일심방창덕궁궐 / 166

〔詩原文〕77 〔魚韻〕 鄕味 향미 / 168

〔詩原文〕78 〔鹽韻〕 無題 무제 / 170

〔詩原文〕79 〔陽韻〕 東方燈燭大韓國 동방등촉대한국 / 172

〔詩原文〕80 〔庚韻〕 拔除都四齦牙 발제도사전아 / 174

〔詩原文〕81 〔陽韻〕 冬季仍變色中的銀杏樹葉 동계잉변색중적은행수엽 / 176

〔詩原文〕82 〔陽韻〕 自由人遊子吟 자유인유자음 / 178

〔詩原文〕83 〔陽韻〕 自由人 자유인 / 180

〔詩原文〕84 [歌韻] 康壽神方是什麽 其一 강수신방시십마 기일 / 182

〔詩原文〕85 [歌韻] 康壽神方是什麽 其二 강수신방시십마 기이 / 184

〔詩原文〕86 [歌韻] 康壽神方是什麽 其三 강수신방시십마 기삼 / 186

〔詩原文〕87 [尤韻] 除夕有懷 제석유회 / 188

〔詩原文〕88 [東韻] 贈平士先生 증평사선생 / 190

〔詩原文〕89 [先韻] 獨立萬歲運動 독립만세운동 / 192

〔詩原文〕90 [先韻] 爲紅霞尙滿天 위홍하상만천 / 194

〔詩原文〕91 [尤韻] 將欲游三淸世界 장욕유삼청세계 / 196

〔詩原文〕92 [删韻] 大統一大韓國大疆土 대통일대한국대강토 / 198

〔詩原文〕93 [灰韻] 聊贈一咏雪中梅 료증일영설중매 / 200

〔詩原文〕94 [陽韻] 歌頌忠孝 가송충효 / 202

〔詩原文〕95 [支韻] 紅豆相思子 홍두상사자 / 204

〔詩原文〕96 [眞韻] 送別滿洲 송별만주 / 206

〔詩原文〕97 [陽韻] 傳聞哲友心身健忘症狀 전문철우심신건망증상 / 208

〔詩原文〕98 [先韻] 詩仙靑蓮居士李白 시선청련거사이백 / 210

〔詩原文〕99 [蒸韻] 詩聖少陵野老杜甫 시성소릉야노두보 / 212

〔詩原文〕100 [先韻] 東方燈燭大韓國 동방등촉대한국 / 214

白沙漢詩百首5

東方燈燭

〔詩原文〕1

顯忠
현 충

戰爭患亂幾多漩
倍達長程半萬年
隋犯唐侵朝野歔
壬辰丙子祖孫煎
曲川志士流血藉
幽谷兵丁骸骨塡
故國山河好身掩
同胞胸裡永誠鑴

전 쟁 환 란 기 다 선
배 달 장 정 반 만 년
수 범 당 침 조 야 협
임 진 병 자 조 손 전
곡 천 지 사 유 혈 자
유 곡 병 정 해 골 전
고 국 산 하 호 신 엄
동 포 흉 리 영 성 전

〔시해석〕

충절을 드러냄

전쟁과 환란의 소용돌이 얼마나 많았던가
배달민족 대장정의 반만년의 세월 속에
수나라의 침범으로 당나라의 침략으로 조정이며 백성이며 숨죽이고
임진왜란에 병자호란에 할아버지부터 손자까지 조손대대 애태웠다
굽은 시내에는 애국지사들의 유혈이 낭자하고
깊은 골짜기는 참전용사들의 백골이 메웠더라
조국의 산천에 그대 신성스러운 몸 편히 묻히시고
겨레의 가슴속에 그대 참된 충성심 영원히 새겨지리

〔平仄構成〕

詩의 平仄構成은 仄平仄仄仄平平 仄仄平平仄仄平 平仄平平平仄仄 平平仄仄仄平平 仄平仄仄平仄仄 平仄平平 平仄平 仄仄平平仄平仄 平平平仄仄平平으로 되어있다. 詩는 平起式 七言律詩다. 그리고 詩는 韻字는 下平聲 一 先韻을 썼는데 韻脚은 漩, 年, 煎, 塡, 鐫이다. 그리고 5句와 6句에서는 雙拗가 쓰였는데 本來 5句의 下三字는 平平仄이어야 하는데 平仄仄으로 되어, 卽 流血藉로 되어, 6字의 平字가 毀損되었다. 그래서 6句의 5字는 本來 仄字여야 하는데 平으로 바꿔서, 卽 骸로 바꿔서, 毀損된 平을 回復시켰다. 이로써 合律이 된다. 그리고 7句의 下三字에서는 單拗가 쓰였다. 本來 7句의 下三字의 平仄의 構成은 平仄仄인데 仄平仄이 되어, 卽 好身掩이 되어, 5字에서 毀損된 平字를 6字에서 바로 回復한 것이다. 이는, 下三字에 孤平現象이 發生하였으나 挾平格으로 肯定的으로 看做하며, 本句 自救의 方法으로 또한 合律이 된다. 그리고 中央四句의 下三字는 前聯과 後聯의 境遇에 文法構造를 다르게 配置하여 意味上 各各 朝野(名詞) 歃(動詞) 祖孫(名詞) 煎(動詞), 流(形容詞) 血(名詞) 藉(動詞), 骸(形容詞) 骨(名詞) 塡(動詞)으로 읽히게 되어 四言一法 忌避의 原則을 따라서 平板을 避하고 錯綜을 지켰다. 그리고 詩에서 韻을 달지 않은 仄聲字 곧 歃, 藉, 掩은 次例로 入聲, 去聲, 上聲이 되어 이른바 四聲遞用의 法則을 充實히 따랐다.

〔작법감상〕

나라와 국민을 지키는 勇士와 志士의 충렬을 높이 드러내 기리는 것을 顯忠이라고 한다. 그분들의 인민의 사랑과 위국헌신을 숭앙하고 또 후손은 그 정신을 배우려 특별한 날을 지정해두고 있으니 이름하여 6월 6일 顯忠日이다. 미국에서는 'Memorial Day'라고 하던데 미국의 국경일 중에서 가장 성대하고 가장 정성스럽게 시간을 기념한다고 생각했던 유학시절의 기억이 새롭다. 우리나라도 현충일의 의미를 더욱 크게 세상에 들날렸으면 하는 바람을 가지고 있고, 또, 바라건대 현대사 6.25의 현충에만 집중하기 보다는 과거사로도 한껏 올라가서 옛날 조상님들의 헌신조국의 기상과 정성도 역사 앞에 더 드러내고 더 높여 우러러보았으면 한다. 그래서 詩에서는 우리 민족 반만년 세월의 숱한 전란과 우환 속에서도, 隋와 唐의 침공에 맞선 고구려 조상님들의, 淸과 倭의 침탈에 맞선 조선 조상님들의, 숭고한 희생을 기리고 또 그분들의 희생정신이 우리 겨레 가슴속에 영원히 새겨지기를 바랬다: '전쟁과 환란의 소용돌이 얼마나 많았던가 배달민족 대장정의 반만년의 세월 속에 수나라의 침범으로 당나라의 침략으로 朝野官民(the government and the people) 숨죽이고 임진란과 병자란에 祖孫世世 애간장을 태웠다 시냇가에는 애국지사들의 유혈이 낭자하고 산골짜기를 참전용사들의 백골이 메웠다더라 조국의 산천에 신성한 몸 묻히시고 겨레의 가슴속에 충성심 새겨지리.' 元稹의 "遣悲懷 슬픈 감회를 털며"에 幾多時가 있다: '閑坐悲君亦自悲 百年都是幾多時 한가로이 앉아서 그대를 슬퍼하고 또한 나를 슬퍼하니 인생 백년이 길기로 도대체 얼마나 긴 시간이더냐.' 南唐 後主 李煜의 "虞美人 우미인"에도 幾多愁가 있다: '問君能有幾多愁 恰是一江春水向東流 그대 나에게 묻노니 슬픔이 어느 정도인지 마치 봄날의 강물이 동으로 흐르는 것과 같아라.' 杜甫의 "古柏行 오래된 측백나무를 노래함"에 志士幽人이 나온다: '志士幽人莫怨嗟 古來材大難爲用 지사여 은자여 원망하고 탄식하지 말지어다 예로부터 재목이 크면 쓰여지기 어려웠더라.' 멕시코 민요 "La Cucaracha"의 행군하는 兵丁을 기억한다: '兵丁들이 전진한다 이 마을 저 마을 지나 소꿉놀이 어린이들 뛰어와서 쳐다보며 싱글벙글 웃는 얼굴 兵丁들도 싱글벙글 빨래터의 아낙네도 우물가의 처녀도 라쿠카라차 라쿠카라차 아름다운 그 얼굴 라쿠카라차 라쿠카라차 희한하다 그 모습 라쿠카라차 라쿠카라차 달이 떠올라 오면 라쿠카라차 라쿠카라차 그립다 그 얼굴.' 尹奉吉의사가 1932년 손수 적은 선서문에 赤誠이 나온다: '나는 赤誠으로써 祖國의 獨立과 自由를 回復하기 爲하야 韓人愛國團의 一員이 되야 中國을 侵略하는 敵의 將校를 屠戮하기로 盟誓하나이다 大韓民國 十四年四月二十六日 宣誓人 尹奉吉.' 趙芝薰 작사 우리 顯忠日의 노래가 들려온다: '겨레와 나라 위해 목숨을 바치니 그 정성 영원히 조국을 지키네 조국의 산하여 용사를 잠재우소서 충혼은 영원히 겨레 가슴에 임들은 불멸하는 민족혼의 상징 날이 갈수록 아아 그 정성 새로워라.' 2023. 6. 25.

〔詩原文〕 2

烏鵲橋化作老萊子
오작교화작노래자

七夕夜空烏鵲魂
牽牛織女却歆源
斑衣之戲老萊子
橋上年年酬報恩
칠석야공오작혼
견우직녀각흠원
반의지희노래자
교상년년수보은

〔시해석〕

오작교에서 노래자가 되고져

칠월칠석 밤하늘에 오작교의 영혼이여
견우성 직녀성 내게는 도리어 부러움의 원천이어라
늙으신 부모를 위로하려고 70세에 때때옷을 입고 놀음놀이하던 효자 노래자를 좇아서
해마다 오작교 다리 위에서 아버지 어머니 은혜에 보답하고 싶어라

〔平仄構成〕

詩의 平仄構成은 仄仄仄平平仄平 平平仄仄仄平平 平平平仄仄平仄 仄仄平平平仄平으로 되어있다. 詩는 仄起式 七言絕句다. 그리고 詩는 韻字는 上平聲 十三 元韻을 썼는데 韻脚은 魂과 源과 恩이다. 그리고 3句와 4句에서는 孤平拗救가 쓰였는데 本來 3句의 下三字는 平平仄이어야 하는데 仄平仄으로 되어, 卽 老萊子로 되어, 5字의 平字가 毀損되었다. 그러므로 4句의 5字는 本來 仄字여야 하는데 平字로 바꿔서, 卽 酬로 바꿔서, 毀損된 平을 回復시켰다. 이로써 合律이 된다.

〔작법감상〕

이 작품은, 주지하는 바와 같이, 두 전설적 사건을 한 편의 시 안에서 나름대로 조합하여 만들어진 것이다. 아주 먼 옛날 옛적에 하늘나라에서 玉皇上帝가 소를 치는 牽牛와 베를 짜는 織女를 결혼시켜 주었는데 둘은 신혼의 달콤함에 빠져 일은 놔두고 놀아났다. 화가 난 옥황상제는 두 사람을 銀河水를 사이에 두고 동쪽 끝과 서쪽 끝으로 귀양을 보내면서 7월 7일 칠석날 하루만은 둘이 만날 수 있게 해주었다. 그런데 은하수에는 다리가 없어서 서로 떨어져 바라만 보는 그들을 안타깝게 여겨 까마귀와 까치가 지상에서 은하에 올라가 烏鵲橋를 만들어주어서 칠석날 기쁘게 만나고 다음날 슬피 헤어졌다는 설화사건이다. 한편, 춘추시대 楚나라에 효성이 지극한 隱士 老萊子가 있었는데 일흔 살 백발이 되어서도 부모가 자신이 늙었다는 사실을 알지 못하도록 알록달록한 색동저고리를 입고 어린아이처럼 재롱을 부렸다고 한다. 후세에 지극정성으로 부모를 모시는 典範이 된 사건이다. 다만 부모를 여읜 고아자로서, 나로서는, 견우와 직녀의 1년 1일의 상봉과 이별이지만 '오히려' 그것만도 너무도 부럽기 그지없는 일이라 진정 그날이 올 수 있다면 오작교에서 先妣先考를 만나 뵈옵고 노래자의 효심을 좇아서 베풀어 주신 한없는 은혜에 보답하고 싶다는 소망을 읊은 것이다. 戲綵娛親!! 孝子愛日!!: '烏鵲橋에서 老萊子가 되고져 하노라 칠월칠석 밤하늘에 오작교의 넋이여 견우와 직녀의 만남이여 내게는 도리어 부러움과 감탄의 원천이라 늙으신 부모를 위로하려고 古稀에 때때옷을 입고 기어가는 놀이하던 효자 노래자 좇아서 해마다 까막까치 다리 위에서 떠나가신 아버지 어머니 큰 은혜에 보답하려네.' 시인 孟郊는 어머니의 크나큰 사랑과 은혜를 三春暉로 비유하고 있다: '誰言寸草心 報得三春暉 누가 말하는가 한 치 밖에 안 되는 풀과 같은 마음이 맹춘 중춘 계춘을 아우르는 봄철 햇빛에 보답할 수 있다고.' 杜甫의 "夢李白 이백을 꿈속에서 보고서"에 魂이 보인다: '恐非平生魂 路遠不可測 평소 그대 모습 아닌 것 같은데 길이 멀어서 무슨 일인지 도대체 헤아릴 수 없구나.' 杜牧의 "贈別 헤어짐에 드리다"에 卻(却)이 보인다: '多情卻似總無情 唯覺樽前笑不成 다정하다는 것이 도리어 모두 무정한 것과 같아서 술잔 앞에서 웃을 수도 없음을 깨달을 뿐이네.' 劉得仁의 "送友人下第歸覲 과거에 낙방하여 고향에 돌아가 부모님을 모시려는 벗을 보내며"에 老萊衣가 나온다: '莫將和氏淚 滴著老萊衣 和氏의 눈물로써 老萊子의 옷을 적시지 말라.' 劉廷芝(劉希夷)의 "代悲白頭翁 흰 머리 늙은이를 대신 슬퍼하며"에 年年歲歲가 나온다: '年年歲歲花相似 歲歲年年人不同 해마다 꽃은 서로 같건만 해마다 사람은 같지 않구나.' 嚴維의 "酬普選二上人 보 선 두 승려에게 답하다"에 和答하다, 酬答하다, 술을 권하다, 술잔을 돌리다의 뜻으로 酬가 쓰인다. 岑參의 "逢入京使 서울로 들어가는 사신을 만나서"에 報가 쓰이고 있다: '馬上相逢無紙筆 憑君傳語報平安 말 위에서 만나 종이와 붓이 없으니 그대에게 부탁하노라 나 평안함을 전하여주시게나.' 2023. 5. 29.

〔詩原文〕 3

懷古光復八十周年
회고광복팔십주년

曠古窮羞亡國傷
任何一瞬不須忘
植民半萬自招植
光復百年爭利光
人種葛藤鎔鑛做
共資理念合幷張
懲前毖後尋哪里
分斷相殘姑保狂
광 고 궁 수 망 국 상
임 하 일 순 불 수 망
식 민 반 만 자 초 식
광 복 백 년 쟁 리 광
인 종 갈 등 용 광 주
공 자 이 념 합 병 장
징 전 비 후 심 나 리
분 단 상 잔 고 보 광

〔시해석〕

광복 80주년 옛 자취를 돌이켜 생각함

미증유의 이루 말할 수 없는 극심하게 수치스러운 나라 잃은 상처
한순간이라도 모름지기 잊어서는 아니 되리라
반만년 역사에서 식민주의는 제 스스로 끌어들인 식민주의요
백년이 지나도록 광복은 서로 이익을 다투는 광복일 뿐이었다
미합중국은 흑백 인종의 갈등을 함께 뒤섞어 녹아내는 도가니 용광로가 되기도 하고
독일연방은 공산주의와 자본주의의 이념갈등을 합쳐서 하나가 되는 합병을 벌이기도 하던데
이전의 잘못을 거울삼아 같은 일을 되풀이하지 않도록 한다는 교훈을 어디서 찾을까
아직도 여전히 남북분단과 동족상잔의 기세가 등등하니

〔平仄構成〕

詩의 平仄構成은 仄仄平平平仄平 仄平仄仄仄平平 仄平仄平仄仄仄 平仄仄平平仄仄 平仄仄平平仄仄 仄平仄仄仄平平 仄平仄仄平平仄 仄平平平平仄平으로 되어있다. 詩는 仄起式 七言律詩다. 그리고 詩는 韻字는 下平聲 七 陽韻을 썼는데 韻脚은 傷, 忘, 光, 張, 狂이다. 그리고 3句와 4句에서는 孤平拗救가 쓰였는데 本來 3句의 下三字는 平平仄이어야 하는데 仄平仄으로 되어, 即 自招植으로 되어, 5字의 平字가 毁損되었다. 그러므로 4句의 5字는 本來 仄字여야 하는데 平字로 바꿔서, 即 爭으로 바꿔서, 毁損된 平을 回復시켰다. 이로써 合律이 된다. 그리고 中央四句의 下三字는 前聯과 後聯의 境遇에 文法構造를 다르게 配置하여 意味上 各各 自招(名詞) 植(名詞), 爭利(名詞) 光(名詞), 鎔鑛(名詞) 做(動詞), 合幷(名詞) 張(動詞)로 읽히게 되어 四言一法 忌避의 原則을 따라서 平板을 避하고 錯綜을 지켰다. 그리고 詩에서 韻을 달지 않은 仄聲字 곧 植, 做, 里는 次例로 入聲, 去聲, 上聲이 되어 이른바 四聲遞用의 法則을 充實히 따랐다.

〔작법감상〕

1990년 10월 동독과 서독이 통일이 되었을 때 필자는 미국 유학공부가 끝나가고 있었는데 주위에서는 한반도 통일도 머지않았다고, 십년 내로도 가능하다고, 많이들 들떠있었다. 정말 그럴 수 있을까 하는 설렘에 벅차 마음을 주체하지 못하고 나는 어린 시절 부르곤 하였던 '우리의 소원은 통일 꿈에도 소원은 통일... 이 겨레 살리는 통일 이 나라 살리는 통일...'을 나직이 읊조린 기억이 남아있다... 독일은 하는데 왜 우리는 남과 북이 하나 되어 한목소리(One Voice!!)를 내지 못하는 것일까? 조선의 300년간의 南人 北人 老論 少論 四色黨爭은 정치적 대립과 사회적 혼란을 극단으로 치닫게 하였고 구한말에 이르러는, 더하여, 西勢東漸에 開化니 鎖國이니 갈려 다투다 결국 나라마저 빼앗기고 말았다. 美日 태평양전쟁 후 서방의 도움으로 해방과 광복을 맞았으나 그것도 순간 이제 서로 信託이니 反託이니, 좌파니 우파니, 공산주의니 자유주의니 하며 死生決斷으로 싸우더니 끝내 남북으로 나눠지고 말았다. 이후 근 100년이 지나도록 남과 북은, 休戰이라며, 통일을 향한 한보의 진전도 없이 동족상쟁에 여념이 없었다. 빛바랜 광복이요 박제된 광복이다. '剝製가 되어 버린 [光復]을 아시오?' (설상가상 선거철만 되면 남쪽에서는 친일파니 빨갱이니 하면서 동과 서로 나뉘어 헐뜯으니 반만년 역사에 죄스럽고 세계 인민들 앞에 되게 부끄럽다.) 다시 묻는다, 왜일까, 왜 우리는 하나가 되지 못할까. '未曾有의 窮羞極耻의 나라 잃은 상처 일순간이라도 마땅히 잊어서는 안 된다 반만년 역사에서 식민은 제 스스로 끌어들인 식민이요 백년이 다 되도록 광복은 서로 이익을 다투는 광복이었다 남들은 흑백 인종의 갈등을 함께 뒤섞어 녹아내는 도가니 용광로가 되기도 하고 또 공산주의와 자본주의의 이념갈등을 합쳐서 하나가 되는 합병을 벌이기도 하던데 懲前戒後의 교훈은 어디서 찾을까 아직도 여전히 南北分斷과 同族相殘의 기세가 등등하니...' 南朝 宋 鮑照 "和王丞"에 曠古가 있다: '銜協曠古願 甚酌高代賢 마음을 합함은 전대미문의 원함이니 고인의 어짊이라고 헤아려본다.' 中唐 白居易 "長恨歌"에 傷心이 있다: '行宮見月傷心色 夜雨聞鈴腸斷聲 행궁에서 달을 보면 가슴아파하는 기색이요 밤비에 말방울소리 들리면 애간장이 끊는다.' 中唐 于武陵 "勸酒"에 須가 있다: '勸君金屈巵 滿酌不須辭 그대에게 권하노니 金屈巵 술잔 가득히 따른 술 모름지기 사양하지 마시라.' 明 范立本 "明心寶鑑·繼善篇"에 自招가 나온다: '禍福無門 惟人自招 善惡之報 如影隨形 재앙과 복록은 들어오는 문이 따로 있는 것이 아니고 오직 사람이 스스로 결과를 불러들이는 것이요, 선한 행동과 악한 행동에 대한 응보는 그림자가 형상의 뒤를 따르는 것과 같은 것이다.' 前漢 司馬遷 "史記·循吏列傳"에 爭利가 나온다: '食祿者 不得與下民爭利 나라의 祿을 먹는 관리는 아래 백성들과 더불어 이익을 다투지 않는다.' 春秋 孔子 "詩經·周頌·小毖"에 懲前毖後가 보인다: '予其懲 而毖後患 내 지난 일을 경계하여 후환을 삼가 근신하리라.' 盛唐 杜甫 "蜀相"에 何處尋이 보인다: '丞相祠堂何處尋 錦官城外柏森森 승상의 사당을 어디서 찾을까 금관성 밖 잣나무 빽빽이 우거진 곳이라.' 南宋 文天祥 "白溝河"에 狂이 등장한다: '引兵詣闕下 捧土障瀾狂 군사를 이끌고 대궐 아래 이르니 흙을 들어서 위로 올리고 파도는 통하지 못하게 막으며 기세가 대단하더라.' 2025. 6. 11.

〔詩原文〕 4

歸臥故山秋
귀 와 고 산 추

哲學硏鑽粗鄙譏
詩歌吟詠久忘機
一丘一壑欲歸臥
本是功名非我希
철 학 연 찬 조 비 기
시 가 음 영 구 망 기
일 구 일 학 욕 귀 와
본 시 공 명 비 아 희

〔시해석〕

고향산 가을에 돌아가 누우리

철학을 깊이 공부하면서 비속한 삶을 나무라게 되고
시가를 읊조리면서 오래도록 세속의 욕심을 잊게 되었노라
어느 한 언덕에 어느 한 골짜기에 돌아가 누우리로다
부귀공명은 본디 내가 바라는 바가 아니로세

〔平仄構成〕

詩의 平仄構成은 仄仄平平平仄平 平平平仄仄平平 仄平仄仄仄平仄 仄仄平平平仄平으로 되어있다. 詩는 仄起式 七言絶句다. 그리고 詩는 韻字는 上平聲 五 微韻을 썼는데 韻脚은 譏와 機와 希이다. 그리고 3句와 4句에서는 孤平拗救가 쓰였는데 本來 3句의 下三字는 平平仄이어야 하는데 仄平仄으로 되어, 卽 欲歸臥로 되어, 5字의 平字가 毁損되었다. 그러므로 4句의 5字는 本來 仄字여야 하는데 平字로 바꿔서, 卽 非로 바꿔서, 毁損된 平을 回復시켰다. 이로써 合律이 된다.

〔작법감상〕

나는 과거 출판한 시집 "백사한시백수4 해동성국" 머리말에서 다음과 같이 쓴 적이 있다: '우리민족 반만년 역사에서 10대 偉人을 꼽는다면, 또 배달겨레의 국조 檀君王儉은 신화적 인물로 따로 존숭하기로 한다면, 나로서는, 고구려의 미천왕, 광개토대왕, 을지문덕장군과 백제의 계백장군과 신라의 마의태자와 발해의 선왕과 고려의 최영장군과 조선의 세종대왕, 이순신장군, 안중근의사다. 물론 내 개인적 판단과 견해이지만, 한사군의 반도와 요동의 400년 불법점거를 영구히 물리친 고구려의 美川王과 1000년 사직을 망친 슬픔과 부끄러움과 죄스러움을 한 몸에 짊어지려던 도타운 신의의 지도자 신라의 麻衣太子와 바다건너 빛나는 문명국가라는 칭송을 들은 해동성국의 중흥군주 발해의 宣王과 침략 제국팽창주의의 식민통치에 온몸으로 저항한 조선의 청년 의사 安重根을 특별하게 아주 우뚝 서서 우리 대한국 민족사를 빛내고 있다. 아, 海東盛國!! 참, 멋진 이름!!' 각별히 고려의 최영장군은 여러 차례 왜구와 元 말기 홍건적을 무찔러 나라를 지킴에 공훈을 세웠을 뿐만 아니라 황금을 보기를 돌같이 하라는 아버지 최원직의 유언을 받들어 평생 재물을 멀리하였던 淸白吏로도 역사의 귀감이 되고 있다. 黃金萬能主義(Mammonism)는 일종의 이기주의적 인간의 본능일진대 그것을 自意로 일정량 거부하고 억제하는 것이 진정한 이타주의의 출발이 된다. 그런데 얼마간이나마 이타주의의 심성을 기르는 것은 사람들이 사회공동체에서 共存共榮하기 위해서는 사실 필수불가결한 요소인 것이다. 특히 국가지도자가 갖추어야할 덕목으로서는 더 이상 말할 필요가 없는 것이리라. 나누어 갖는 것이 사랑하는 것이다(To share is to care)!! 나는 최영장군의 위대한 무공의 업적은 언감생심 엄두도 못 내지만 見金如石의 지킴이만은 흉내 내고 싶고 장군에게 한번 도전장을 내밀고 싶은 것이다. 그것마저도 우리의 존경하는 장군을 감히 이기고 싶지는 않고 그냥 무승부를 거두는 것으로 자족하고자 한다. 呵呵!! 나는 서양정치철학을 공부하면서 위대한 철학자들의 사상과 삶 속에서 진리와 자유를 향한 엄중한 자세를 배웠고 부귀영화 앞에서 심신을 함부로 흩트리지 않고 단정함을 끝끝내 유지하려는 단단함을 터득하였다. 부귀영달을 위해서 자신의 몸과 마음을 더럽혀서는 안 되겠다는 의지를 나름 키울 수 있었다. 한시공부도 내게 심대한 깨우침을 주었는데 시는 입신양명도 유의미한 것이나 권력에게 잘못을 고하고 백성의 질곡에 외면하지 않고 자신의 수양에 힘쓰며 때를 알아 歸隱을 과감히 결심하는 것을 보여주었다. 그러므로 나 이제 돌아가려 한다고 고백하고 있는 것이다. 그리고 본래 부귀공명에 크게 마음 두지 않았었노라고도 실토하고 있는 것이다: '철학을 깊이 연구하면서 粗野한 삶을 꾸짖게 되고 詩賦를 읊조리면서 오래도록 세속의 欲念을 잊게 되었다 고향산 어느 한 언덕에 어느 한 골짜기에 돌아가 누우리라 富貴榮華는 本是 내가 바라는 바가 아니었노라.' 2023년 6월 30일 한 해의 반을 보내며 쓴다.

〔詩原文〕 5

送崔秀才弼歸江華
송최수재필귀강화

漫漫漢水向江都
一片孤帆空際迂
試問當塗疇快假
布衣斷念脫塵拘
만만한수향강도
일편고범공제우
시문당도주쾌가
포의단념탈진구

〔시해석〕

강화로 귀향하는 수재 최필을 전송하며

세월이 한강물 넘쳐 넘쳐 강화도로 향해 흘러가는데
한 척의 외로운 배가 하늘 끝 멀리 공제선에 떠있다
어디 시험 삼아 물어봅시다 권력자 어느 누가 쾌히 사람을 도와주던가
벼슬이 없는 초라한 선비여 그대 미련 없이 잊어버리고 속세를 벗어나시는구나

〔平仄構成〕

詩의 平仄構成은 平平仄仄仄平平 仄仄平平平仄平 仄仄平平平仄仄 仄平仄仄仄平平으로 되어있다. 詩는 平起式 七言絶句다. 그리고 詩는 韻字는 上平聲 七 虞韻을 썼는데 韻脚은 都, 迂, 拘이다.

〔작법감상〕

이 秀才는 머리가 좋고 재주가 뛰어난 사람이라거나 미혼 남자를 높여 이르던 말 뜻 외에도 시에서는 통상 관직에 등용되지 못한 선비나 과거의 한 종류인 예비시험에 합격하였으나 본시험을 아직 통과하지 못한 사람을 지칭한다. 王維는 "輞川閑居贈裵秀才迪 망천별장에서 한가하게 지내면서 배수재적에게 드린다"라는 시를 남겼다. 필자 黃山浦의 시에도 "鷺梁津送郭秀才玉之濟物浦 제물포로 내려가는 곽옥 수재를 노량진에서 전송하며"가 있다. 또 필자 黃山浦의 "送友人下第歸寧 과거시험에 떨어져 부모를 모시러 고향에 돌아가는 친구를 배웅하며"에도 秀才가 보인다: '彩服娛親調膳後 秀才勿忘有當爲 유학도 수재여 색동옷 입고 양친부모 즐겁게 해드리며 음식 장만한 후에는 인생에서 마땅히 해야 할 일이 있다는 것도 또한 부디 잊지 마소서.' 布衣도 베로 지은 옷이라는 사전적 의미 외에도 시에서는 벼슬이 없는 선비나 초야의 절의의 선비 곧 白衣로 종종 등장한다. 吳融 "閿鄕寓居阿對泉 문향 아대천에 잠시 붙여 살며"에 布衣가 보인다: '五陵年少如相問 阿對泉頭一布衣 오릉의 젊은이들이 나의 안부를 물으면 아대천변에서 한 관직 없는 단정한 선비로서 살아가고 있다고 전하여주오.' 또 우리 한국한시학당에도 五言長城 木覓布衣 선생이 크게 활약중이다. 시에서는 大同小異하게 쓰이는 바라 秀才와 布衣는 앞뒤에서 호응의 효과도 있는 것이다. 최수재가 仕宦(出仕)의 꿈을 저버리고 고향 강화로 돌아가는 정경을 읊은 것이다. 懷才不遇의 세상사에 대한 원망을 마음에 맡겨서 드러내지 않는다지만 행간에 언뜻 비친다. 공자이래의 시 교육목표의 溫柔敦厚의 정신을 실천하고 있음이다. 공자 "禮記·經解 예기·경해"에 '孔子曰 入其國 其敎可知也 其爲人也 溫柔敦厚 詩敎也 공자가 가로되 그 나라에 들어가면 교화의 정도를 알 수 있다 그 사람됨이 온유돈후하면 시의 교화가 이루어진 것이다.': '넘쳐나는 한강수는 강화도로 향해 흘러가는데 한 척의 외로운 배가 하늘 끝 멀리 空際線애 떠있다 어디 시험 삼아 한번 물어보자 권력자 어느 누가 흔쾌히 사람을 도와주던가 벼슬이 없는 초라한 선비여 미련 없이 잊어버리고 속세를 떠나는구나.' 孟浩然의 "早寒江上有懷 이른 추위에 강가에서 소회가 있었다"에 漫漫이 나온다: '迷津欲有問 平海夕漫漫 나루터를 못 찾아 어딘지 물으려 하는데 저물녘 드넓은 강물만 넘쳐흐른다.' 江都≒江華. 필자 黃山浦의 "秋日旅行 가을여행"에 江華가 보인다: '江華浦口滿空船 晩照涼風秋色闌 강화도 포구에는 빈 배가 가득하고 저녁녘 햇빛이 비치고 서늘한 바람이 불어와 가을빛이 충만하다.' 李白의 "送孟浩然之廣陵 광릉으로 가는 맹호연을 전송하며"에 孤帆≒孤舟와 空際≒天際가 나온다: '孤帆遠影碧空盡 惟見長江天際流 외로운 돛 먼 그림자 푸른 하늘에 다하고 오직 보이나니 장강만 하늘 끝에 흐르는구나.' 李白의 "金陵酒肆留別 금릉 주막에서 시를 남기고 떠나다"에 試問이 보인다: '請君試問東流水 別意與之誰短長 그대들에게 묻노니 동쪽으로 흐르는 저 장강과 석별의 정 가운데 어느 쪽이 더 길까.' 孟浩然의 "留別王侍御維 시어 왕유를 떠나며"에 當路誰相假가 보인다: '當路誰相假 知音世所稀 당국의 요로에 있는 사람 그 누가 나를 돕겠는가 나를 진심으로 알아주는 친구는 세상에 드물지.' 2023년 7월 8일 쓴다.

〔詩原文〕6

一病夫美術品所藏家
일병부미술품소장가

開化百年書畫珠
數千萬里夢中驅
耗光舊業與生業
美術愛河經病夫
개화백년서화주
수천만리몽중구
모광구업여생업
미술애하경병부

〔시해석〕

미술품 병이 깊은 수장가

개화기 백년간의 주옥같은 서화작품을 찾아서
꿈속에서도 수천만리 길을 말달려 내몰았다
물려받은 자산이며 생업에서 번 돈이며 죄다 구입에 탕진하니
미술품 사랑이 깊어 일찍이 병든 한 사나이여라

〔平仄構成〕

詩의 平仄構成은 平仄平平平仄平 仄平仄仄仄平平 仄平仄仄仄平仄 仄仄仄平平仄平으로 되어있다. 詩는 仄起式 七言絶句다. 그리고 詩는 韻字는 上平聲 七 虞韻을 썼는데 韻脚은 珠와 驅와 夫이다. 그리고 3句와 4句에서는 孤平拗救가 쓰였는데 本來 3句의 下三字는 平平仄이어야 하는데 仄平仄으로 되어, 即 與生業으로 되어, 5字의 平字가 毀損되었다. 그러므로 4句의 5字는 本來 仄字여야 하는데 平字로 바꿔서, 即 經으로 바꿔서, 毀損된 平을 回復시켰다. 이로써 合律이 된다.

〔작법감상〕

올해로 철학을 시작한지는 50년이요 한시를 공부한지는 20년이다. 그리고, 올해로, 내가 개화기미술품을 수집한지는 얼추 30년이 된다. 조선 후기 소위 개화기는 학계에서는 대체로 丙寅洋擾와 辛未洋擾가 일어났던 1860년대부터 시작한다고 보고 있는 듯하다. 서양의 학술과 문화가 점점 동쪽으로 옮기는 西勢東漸이 보다 가시화된 사건인 까닭일 것이다. 그런데 나는 개화기 미술품을 모으면서 주시하였는데 우리 반도에서는 이미 주로 북경 등의 경로를 통해서 朝野를 아우르며 직간접적으로 서양근대화문명에 시시각각 노출되고 있는 것을 알 수 있었다. 그러므로 나로서는 개화기미술품의 포용범위를 더 거슬러 올라가서 19c초부터 조선이 망하는 20c초까지로 보고자 한다. 곧 1800-1910년의 110년의 역사적 미술품을 모아보고자 하였다. 그래서 시에서는, 自畵像삼아서, 生時에도 夢中에도 개화기書畵미술품이 있다면 달려가서라도 구입을 도모하였다고 하였다. 개화시기의 물품을 愛之重之 소중히 하는 삶을 살게 된 것이다. 사랑에 눈이 먼다고 하지 않았던가!! Love is blind!! 무엇보다도 우리 역사에서 나라가 망해 타국의 식민통치을 당하게 되는 단 한 번의 역사의 현장에서 우리 선배 조상들이 겪는 고통에 공감하고 싶었고 또 한편 각계각층 방방곡곡 소리높인 自强과 獨立의 아름다운 애국충정을 모아보고 싶어서였다. 나의 소장품이 개화기시대의 우리의 시대상을 보여주며 나아가 (소수 매국친일의 단죄할 역사를 부각하는 것이 아니라) 다수 항일애국을 지향하는 자긍심의 목소리를 돋보이게 하려는 의도가 있음도 밝히고자 한다. 그래서 우리의 구한말의 시간이 부끄러운 역사가 아니라 여느 때보다도 더 자랑스러운 역사라는 것을 보이고자 하는 것이다. 필자 黃必洪의 "自讚自畵像 스스로 칭찬한 자화상"이 이미 있어 소개한다: '政變水泡無限慣 志人筆跡撫傷胸 書圖愛重誰蒐集 後有白沙前澗松 구한말 갑신정변이 물거품이 되어 한없이 가슴 아프더니 애국지사들이 남긴 붓필의 자취가 있어서 상처 난 마음을 어루만져 달래주었다 서화 작품을 사랑하고 소중히 여겨 수집한 사람이 대체 누구던가 이전에 간송 전형필이 있었다면 훗날 지금은 백사 황필홍이 있음에랴.' 劉長卿의 "送李中丞歸漢陽別業 이중승이 한양 별장으로 돌아감에 전송하다"에 舊業이 보인다: '罷歸無舊業 老去戀明時 관직을 파하고 고향에 돌아가면 오래된 가업도 없고 늙어감에 명군주의 治世를 그리워한다.' 盧綸의 "晚次鄂州 저녁에 악주에 머무르다"에도 舊業이 보인다: '舊業已隨征戰盡 更堪江上鼓鼙聲 오랜 가업은 안사의 난으로 출정하여 싸우는 일로 이미 다 없어지고 이제는 강가의 북소리 참고 견뎌야 하리.' 杜甫의 "贈衛八處士 위팔처사에게 드리다"에 驅가 나온다: '問答乃未已 驅兒羅酒漿 주고받는 인사 아직 끝나지도 않았는데 아이들을 내몰아 술과 안주를 차려오게 한다.' 작자미상 五言佳句 "推句集 추구집"에도 驅가 나온다: '風驅群飛雁 月送獨去舟 바람은 무리지어 나는 기러기를 몰고 달빛은 홀로 가는 배를 전송하네.' 2023년 7월 15일 쓴다.

〔詩原文〕 7

麻衣太子 其一
마의태자 기일

遠尋皆骨早寒威
高臥深山且掩扉
國破家亡長憤辱
杜門卻掃久忘機
簞瓢陋巷奢靡拒
草芨木皮欣喜饑
松岳風流若相問
堪當賣命一麻衣
원 심 개 골 조 한 위
고 와 심 산 차 엄 비
국 파 가 망 장 분 욕
두 문 각 소 구 망 기
단 표 누 항 사 미 거
초 발 목 피 흔 희 기
송 악 풍 류 약 상 문
감 당 매 명 일 마 의

〔시해석〕

마의태자 그 첫 번째

임멀리서 금강산 개골산 찾으니 이른 추위가 매서운데
깊숙하고 고요한 산과 골짜기에 높이 누우려고 사립문을 닫고자 하시네
나라가 망하고 가족이 흩어져 건네 욕됨을 결내며 괴로워하고
문을 닫아 막고 밖으로 나가지 않으며 오래도록 세속의 관심사를 잊었다
한 그릇의 밥과 한 바가지의 물을 먹고 사는 것도 사치스럽다며 거부하고
풀포기와 나무껍질로 끼니를 때우는 초근목피의 삶을 기꺼이 받아들여 굶주렸다
만일 개성 송악 풍류객들이 안부를 물으면
달갑게 죽기 살기로 연명하는 한 삼베옷 입은 사나이가 있다고 전해 달라 하시리라

〔平仄構成〕

詩의 平仄構成은 仄平平仄仄平平 平仄平平仄仄平 仄仄平平平仄仄 平仄平仄仄平平 仄平仄仄平平仄 仄平仄平平仄仄平 平仄平平仄仄仄 平仄平仄仄平平으로 되어있다. 詩는 平起式 七言律詩. 그리고 詩의 韻字는 上平聲 五 微韻을 썼는데 韻脚은 威, 扉, 機, 饑, 衣이다. 그리고 5句와 6句에서는 雙拗가 쓰였는데 本來 5句의 下三字는 平平仄이어야 하는데 平仄仄으로 되어, 卽 奢靡拒로 되어, 6字의 平字가 毁損되었다. 그래서 6句의 5字는 本來 仄字여야 하는데 平으로 바꿔서, 卽 欣으로 바꿔서, 毁損된 平을 回復시켰다. 이로써 合律이 된다. 그리고 7句의 下三字에서는 單拗가 쓰였다. 本來 7句의 下三字의 平仄의 構成은 平仄仄인데 仄平仄이 되어, 卽 若相問이 되어, 5字에서 毁損된 平字를 6字에서 바로 回復한 것이다. 이는, 下三字에 孤平現象이 發生하였으나 挾平格으로 肯定的으로 看做하며, 本句 自救의 方法으로 또한 合律이 된다. 그리고 中央四句의 下三字는 前聯과 後聯의 境遇에 文法構造를 다르게 配置하여 意味上 各各 長(副詞) 慣(動詞) 辱(名詞), 久(副詞) 忘(動詞) 機(名詞), 奢靡(副詞) 拒(動詞), 欣喜(副詞) 饑(動詞)로 읽히게 되어 四言一法 忌避의 原則을 따라서 平板을 避하고 錯綜을 지켰다. 그리고 詩에서 韻을 달지 않은 仄聲字 곧 辱, 拒, 問은 次例로 入聲, 上聲, 去聲이 되어 이른바 四聲遞用의 法則을 充實히 따랐다.

〔작법감상〕

소설가 鄭飛石의 "山情無限 산에서 느끼는 정취가 끝없다"의 '태자의 몸으로 마의를 걸치고 스스로 험산에 들어온 것은 천년사직을 망쳐 버린 비통을 한 몸에 짊어지려는 고행이었으리라'에 느꺼워하며 위 시는 태동하게 되었다. 부연하자면, '마의태자가 망해가는 신라 金城 멀리서 麻로 된 옷을 입고 서력기원 935년 초겨울 金剛山 皆骨山을 찾으니 이른 추위가 매서운데 세상과 단절하고 은둔하려고 바위 아래에 집을 짓고 사립문을 닫고자 하셨더라. 수도 徐羅伐을 떠나서 겨울날의 금강산에 입문하는 정황을 그린 것이다. 시 구성의 首聯의 起다. 이어서 다음 頷聯 承에서는 태자가 그런 은거생활을 결행하게 된 이유이자 그의 사상적 역사관을 드러내고 있다. 1천 년의 역사를 가진 종묘사직 왕조가 하루아침에 망하고 가족이 뿔뿔이 흩어지니 늘 亡國之恨의 치욕을 부끄럽게 생각하고 두문불출하며 오랫동안 세속적 영화부귀에 대한 관심사를 잊었다. (이와 같은 수련과 함련은 순서가 도치된 수법이라고 봐도 무방하다. 그의 이런 함련의 역사인식은 자연스럽게 저런 수련의 행동을 낳게 되리라고 하여도 좋을 것이라는 말이다.) 그런데 頸聯의 轉換에서는 마의태자의 산속에서의 삶이 단순한 숨어살기가 결코 전부가 아니며, 국권교체에 대한 강한 저항과 생치 인민에 대한 죄송의 고행의 행적이 드러난다. 소박한 청빈한 생활 簞瓢陋巷도 사치스럽다며 단호히 거부하고 풀포기와 나무껍질로 끼니를 때우는 草根木皮의 삶을 흔쾌히 받아들여 스스로 주린 것이리라. 그러므로 尾聯 結論에서는 만약 흥한 고려 수도 개성 송악 풍류객들이 혹시 안부를 물으면 죽기 살기로 목숨을 겨우 이어 살아가는 삶을 기꺼이 감당하는 한 베옷 입은 사나이가 있다고 전해 달라 하시리라고 한 것이다.' 주지하듯이, 금강산은 계절마다 풍경이 달라서 이름이 따로 있는데, 봄에는 金剛山, 여름에는 蓬萊山, 가을에는 楓嶽山, 겨울에는 皆骨山으로 불린다. 孟浩然의 "早寒江上有懷 일찍 추워진 강가에서 所懷가 있었다"에 早寒이 돋보인다. 高臥東山은 동산에 은거하여 자유로운 생활을 영위함을 비유한 말인데 東晉의 謝安이 세속적 부귀영화를 등지고 산속에 숨어 유유자적한데서 생겨난 말이다. 王維의 "歸嵩山作 숭산에 돌아와 지으며"에 且가 보인다: '迢遞嵩高下 歸來且閉關 멀고 먼 숭산 아래로 찾아와 돌아와서 이제 세속과 교제를 끊으리.' 杜甫의 "春望 봄에 바라보다"에 國破가 보인다: '國破山河在 城春草木深 나라가 파괴되었어도 산천은 그대로라 성안에 봄이 오니 초목이 무성하다.' 杜甫의 "蜀相 촉나라 승상 제갈량"에 長이 보인다: '出師未捷身先死 長使英雄淚滿襟 出兵하여 이기기 전에 자신이 먼저 죽으니 길이 영웅으로 하여금 눈물이 옷깃을 가득히 적시게 한다.' 白居易의 "不出門 문 밖에 나가지 아니함"에 杜門不出이 나온다: '不出門來又數旬 將何銷日與誰親 문 밖에 안 나간지 또 수십 일 무엇으로 소일하며 누구와 친하게 지낼까.' 杜甫의 "登舟將適漢陽 배를 타고 한양에 가려네"에 機가 나온다: '鹿門自此往 永息漢陰機 이곳 녹문으로부터 가서 한음에서 영원히 쉬려하네.' 周興嗣의 "千字文 천자문"에 饑가 나온다: '具膳餐飯 適口充腸 飽飫烹宰 饑厭糟糠 반찬을 갖추어 밥을 먹으니 입에 알맞고 배부르다 배가 부르면 고기를 삶은 것도 싫증나고 배가 고프면 술 짠 찌꺼기 지게미와 곡식 껍데기 쌀겨에도 만족해한다.' 王昌齡의 "芙蓉樓送辛漸 부용루에서 신점을 전송하며"에 如相問이 나온다: '洛陽親友如相問 一片冰心在玉壺 낙양의 친구들이 내 안부 묻거든 한 조각의 얼음같이 깨끗한 마음 옥으로 된 항아리 안에 있다고 전해주게.' 吳融의 "閩鄉寓居阿對泉 문향 아대천에 임시로 붙여 살다"에도 如相問이 나온다: '五陵年少如相問 阿對泉頭一布衣 오릉의 젊은이들이 나의 안부 물으면 아대천변에 단정히 살아가는 한 벼슬 없는 선비가 있다고 전해주오.' 司空曙의 "江村卽事 강촌에서 바로 써내려가다"에 正堪當이 보인다: '釣罷歸來不繫船 江村月落正堪眠 낚시를 마치고 돌아오는데 배를 매어놓지 않았다 달이 진 강마을에 바로 잠들기 알맞더라.' 2023년 7월 23일 마친다.

〔詩原文〕8

麻衣太子 其二
마의태자 기이

古來國破赤忱傳
蜀漢鷄林貳壯賢
宣祖和仁祖蒙養
李熙與李坧逃遷
劉諶舍得庸自決
太子含悲慚獨鞭
天上相逢手牽手
見危授命丈夫焉

고래국파적침전
촉한계림이장현
선조화인조몽양
이희여이척도천
유심사득용자결
태자함비참독편
천상상봉수견수
견위수명장부언

〔시해석〕

마의태자 그 두 번째

예부터 나라가 망함에 붉은 정성이 전하여지는데
촉한과 계림의 두 용감무쌍한 현자가 있었더라
선조와 인조는 몽진갔었고
고종과 순종은 파천했는데
유심왕자는 미련 없이 떳떳하게 자결하였고
마의태자는 슬픔을 머금고 부끄러워하며 스스로를 꾸짖었다
천국에서 두 분 서로 만나서 손에 손 잡고
위기를 보고서 목숨을 바쳐야 대장부라고 하시는도다

〔平仄構成〕

詩의 平仄構成은 平平仄仄仄平平 仄仄平平仄仄平 平仄平平仄平仄 仄平仄仄仄平平 平平仄仄平仄平 仄仄平平平 仄平 平仄平平仄平仄 仄平仄仄仄平平으로 되어있다. 詩는 平起式 七言律詩다. 그리고 詩는 韻字는 下平聲 一先韻을 썼는데 韻脚은 傳, 賢, 遷, 鞭, 焉이다. 그리고 3句의 下三字에서는 單拗가 쓰였다. 本來 3句의 下三字의 平仄의 構成은 平仄仄인데 仄平仄이 되어, 卽 祖蒙養이 되어, 5字에서 毀損된 平字를 6字에서 바로 回復한 것이다. 이는, 下三字에 孤平現象이 發生하였으나 挾平格으로 肯定的으로 看做하며, 本句 自救의 方法으로 合律이 된다. 그리고 5句와 6句에서는 雙拗가 쓰였는데 本來 5句의 下三字는 平平仄이어야 하는데 平仄仄으로 되어, 卽 庸自決로 되어, 6字의 平字가 毀損되었다. 그래서 6句의 5字는 本來 仄字여야 하는데 平으로 바뀌서, 卽 慚으로 바뀌서, 毀損된 平을 回復시켰다. 이로써 또한 合律이 된다. 그리고 7句의 下三字에서는 또 單拗가 쓰였다. 本來 7句의 下三字의 平仄의 構成은 平仄仄인데 仄平仄이 되어, 卽 手牽手가 되어, 5字에서 毀損된 平字를 6字에서 바로 回復한 것이다. 이는, 下三字에 孤平現象이 發生하였으나 挾平格으로 肯定的으로 看做하며, 本句 自救의 方法으로 또한 合律이 된다. 그리고 中央四句의 下三字는 前聯과 後聯의 境遇에 文法構造를 다르게 配置하여 意味上 各各 祖(名詞) 蒙養(動詞), 圬(名詞) 逃遷(動詞), 庸(副詞) 自(副詞) 決(動詞), 慚(副詞) 獨(副詞) 鞭(動詞)으로 읽히게 되어 四言一法 忌避의 原則을 따라서 平板을 避하고 錯綜을 지켰다. 그리고 詩에서 韻을 달지 않은 仄聲字 곧 養, 決, 手는 次例로 上聲, 入聲, 上聲이 되어 이른바 四聲遞用의 法則을 充實히 따랐다.

〔작법감상〕

前篇 "麻衣太子 其一"에서는 興亡盛衰에 대한 태자의 단단한 현실적 저항을 드러냈다: '소박한 청빈한 생활 簞瓢陋巷도 사치스럽다며 단호히 거부하고 풀포기와 나무껍질로 끼니를 때우는 草根木皮의 삶을 흔쾌히 받아들여 스스로 주린 것이리라... 만약 흥한 고려 수도 개성 송악 풍류객들이 혹시 안부를 물으면 죽기 살기로 목숨을 겨우 이어 살아가는 삶을 기꺼이 감당하는 한 삼베옷 입은 사나이가 있다고 전해 달라 하시리라...' 지금 "麻衣太子 其二" 시는 국가가 존망의 위기에 처하였을 때 최고 지도자로서 그리고 시대의 양심 선비로서 지켜야 할 당연한 도리와 본분을 부각시켰다. 비겁하고 부실하게 행동한 군주 선조 인조 고종 순종과 대비시키면서, 부당과 억울에 당당하게 맞선 蜀의 北地王 劉諶의 충정을 또한 기리며, 마의태자의 위국충정을 稱揚하려고 하였다. '유심은 미련 없이 떳떳하게 자결하였고 태자는 슬픔을 머금고 부끄러워하며 스스로를 꾸짖었다. [분명히] 천국에서 두 분 서로 만나서 손에 손 잡고 위기를 보고서 목숨을 바쳐야 대장부라고 하시리라.' 주지하듯이, 유심은 아버지인 촉한 후주 유선이 魏에 투항하자 할아버지인 유비의 능묘에서 自處하였고, 마의태자는 아버지인 신라 경순왕이 高麗에 투항하자 하직인사하고 금강산에 들어가 초식하며 생을 마감하였단다. 杜甫의 "曲江 곡강"에 古來가 나온다: '酒債尋常行處有 人生七十古來稀 술빚은 늘 가는 곳마다 있게 마련이지만 인생 칠십 살기는 예로부터 드물다오.' 杜甫의 "古柏行 오래된 측백나무를 노래함"에도 古來가 나온다: '志士幽人莫怨嗟 古來材大難爲用 지사와 은자여 원망하고 탄식하지 말라 예로부터 재목이 크면 쓰이기 어려웠다오.' 杜甫의 "春望 봄에 바라봄"에 國破가 보인다: '國破山河在 城春草木深 나라는 깨져도 산천은 남아 도성에 봄이 오니 초목이 무성하구나.' 西晉 劉琨의 "答盧諶書 노심에게 답장하다"에도 國破가 보인다: '國破家亡 親友雕殘 나라가 멸망하고 가정이 파괴되고 친한 벗들도 뿔뿔이 흩어지고 零落하였습니다.' 나라에 난리가 있어서 임금이 도성을 비우고 도망치는 것에는 '머리에 티끌을 뒤집어쓴다'는 蒙塵(平平), '버리고 옮겨간다'는 播遷(仄平), '무릎쓰고 숨는다'는 蒙養(平仄) 따위가 있다. 우리 역사에서 조선 중기 선조의 義州蒙塵이 있었고 끝자락 고종의 俄館播遷이 있었다. 東晉 劉宋 謝靈運의 "道路憶山中詩"에 含悲가 보인다: '懷故叵新歡 含悲忘春暖 옛날을 기억하니 새로운 기쁨을 갖기 어렵고 슬픔을 머금으니 봄날의 따뜻한 기운을 잊는다.' 孔子의 "論語·憲問 논어·헌문"에 見危授命이 보인다: '見利思義 見危授命 久要不忘平生之言 亦可以爲成人矣 이익이 보일 때 의리를 생각하고 위기를 보면 목숨을 바치며 오래된 약속이라도 평소의 말로 잊지 않아야 또한 가히 완전한 사람이 되는 것이다.' 2023년 8월 15일 쓴다.

〔詩原文〕 9

賈生
가생

寶貨古來難售焉
劉恒不賞棟樑鮮
天涯賈誼長沙傅
從此待機還幾年
보 화 고 래 난 수 언
유 항 불 상 동 량 선
천 애 가 의 장 사 부
종 차 대 기 환 기 년

〔시해석〕

가생

값비싼 보물이 쉽게 팔리지 않는 것처럼 자고로 훌륭한 사람은 기량이 커 등용되기 어렵노라
뛰어난 임금 한 문제 유항도 기둥과 들보가 되는 빛나는 동량재를 높이 평가하지 않았다더라
하늘 끝 장사왕의 태부 가생
때와 기회를 기다리며 이제부터 또 얼마나 많은 실의의 시간을 보내야하는가

〔平仄構成〕

詩의 平仄構成은 仄仄仄平平仄平 平平仄仄仄平平 平平仄仄平平仄 仄仄仄平平仄平으로 되어있다. 詩는 仄起式 七言絶句다. 그리고 詩는 韻字는 下平聲 一 先韻을 썼는데 韻脚은 焉과 鮮과 年이다.

〔작법감상〕

예로부터 '大器晚成 寶貨難售也 큰 그릇은 늦게 차고 진귀한 보물은 어렵게 팔린다'고 하였다. 後漢 王充의 "論衡·狀留 논형·상유"에 나오는 말인데, 轉하여, 재능이 지나치게 높으면 남에게 임용되기가 용이하지 않다는 의미로 비유적으로 쓰이게 되었다. 더 거슬러 올라가서 前漢 文帝 劉恒 때에 당대의 才士 賈誼가 있는데 유항과 가의 이 두 사람의 관계가 왕충의 寶貨難售의 상황을 잘 시사하는 것으로 여겨져, 특별히 가의의 비통한 삶에 느껴워하며, 시에서 소개해 본 것이다. 그렇게 밝고 덕이 있는 임금으로 명성이 자자한 文帝지만 그렇게 재능이 돋보이는 賈生이 결국 크게 쓰이지 못하고 버려지게 된 것이다. 젊은 나이에 吳公의 추천으로 太中大夫에 발탁되었으나 한나라 제도와 역법을 개정하자는 건의는 받아들여지지 않고 남쪽 멀리 호남성 장사왕의 太傅로 좌천되었다. 다시 중앙에 복귀하여 양회왕의 태부가 되어서도 국사에 관하여 누누이 의견을 상주하였으나 또한 존중받지 못하였다. 그 후 그는 우여곡절 끝에 젊은 33세의 나이로 실의에 빠져 죽는다. 세상에서 성공하려면 우선 자신의 빼어난 능력이 있어야 될 일이지만 동시에 그 빼어난 능력을 알아줄 다른 사람도 있어야 한다. 그래서 역사는 빼어난 사람만이 아니고 그 빼어난 능력을 알아주는 사람도 같이 기억해주어야 한다고 나는 항상 믿는다!!: '값비싼 보물이 쉽게 팔리지 않는 것처럼 자고이래로 훌륭한 사람은 기량이 커 다른 사람에 의하여 등용되기 어렵도다 뛰어난 임금 한 문제 유항도 기둥과 들보가 되는 빛나는 동량지재를 높이 평가하지 않았다 더라 하늘가 장사왕의 태부 가생이여 때와 기회를 기다리며 지금부터 또 얼마나 많은 고통의 시간을 보내야 할 것인가.' 李商隱이 "賈生 가의 선생"이라는 시를 일찍감치 남겼다: '可憐夜半虛前席 不問蒼生問鬼神 애석하다 한밤중에 공연히 다가앉아 백성은 묻지 않고 귀신의 일만 물으니…' 劉長卿의 시에도 "長沙過賈誼宅 장사의 가의 옛집을 지나면서"가 있다: '漢文有道恩猶薄 湘水無情弔豈知 한나라 문제 正道가 있는데 은혜는 오히려 박하니 무정한 상강 물 어찌 애도할 줄 알까.' 劉長卿의 다른 시 "新年作 새해에 짓는다"에도 賈誼가 나온다: '已似長沙傅 從今又幾年 이미 장사왕 태부와 같으니 지금부터 또 몇 해를 기다려야 하는가.' 白居易의 시 "寄唐生 당생에게 시를 지어 보내다"에도 賈誼가 나온다: '賈誼哭時事 阮籍哭路岐 가의는 당시의 세상일에 통곡하고 완적은 길이 갈림에 통곡하네.' 杜甫가 "古柏行 늙은 측백나무를 노래하다"에서 이런 취지에 공감하고 벌써 노래하였다: '志士幽人莫怨嗟 古來材大難爲用 지사와 은자는 원망하고 탄식하지 말라 자고이래로 재목이 크면 쓰이게 되기 어려웠으니…' 賈島의 "題詩後 시를 짓고 나서"에 不賞이 보인다: '知音如不賞 歸臥故山秋 벗이 내 작품을 높이 평가하지 않으면 고향 산 가을에 돌아가 누워버리리라.' 杜甫의 "登舟將適漢陽 배를 타고 한양에 가려 하네"에 때와 기회를 기다리고 도모하고자하는 마음인 機心이 나온다: '鹿門自此往 永息漢陰機 이곳 녹문으로부터 가서 한음에서 영원히 쉬려하네.' 필자 黃白沙의 "麻衣太子 마의태자"에도 機心이 보인다: '國破家亡長憤辱 杜門卻掃久忘機 나라가 망하고 가족이 흩어져 길이 욕됨을 분해하며 괴로워하고 문을 닫아 막고 밖으로 나가지 않으며 오래도록 세속의 관심사를 잊었다.' 畫蛇添足: 시에서 '劉恒'과 '賈誼'를 맞비교하고 있는데, 한 편의 시에서 실제 인물의 이름들을 등장시켜서 비교 대조하는 것은 아주 드문 수법이라고 보여진다. 과거 李白의 시 "贈汪倫 왕륜에게 드리다"가 그러하고, 필자 黃白沙의 시 "登武昌黃鶴樓上遠眺 무창의 황학루에 올라서 멀리 바라보다"가 그러하다: ''李白'乘舟將欲行 忽聞岸上踏歌聲 桃花潭水深千尺 不及'汪倫'送我情 이백이 배를 타고 떠나려는데 문득 강 언덕에서 발을 구르며 노래하는 소리가 들린다 도화 연못 물 깊이가 천 자나 된다지만 왕륜이 나를 떠나보내는 마음에는 미치지 못하리,' '此地登臨黃鶴樓 千秋'崔顥'與江流 謫仙'李白'自投筆 一曲陽春何所求 오늘 이곳 황학루에 올라 바라다보니 천년의 세월동안 최호는 예대로 강물따라 흐르는구나 하늘에서 귀양왔다는 신선 이백도 못 이겨 스스로 붓을 던져버렸는데 陽春曲과 같은 아름다운 한가락 싯구를 내가 감히 어디서 구할 수 있겠는가.' 2023년 7월 28일 쓴다.

〔詩原文〕10

苦盡甘來
고진감래

興亡有數豈何疑
苦盡甘來孰未知
莫問無勞問身體
修人事後待天規
흥 망 유 수 기 하 의
고 진 감 래 숙 미 지
막 문 무 로 문 신 체
수 인 사 후 대 천 규

〔시해석〕

고진감래

흥하고 망하고 성하고 쇠함에 정하여진 운수나 순서가 있다하니 이를 어찌 의심할 수 있겠는가
즐거운 일이 다하면 슬픈 일이 닥쳐오고 쓴 것이 다하면 단 것이 온다는 말을 또한 누가 모르겠는가
그대여 힘 안들이고 거저 얻는 불로소득일랑 부디 묻지 말고 몸도 체험하고 힘써 실천하는 무실역행에 대해서 물어주오
인생은 사람으로서 할 수 있는 일을 다 하고 그 후에 하늘의 법칙의 소리를 기다리는 것이라오

〔平仄構成〕

詩의 平仄構成은 平平仄仄仄平平 仄仄平平仄仄平 仄仄平平仄平仄 平平仄仄仄平平으로 되어있다. 詩는 平起式 七言絶句다. 그리고 詩는 韻字는 上平聲 四 支韻을 썼는데 韻脚은 疑, 知, 規이다. 그리고 3句의 下三字에서는 單拗가 쓰였다. 本來 3句의 下三字의 平仄의 構成은 平仄仄인데 仄平仄이 되어, 卽 問身體가 되어, 5字에서 毀損된 平字를 6字에서 바로 回復한 것이다. 이는, 下三字에 孤平現象이 發生하였으나 挾平格으로 肯定的으로 看做하며, 本句 自救의 方法으로 合律이 된다.

〔작법감상〕

한시학당에서는 8월 한 달간 시작법을 위한 특강이 진행되고 있다. 平士 홍형빈님 蒼齋 한규창님 蓮堂 서윤례님 세분과 내가 참여하는 작은 임시모임이다. 모두 初老에 들어서도 年富力强 老當益壯을 과시하는 시인들이시다. 平士선생님의 주제는 안중근의사이고, 蒼齋선생님의 주제는 백범선생이며, 蓮堂선생님의 주제는 바로 苦盡甘來이다. 일전에 연당선생님 가로되, 이제 인생 칠십을 맞아 뒤돌아보아 과거 젊은 날 어려움을 참고 견디다보니 오늘날 나름의 보람과 행복이 있음을 절감하게 되었다는 소감과 과거의 힘든 시간이란 피하는 것이 아니고 맞싸워 이겨내야 하는 시련이라는 교훈도 함께 말씀하시면서 8월 詩會를 苦盡甘來로 열고 싶다는 포부를 피력하였다. 그 덕분에 나는 덩달아 기쁜 마음으로 시 한편을 쓰게 된 것이다. 다만 선생님께서 말씀하셨던 것을 故事成語를 빌어 내 나름대로 해석한 것에 불과한 것일 것이다: '흥하고 망하고 성하고 쇠함이 정하여진 運數에 매여 있다하니 이를 어찌 의심할 수 있겠는가 즐거운 일이 다하면 슬픈 일이 닥쳐오고 쓴 것이 다하면 단 것이 온다는 말을 또한 누가 모를 리가 있겠는가. 그대여 힘 안들이고 거저 얻어내려는 不勞所得일랑 부디 묻지 말고 몸도 체험하고 힘써 실천하는 務實力行에 대해서 물어주오 인생은 모름지기 사람으로서 할 수 있는 일을 다 하고 그 후에 하늘의 명령을 기다리는 것이라오. Man proposes, God disposes!!' 麗末 鮮初 元天錫의 시조 "홍망이 유수하니"에 興亡有數가 있다: '興亡이 有數하니 滿月臺도 秋草로다. 오백 년 王業이 牧笛에 부쳤으니 夕陽에 지나는 客이 눈물겨워 하노라.' 晚唐 崔涂의 "孤雁 외기러기"에 可疑가 있다: '未必逢矰繳 孤飛自可疑 반드시 주살을 만나는 것은 아닐지라도 외롭게 날아가는 기러기로서는 가히 넉넉히 의심하고 두려워할진저.' 元 王實甫의 "西廂記 서상기"에 苦盡甘來가 보인다: '忘餐廢寢舒心害 若不是眞心耐 志誠捱 怎能勾這相思苦盡甘來 먹고 자는 것도 잊게 했던 가슴아픔이 풀어졌네 만약에 진심으로 인내하지 않고 지극정성으로 버티지 않았다면 어떻게 이 사랑의 고진감래가 가능할 수 있었겠는가.' 晚唐 李商隱의 "賈生 가의"에 不問蒼生問鬼神이 보인다: '可憐夜半虛前席 不問蒼生問鬼神 애달파라 한밤중에 공연히 다가앉아 億兆蒼生 백성을 묻지 않고 귀신을 묻는구나.' 사람의 할 바를 다하고 하늘의 뜻을 기다린다는 말은 南宋 胡寅의 "讀史管見," 元末 明初 羅貫中의 "三國志演義," 淸 李汝珍의 "鏡花緣" 등등에 등장하는데 盡人事待天命, 修人事待天命, 盡人力聽天命 등등이 보인다. 現代 孫正治의 "天規 Iron Rules In Life"라는 저서에는 '天命不可違 天規不可破 하늘의 명령은 어기는 것이 가능하지 않고 하늘의 법칙은 깨뜨리는 것이 가능하지 않다'고 말한다. 2023년 8월 4일 쓴다.

〔詩原文〕 11

弔喪漢城黃必洪先生 其一
조상한성황필홍선생 기일

哲學研鑽萬代煌
詩文題詠數千章
漢城逸士黃山浦
辭訣塵緣向北邙
철 학 연 찬 만 대 황
시 문 제 영 수 천 장
한 성 일 사 황 산 포
사 결 진 연 향 북 망

〔시해석〕

서울을 사랑한 황백사 선생을 조상함 그 첫 번째

철학의 갈고닦음은 만대불후에 빛나고
시와 문장은 짓고 읊어 그 수가 수천편이더라
서울 한양 땅 사랑한 선비 황산포
이 티끌세상의 번거로운 인연과 하직하고 저 북망산천으로 향해 가시네

〔平仄構成〕

詩의 平仄構成은 仄仄平平仄仄平 平平平仄仄平平 仄平仄仄平平仄 平仄平平仄仄平으로 되어있다. 詩는 仄起式 七言絶句다. 그리고 詩는 韻字는 下平聲 七 陽韻을 썼는데 韻脚은 煌과 章과 郎이다.

〔작법감상〕

이제는 누구에게나 百歲時代라고 하니 나도 백 살까지 살아야겠다는 목표를 가지고 있다. 그래서 한시학당에서 나는 종종 앞으로는 '사람이 죽지 않는 시대'가 될 테니 우리도 나이가 세자리수가 되기 전에는 가서는 안 된다고 말하곤 하였다. 또 그래서 지금 내 (지난 6월부터 시행하는) 만나이가 68세로 향후 32년 후 곧 2055년에 100세가 되니 그때 낙엽이 지는 어느 가을에 뭐 黃泉에 간다든지... 松江 鄭澈의 권주가 "將進酒辭 술을 받들어 올리는 노래"가 곧 떠오른다: '한 盞 먹새 그려 또 한 盞 먹새 그려 곳 것거 算 노코 無盡無盡 먹새 그려 이 몸 주근 後면 지게 위해 거적 더퍼 주리혀 매여 가나 流蘇寶帳의 만인이 우레 너나 어욱새 속새 덥가나무 白楊 수페 가기곳 가면 누른 해, 흰 달, 가난 비, 굴근 눈, 쇼쇼리 바람 불 제 뉘 한 잔 먹쟈 할고 하믈며 무덤 우헤 잰나비 파람 불 제 뉘우찬달 엇더리.' 그러므로 위 시는 2055년 가을날 나의 저승길에 다정다감한 후학 李應物박사가 있어서 애도의 뜻을 담아 증별시를 쓴 것으로 가상한 것이다. 나의 살아온 과거 일백년의 삶에 대한 과분한 嘉言을 잊지 않았고, 미래 冥府에서의 平和를 祈願하는 것도 빠트리지 않았다. 子美 杜甫가 평소 자기를 돌봐준 존경하는 선배 房琯의 무덤을 찾아와 곡하였던 "別房太尉墓 태위 방관의 묘를 떠나며"도 생각난다: '對碁陪謝傅 把劒覓徐君 唯見林花落 鶯啼送客聞 바둑 둘 때는 사안을 모시는 듯하고 칼을 붙잡아서는 徐나라 군주를 찾는다 오직 보이나니 숲의 꽃은 지는데 꾀꼬리 울음소리 떠나는 나그네를 작별하여 보낸다.' 말하자면, 두보는 방관묘를 찾고, 후학은 나를 저세상으로 보낸다: '철학의 갈고닦음은 만대 불후에 빛나고 시와 문장은 짓고 읊어 그 수가 수천편이더라. 서울 한양 땅 꽃부리 漢城英士 황산포선생이시여 이 티끌세상의 번거로운 인연과 하직하고 북망산천으로 향하시는가.' 唐 宣宗 李忱이 즉위 곧 "長恨歌"와 "琵琶行"을 써 億兆蒼生의 사랑을 받은 백거이가 죽자 弔辭 "弔白居易 백거이를 애도하여"를 써 膾炙人口 되었다: '童子解吟長恨曲 胡兒能唱琵琶篇 文章已滿行人耳 一度思卿一愴然 어린아이들도 장한가를 읊을 줄 알고 변방사람들도 비파행을 노래할 줄 알고 있다. 문장은 이미 나그네의 귓가에 가득한데 그대 한번 생각하면 한번 슬퍼지는구나.' 青蓮居士 李白의 "送孟浩然之廣陵 광릉 가는 맹호연을 전송하다"에 辭訣≒辭去≒辭讓≒謝絶≒辭退≒辭謝가 나온다: '故人西辭黃鶴樓 煙花三月下揚州 옛 친구 서쪽 황학루와 이별하고 아지랑이 꽃 만발한 춘삼월에 양주로 내려가네.' 필자 黃白沙의 "自畵像 자화상"에 '哲學東隅偏汨沒 桑楡詩賦動江湖 젊은 날 철학에 외곬으로 골몰하였는데 늘그막에는 시문장으로 세상을 감동시켰다'가 있고, 또한 필자 황백사의 "一病夫美術品所藏家 미술품 병이 깊은 수장가"에 '耗光舊業與生業 美術愛河經病夫 물려받은 자산이며 생업에서 번 돈이며 죄다 구입에 탕진하니 미술품 사랑이 깊어 일찍이 병든 한 사나이여라'가 있다. 그리고, 끝으로, 나의 고향 강진 대구 남호 산소 끝자락에 둘 내 묘비명은 '白沙 山浦 黃必洪 (1954-2055) 哲學者 詩人 開化期美術品所藏家'이다. 그러나, 부디, 이 길게 늘어놓은 辭說은 空想에 잠겨 한 말이니 터무니없더라도 襟度를 품으신 독자여러분은 굳이 小生을 탓하지 마시라. 2023. 8. 13.

〔詩原文〕 12

弔喪漢城黃必洪先生 其二
조상한성황필홍선생 기이

忙忙快快白沙情
粉骨碎身堅決盟
懶慢無能非喜好
殫精竭慮一平生
망 망 쾌 쾌 백 사 정
분 골 쇄 신 견 결 맹
나 만 무 능 비 희 호
탄 정 갈 려 일 평 생

〔시해석〕

서울을 사랑한 황산포 선생을 조상함 그 두 번째

빨리빨리 서두름은 황백사의 본성이요
정성으로 노력하는 것은 그의 굳센 맹서다
게으름 무능함 가히 좋아하는 것이 아니었으니
한평생 마음을 쓰며 애를 태우며 전심전력을 다하셨구나

〔平仄構成〕

詩의 平仄構成은 平平仄仄仄平平 仄仄仄平平仄仄 仄仄平平平仄仄 平平仄仄仄平平으로 되어있다. 詩는 平起式 七言絶句다. 그리고 詩는 韻字는 下平聲 八 庚韻을 썼는데 韻脚은 情, 盟, 生이다.

〔작법감상〕

2023. 10. 12. 서울 종로 안국동오거리에서 반포까지 일직선으로 나아가는 路程을 나는 때때로 걷기를 좋아한다. 대략 10km에 육박하는 보행거리인데 하필 중간에 1.3km 길이의 남산3호터널이 가로막고 있어서, 그래서 가로질러 바로 통과할 수 없어서, 그 구간은 통상 한 정거장 버스를 잡아타는, 그래서 步行이 좀 지장을 받는, 아쉬움이 있다. 북촌의 고전미에서 웅장한 광화문과 시청을 지나서 남산터널을 지나서 해방촌과 용산 미군부대주둔지를 지나서 널따란 한강변과 주위의 멋진 반포 아파트들이 즐비하게 펼쳐지는 도정이다. 나는 좋아하는 맛집이 있어서 그 이름을 '큰 맛집 10 Big ten epicure'라고 부르듯이, 내가 도보하기에 좋은 긴 도로가 있어서 그 이름을 '큰 도로 10 Big ten route'라고 부르는데 이 구간의 길이 그중 하나다. 전자 맛집도 후보군이 몇몇 있어서 언제든지 Big ten 진입을 기다리듯이 후자 도로도 후보군이 몇몇 있어서 언제라도 Big ten 진입을 내내 기다리는데 안국-반포 도로는 어쩌다가 근자에 후보군에서 등장한 경우다. 최근 주말에 길 가던 중 우연히 고려인 4세 이사샤 가수가 부르는 아리랑노래를 듣게 되었다. 중앙아시아 우즈베키스탄에서 태어난 고려인으로서 한국에 유학 와 노래를 공부하는데 아리랑을 부르는 동영상이었다. 1937년 일제강점시기에 자신의 선조들이 소련 스탈린의 노동이주계획정책을 따라서 연해주로부터 강제이주하게 되었다는 역사해설과 더불어 아리랑노래를 선보였다. 강제 이주당한 자신들의 신세와 처지를 드러내는 듯 애처로운 곡과 가사까지 마치 내 자신이 지구를 떠나 저 멀리 황천세상으로 이주당하는 신세타령처럼 들렸다. 참 기구한 우리민족의 표류역사이자 참 강인한 우리민족의 생존역사가 아닐 수 없다. 그녀가 부른 노래가사는 대체로 이러했다. '아리랑 아리랑 아라리요 아리랑 고개를 넘어간다. 넓은 초원은 낯설은 타향 머나먼 異域萬里 흘러 왔네.' 그 시간의 감개가 위 시로 이어지게 된 계기가 되었는데 그녀가 가수로서 그뿐만 아니라 고려인과, 나아가 우즈베키스탄인과, 우리 대한국인과의 우의와 뭉친 연대의식의 고취에 나름의 중요한 역할을 해주기를 바라고 응원하고 싶다. 그리고 앞선 其一 시와 마찬가지로 여기 其二 시도 또한 나의 저승길에 다정다감한 후학제자 李應物박사가 있어서 애도의 뜻을 담아 贈別을 쓴 것으로 가상한 것은 마찬가지다. 나의 살아온 과거 일백년의 삶에 대한 과분한 嘉言을 잊지 않았음도 마찬가지다: '빨리빨리 서두르는 것은 황백사의 뜻이요 뼈가 가루가 되고 몸이 부서지게 정성으로 노력하는 것은 그의 단호한 맹세다. 게으르고 무능한 것 가히 좋아하는 것이 아니었으니 일평생 마음을 쓰며 애를 태우며 勞心焦思하셨구나.' 그래도 李應物박사가 너무도 고마운 것은, 나와 오랜 친교가 있었던 탓일 것이나, 나의 性癖을 어지간히 잘 아는 것이 아니어서요, 또한 나의 삶의 軌跡에 대해서도 굳이 정성들여 애정 어린 仙筆을 보여주는 것이 바로 그렇다. 나는 한국인 유전자에 수천년 수만년 자리잡은 것처럼 보이는 '빨리빨리'에 능히 익숙하고 어쩐지 좋아한다. 그래서 나는 스스로 내가 한국인인 것을 빨리빨리에서 찾고 있다. 그리고, 나의 일상 중에서 가장 싫어하는 것은 내 자신이 게을러서 무능에 빠져서 뒤에 후회하는 것이다. 九泉에서도 '빨리빨리'는 유지하되 '게으름'과 '무능'은 좀 멀리 하고 싶다.

〔詩原文〕 13

贈別滿洲和沿海州
증별만주화연해주

折柳滿洲沿海州
茫然自失淚潸流
不能忘憶京畿串
無法抹懷情話嘔
紐約愛河時電送
漢城思念日消瘦
別離世事茶飯事
難也一同長久留

절류만주연해주
망연자실루산류
불능망억경기천
무법말회정화구
뉴약애하시전송
한성사념일소수
별리세사다반사
난야일동장구류

〔시해석〕

만주와 연해주를 떠나보내며

버들가지 꺾어 길 떠나는 만주와 연해주를 배웅하니
멍하니 정신이 나간 듯하여 눈물만 하염없이 흐른다
서울 경기 인천 일원을 쏘다니던 추억을 잊을 수 없고
가지가지 정다운 이야기 즐거이 나누던 심회가 지워지지 않는구나
뉴욕에서는 가득한 사랑을 수시로 전송한다지만
서울에서는 연연한 그리움으로 나날이 야위어 가리라
세상사 이별이란 늘 예사로운 일이라더니
함께 더불어 오래오래 머무는 것이 이다지도 어렵고 어렵던가

〔平仄構成〕

詩의 平仄構成은 仄仄仄平平仄平 平平仄仄仄平平 仄平仄仄平平仄 仄平平平平平仄平 仄仄仄平平仄仄 仄平仄仄平平仄 平仄仄平平仄平 으로 되어있다. 詩는 仄起式 七言律詩다. 그리고 詩는 下平聲 十一 尤韻을 썼는데 韻脚은 州, 流, 嘔, 瘦, 留이다. 그리고 7句와 8句에서는 雙拗가 쓰였는데 本來 7句의 下三字는 平平仄이어야 하는데 平仄仄으로 되어, 卽 茶飯事로 되어, 6字의 平字가 毀損되었다. 그래서 8句의 5字는 本來 仄字여야 하는데 平으로 바꿔서, 卽 長으로 바꿔서, 毀損된 平을 回復시켰다. 이로써 合律이 된다. 그리고 中央四句의 下三字는 前聯과 後聯의 境遇에 文法構造를 다르게 配置하여 意味上 各各 京畿(名詞) 串(動詞), 情話(名詞) 嘔(動詞), 時(副詞) 電送(動詞), 日(副詞) 消瘦(動詞)로 읽히게 되어 四言一法 忌避의 原則을 따라서 平板을 避하고 錯綜을 지켰다. 그러나 詩의 韻을 달지 않은 仄聲字 곧 串, 送, 事는 次例로 去聲 去聲 去聲으로 上尾가 되어 所謂 四聲遞用의 法則을 毀損하였다. 白玉微瑕라 하겠다.

〔작법감상〕

여름방학을 맞아 한 달 남짓 수도 서울에 머물면서 나와 함께 한 만주 연해주 일행이 며칠 전 다시 미국 뉴욕으로 돌아갔는데 이별 후 겪게 되는 공허함이 참 크더라. 인생살이에서 相逢이 주는 기쁨보다는 離別이 주는 슬픔이 크기로만 따지면 가히 10배는 될 것이다. 세상살이의 어려움을, 세상만사가 뜻대로 되지 않음을, 곧잘 길의 험난함에 비유하여 李白을 비롯한 뭇 문사들이 다투어 노래하지 않았던가!! 行路難!! 그런 허전함과 좌절감의 기분이 들어 送行에 부쳐본 것이다: '버들가지를 꺾어 주고 다시 만날 것을 기약하며 滿洲와 沿海州와 遼河를 餞送하니 茫然自失하여 눈물만 줄줄 흐른다. 서울 경기 인천 일판을 돌아다니던 追憶을 잊을 수 없고 萬端情話 즐거이 나누던 心懷가 지워지지 않는구나. 뉴욕에서는 가득한 사랑을 늘상 전송한다지만 서울에서는 연연한 그리움으로 날이 갈수록 심신이 여위어 가리라. 世上事 이별이란 恒茶飯事라더니 함께 더불어 오래오래 머무는 것이 이다지도 어렵고 어렵구나.' 贈別≒送別≒餞別≒留別하면 우선 杜牧의 "贈別 헤어지며 건네다"가 있다: '蠟燭有心還惜別 替人垂淚到天明 촛불도 마음이 있어 또한 헤어짐을 아쉬워하는지 우리를 대신해 눈물 흘려 새벽을 맞이하네.' 이별의 상징 버드나무하면 王維의 "送元二使安西 안서로 사신가는 元二를 보내며"가 있다: '渭城朝雨浥輕塵 客舍靑靑柳色新 위성에 아침 비 내려 가벼운 먼지 적시고 나그네 머무는 客舍에는 푸릇푸릇 버들 빛이 새롭구나.' 朴仁範의 "江行呈張峻秀才 강 위로 가면서 장준 수재에게 드리다"에 淚潸流가 보인다: '共厭羈離年已老 每言心事淚潸流 권피한 나그네 생활로 나이는 이미 늙어가니 마음속으로 생각하는 일을 말할 때마다 눈물을 콸콸 쏟는다.' 懶翁慧勤의 "示諸念佛人 念佛人들에게 보이다"에 忘憶이 보인다: '驀然一日如忘憶 物物頭頭不覆藏 어느 날 갑작스럽게 생각조차 잊음에 이르면 삼라만상으로 덮어도 감추지 못하리라.' 懷抱의 정이 지워지지 않는다는 無法抹懷는 金素月의 시 "못 잊어"에서 베껴온 것이다: '못 잊어 생각이 나겠지요 그런대로 세월만 가라시구려 못 잊어도 더러는 잊히오리다 그러나 또 한긋 이렇지요 그리워 살틀히 못 잊는데 어쩌면 생각이 떠지나요?' 于武陵의 시 "勸酒 술을 권함"에 人生足別離가 나온다: '花發多風雨 人生足別離 꽃이 피려면 비바람도 많은 법 인생은 족히 이별이라.' 蘇軾의 "水調歌頭"에 長久가 있다: '但願人長久 千里共嬋娟 다만 원컨대 우리 오래오래 살면서 천리만리 멀리서도 고운 달 함께 하자꾸나.' 2023. 8. 19.

〔詩原文〕14

羈旅人海
기 려 인 해

空手來空手去耶
自成難也感无涯
人生反正獨羈旅
苦痛孤單須莫嗟
공 수 래 공 수 거 야
자 성 난 야 감 무 애
인 생 반 정 독 기 려
고 통 고 단 수 막 차

〔시해석〕

나그네 인생

인생은 빈손으로 왔다가 빈손으로 가는 것이런가
스스로의 힘으로 일가를 이루기가 어렵다고 생각하니 감개가 끝이 없어라
인생은 어차피 혼자 가는 나그네 길
외로움이며 괴로움이며 모름지기 탄식하지 말지라

〔平仄構成〕

詩의 平仄構成은 平仄平平仄仄平 仄平平仄仄仄平平 平平仄仄仄平仄 仄仄平平平仄平으로 되어있다. 詩는 仄起式 七言絶句다. 그리고 詩는 韻字는 下平聲 六 麻韻을 썼는데 韻脚은 耶와 涯와 嗟이다. 그리고 3句와 4句에서는 孤平拗救가 쓰였는데 本來 3句의 下三字는 平平仄이어야 하는데 仄平仄으로 되어, 卽 獨羈旅로 되어, 5字의 平字가 毁損되었다. 그러므로 4句의 5字는 本來 仄字여야 하는데 平字로 바꿔서, 卽 須로 바꿔서, 毁損된 平을 回復시켰다. 이로써 合律이 된다.

〔작법감상〕

지구상 인생살이라는 것은 사실 어디까지나 '혼자서' 가는 길이다. 태어나서 자라서 늙어서 죽어가는 때까지... 물론 매순간 어찌 가지가지의 주위 도움이 없겠는가마는 최종적으로는 그렇다는 생각이 들어서이다. 그래서 인간의 삶은 전반적으로는, 열심히 애써 살아야 할 일이로되, 어렵고도 어렵다. 기실 行路難이다!! 또한 그러므로 우리 善男善女 甲男乙女들의 고된 삶을 무작정 너무 美化할 일도 물론 아니지만 너무 自虐하며 괴로워할 일도 아니리라. 사실 어려운 현상을 직시하고 받아들이는 것도, 그리고 그로부터 나름의 원만한 해결책을 도모하는 것도, 결코 어리석거나 나쁘다고 판단되지 않는 것이리라: '인생은 사실상 空手來空手去런가 自成一家 어렵다고 생각하니 감개가 넓고 멀어서 끝이 없어라. 인생 결국 홀로 가는 나그네 길 외로움이며 괴로움이며 마땅히 한숨 쉬며 한탄하지 말라.' 佛敎의 "釋門儀範 佛家의 法則"에 空手來空手去가 있다: '空手來空手去是人生 生從何處來 死向何處去 生也一片浮雲起 死也一片浮雲滅 浮雲自體本無實 生死去來亦如然 獨一物常獨露 湛然不隨於生死 빈손으로 왔다가 빈손으로 가는 것이 인생이다 사는 것은 어디서 왔으며 죽는 것은 어디로 향하여 가는 것인가 삶은 한 조각 뜬구름이 이는 것이요 죽음은 한 조각 뜬구름이 없어지는 것이다 뜬구름은 그 자체 본디 바탕이 없으니 사는 것과 죽는 것이 오고가는 것이 또한 이와 같다 오직 한 사물만이 변함없이 홀로 드러나 기쁜 마음으로 생과 사의 굴레를 좇지 않는다.' 가수 최희준의 "下宿生 하숙생"도 空手來空手去를 노래한 듯하다: '인생은 나그네길 어디서 왔다가 어디로 가는가... 인생은 나그네길 구름이 흘러가듯 정처 없이 흘러서 간다.' 필자 黃白沙의 "贈別滿洲和沿海州 만주와 연해주를 떠나보내며"에 難也가 쓰이고 있다: '別離世事茶飯事 難也一同長久留 세상사 이별이란 늘 예사로운 일이라더니 함께 더불어 오래오래 머무는 것이 이다지도 어렵고 어렵구나.' 北宋 李觀의 "感秋 가을에 느껴워"에 無涯가 보인다: '屈魂終不返 悲思更无涯 굴원의 영혼 마침내 다시 돌아오지 않으니 슬픈 생각이 더욱 끝이 없어라.' 北宋 司馬光의 "送導江李主簿君兪 도강 이주부 군유를 보내며"에도 無涯가 보인다: '學海无涯富 辭鋒一戰勳 學問은 가없이 富瞻하고 文章은 一戰不辭의 功勳일세.' 戴叔倫의 "客舍與故人偶集 客館에서 옛 친구들과 뜻하지 아니하게 모이다"에 羈旅가 있다: '羈旅長堪醉 相留畏曉鐘 나그네 생활하는 사람들 오래도록 마땅히 취할지니 함께 머무르면서 새벽을 알리는 종소리 두려워한다.' 杜甫의 五言古詩 紀行詩 "成都府 성도막부"에도 羈旅가 있다: '自古有羈旅 我何苦哀傷 예로부터 나그네는 있는 법 나는 어찌하여 이 哀傷 괴로워하는고.' 그리고 杜甫의 "古柏行 오래된 측백나무를 노래함"의 끝자락에 莫怨嗟가 나오고 있다: '志士幽人莫怨嗟 古來材大難爲用 지사와 은자는 원망하고 탄식하지 말지니 예로부터 재목이 크면 쓰이기 어려운 법이었다오.' 2023년 8월 26일 쓴다.

〔詩原文〕15

大家大門
대가대문

中興君主太公優
祖父守城艱苦謀
大口大門榮落史
一場春夢淚雙流
중흥군주태공우
조부수성간고모
대구대문영락사
일장춘몽루쌍류

〔시해석〕

큰 집 대문안집

집안 중흥군주 증조부께서 세상사에 우뚝 서셨는데
조부 할아버지께서는 가까스로 애써 현상을 유지하셨더라
대구 대문안집의 번성과 쇠락의 역사
한바탕의 봄꿈이런가 두 뺨에 두 줄기 눈물이 흐른다

〔平仄構成〕

詩의 平仄構成은 平平平仄仄平平 仄仄仄平平仄平 仄仄仄平平仄仄 仄平平仄仄平平으로 되어있다. 詩는 平起式 七言絶句다. 그리고 詩는 韻字는 下平聲 十一 尤韻을 썼는데 韻脚은 優, 謀, 流이다.

〔작법감상〕

2023. 9. 30. 나의 집안의 역사에 대해서는, 약간은 아버지로부터, 주로는 어머니로부터 많이 들었다. 물론 그 외에도 주위에서 여기저기서 보고 들은 것도 있을 것이다. 선대 조상님들이 壬辰倭亂 때에 전쟁을 피해서 경남 창원 일원에서 小白山脈을 넘어와 전남 강진 완도 일대에 정착하게 되었다고 강진 昌原 黃氏 가계 출발의 역사를 전해 들었다. 구체적으로는 강진 대구 황씨 대문안집의 역사가 되는데, 강진 남호 집안 선산에도 그런 자취가 남아있듯이, 나의 5대조 할아버지 즉 고조할아버지가 始祖가 되신다. 그래서 先山에는 맨 위 고조부 고조모의 묘로부터 아래로 증조부모 조부모 그리고 부모의 순서로 모셔지고 있다. 고조부님은 본래 강진읍에 사셨는데 당시 조선 4대 갑부인 전설적 부호 東隱 金忠植(1889-1953)씨와 친교가 있었다고 한다. 조선반도의 열손가락 안에 드는 부자 김충식씨는 '김충식은 자기 땅만 밟고 강진에서 서울까지 갔다'는 말이 있을 정도로 땅이 많았던 것으로 전해진다. 1946년 연세대학 의과대학에 1억원 (요즘 시세로 400억 상당) 喜捨를 통해서 적극 사회기부참여도 한 것으로 되었는데 지금 연대의대 안에 '동은 의학 박물관'이 있다. 김충식씨의 재산은 현재로 환산하면 약 1조 4천억원이라니 거금 액수다. 고조 할아버지가 김충식씨와 교분이 있어서 사업자금을 마련하기 위해서 김충식 어른을 한번 만나게 해달라고 조르는 장남 아들 곧 증조할아버지를 데리고 김충식씨의 사랑방을 방문하게 되었다고 한다. 2시간 정도 증조할아버지의 사업계획을 들어보던 김충식씨가 고조할아버지를 향하여 '벗이여, 자네 자식 잘 두었네' 하면서 상당량의 돈을 빌려주었다고 한다. 증조할아버지는 그 자금을 종자돈(seed capital)으로 호남 남해안 일대에서 간척사업을 비롯한 각종 비즈니스에 참여하여 큰돈을 벌었다는 것이다. 증조부께서 돌아가실 때는 喪輿 뒤에 들고 따르는 輓章이 1km에 이르렀다고 하며, 후손들이 자산을 평가할 때 늘 '중흥군주 할아버지께서는 萬石꾼은 아니어도 千石꾼은 족히 되셨다'라고 회자되었다. 어머니가 집안에 처음 시집오셨을 때도 여전히 건강히 살아계셨는데 당시 남도의 유명화가가 와서 사랑방에서 1달 이상 묵으며 증조부 초상화를 그려서 제사 때는 늘 볼 수 있었다. 어린 내가 보아도 중흥군주 할아버지는 '단단하고 야무지게' 생기셨다. 그 뒤를 이은 나의 할아버지는 조용한 인품의 鄕儒시다. 재산을 착실히 관리하시고 양조장도 운영하시면서 또 시골 서당을 열어 가르치기도 하신 분이다. 어머님의 평가로는 사업가로서는 증조부에 못 미치시지만 물려받은 것을 守城함에는 성공한 분이라고 말씀하셨다. 6. 25 공산당 치하에서도 재산가로서도 뺨 한대 맞지 않아 후덕하다고 晩風이라는 주위의 평가를 받으셨다는 것이다. 애석하게도, 그러나, 조부의 아드님 아버지에 이르러서는 양조장과 산판 정도로 가산의 위세가 크게 위축되었다. 여전히 부자소리야 들을지언정 세상에 알려질 갑부와는 점점 멀어져 가고 있었다. 부친의 부실운영으로 가세가 급기야 기운 것이다. 그래도 '단단하고 영리하신' 어머니가 계셔서 무너지는 재산의 겨우 10% 정도는 움켜잡을 수 있었다는 것이고 그러고서야 간신히 중산층의 신세나마 유지할 수 있었다는 말씀이셨다. 부자 3대 가기가 참말로 어려운가 보다. 그 이후로는 대문안집의 풍요는 흘러가버린 전설이 되었다. 나로서는 '千秋之恨'이다.

〔詩原文〕16

自疚之嘆
자구지탄

蒹葭倚玉樹云云
由我之歎亡使君
一去美人何復返
天邊枯葉落紛紛
겸가의옥수운운
유아지탄망사군
일거미인하부반
천변고엽낙분분

〔시해석〕

스스로 가책을 느끼다

갈대같이 변변치 못한 사람이 옥으로 만든 나무같은 훌륭한 사람에게 의지한다는 말이 있는데
귀한 그대 잃고 나니 오직 나의 탓이라 탄식해마지 않는다
한번 떠나가신 고운님 어찌 다시 돌아오랴
하늘가에는 마른 잎사귀만 어지러이 떨어지고 있어라

〔平仄構成〕

詩의 平仄構成은 平平仄仄仄平平 平仄平平平仄平 仄仄仄平平仄仄 平平平仄仄平平으로 되어있다. 詩는 平起式 七言絶句다. 그리고 詩는 韻字는 上平聲 十二 文韻을 썼는데 韻脚은 云, 君, 紛이다.

〔작법감상〕

사람은 자신의 좋은 시간을, 빛나는 시절을, 당시는 잘 깨닫지 못하다가 지나고서야 뒤늦게 알아차리고 後悔莫及해 한다. 잘못된 뒤에 아무리 뉘우쳐도 어찌할 수가 없을 것이라... 항차 이제는 다시 되돌이킬 수 없는 시간, 사람, 사연, 사건이라면 더더욱 뭐라 말할 수 있겠는가. 晚時之歎이니 시기가 늦어 기회를 놓친 것이 다만 원통해서 탄식하는 것이라... 그래서 시는 "自疚之嘆 스스로 呵責을 느끼다"라 제하고 써내려간 것이다: '蒹葭依玉樹 갈대같이 변변치 못한 사람이 옥으로 만든 나무 같은 훌륭한 사람에게 의지한다는 말이 있는데 이제사 귀한 그대 잃고 나니 오직 나의 탓이라 탄식해마지 않는다. 아서라, 다칠라, 올라갈 나무를 쳐다봐라, 한번 떠나가신 고운님 어찌 다시 돌아올 수 있을까, 하늘 끝에는 마른 잎사귀만 어지러이 떨어지고 있구나.' 六朝 宋 劉義慶의 "世說新語·容止 세설신어 용지편"에 蒹葭依玉樹가 등장한다: '魏明帝使后弟毛曾與夏侯玄共坐 時人謂蒹葭依玉樹 蒹葭指毛曾 玉樹指夏侯玄 위 명제가 후비의 아우 모증으로 하여금 하후현과 함께 앉도록 하였는데 당시 사람들이 이르기를 갈대가 옥나무에 의지한다고 하였다. 蒹葭는 毛曾을 가리키고 玉樹는 夏侯玄을 가리킨다.' 중학교 1학년 5월 어느 날 담임선생님의 따님에게 연애편지를 써 친구를 통해서 전달하려다 편지가 사모님 손에 들어가는 통에 들통이 났다. 집에 사모님의 항의(?)가 있었고 나는 어머니의 꾸중이 두려워 밤늦도록 거리를 방황하다가 子正이 다 되어서야 집에 터벅터벅 돌아갔다. 그런데 어머니께서는 오히려 반겨주시며 차려놓은 과일을 먹게 하시고는 '네가 정말로 편지를 썼냐? 사모님은 뭘 그런 걸 가지고 그러시는가, 그럴 수도 있지...' 미국 유학의 시간이 길어지고 있었다. 형과 형수 나와 아내 4인이 거의 동시에 유학을 갔는데 다른 3인은 다 일찍 마치고 돌아왔다. 내가 돌아올 날만 기다리는 어머니께서는 이내 자식 때문에 불안해하셨다. 그래도 어쩌다가 나와 통화가 되거나, 서신왕래에는, 공부가 왜 늦어지냐는 말씀은 한 번도 한 적이 없었다. 한결같이 항상 건강을 잘 지키라는 말씀이 전부였다. 지금 不肖子는 사랑의 보살펴주심에 참으로 눈물겹다. 나는 蒹葭요 어머님은 玉樹시다!! 시인 尹東柱의 "별 헤는 밤"에는 내가 좋아하는 구절이 나온다: '계절이 지나가는 하늘에는 가을로 가득 차 있습니다. 나는 아무 걱정도 없이 가을 속의 별들을 다 헤일 듯합니다... 어머님, 나는 별 하나에 아름다운 말 한마디씩 불러 봅니다. 소학교 때 책상을 같이 했던 아이들의 이름과, 패, 경, 옥, 이런 이국 소녀들의 이름과, [아름답고 총명하던 惠景이며 圭玉이며], 벌써 아기 어머니 된 계집애들의 이름과...' 조선 鄭澈의 歌辭 "思美人曲 사미인곡"에서도 사랑은 눈물겹다: '아아, 내 병이야 이 임의 탓이로다. 차라리 사라져서 범나비 되오리라. 꽃나무 가지마다 간데 족족 앉았다가, 향기 묻은 날개로 임의 옷에 옮으리라. 임이야 나 인줄 모르셔도 나는 임을 좇으려 하노라.' 또 필자가 애송하는 시 李白의 "夜泊牛渚懷古 우저에서 야박하며 옛일을 회고함"에는 좌절 고독과 아픔 슬픔이 가득하다: '余亦能高詠 斯人不可聞 明朝挂帆席 楓葉落紛紛 나 역시 시를 높은 소리로 읊을 수 있지만 鎭西將軍 謝尙처럼 들어줄 사람이 없구나. 내일 아침 돛 올리고 떠나가면 단풍잎만 어지러이 떨어지리라.' 2023. 9. 29.

〔詩原文〕 17

江海驛站喜見故人又乃別
강해역참희견고인우내별

乍見天涯秋色濃
驚魂疑夢再相逢
中書補闕君躬引
門下拾遺予汝從
滄海桑田動嘆氣
萬端情話起昏鐘
明朝有恨隔山岳
歲月風霜千疊重

사 견 천 애 추 색 농
경 혼 의 몽 재 상 봉
중 서 보 궐 군 궁 인
문 하 습 유 여 여 종
창 해 상 전 동 탄 기
만 단 정 화 기 혼 종
명 조 유 한 격 산 악
세 월 풍 상 천 첩 중

〔시해석〕

강호의 역관에서 기쁘게 옛 친구를 만나보고 또 예서 이별하다

가을빛 짙게 물든 하늘가에서 갑자기 만나보게 되니
너무 놀라 혼이 나간 듯 재상봉이 꿈이 아니런가 의심하게 되네
그대는 중서성에서 우보궐로 봉직하면서 나를 이끌었고
나는 문하성에서 좌습유로 봉직하면서 그대를 뒤따랐었다
지나간 세상사 크게 변한 것에 함께 소리 내어 탄식하게 되고
가지가지 정다운 이야기하는 가운데 역사에서는 저녁때 치는 종소리가 들려온다
내일 아침이면 높게 솟은 산악을 사이에 두고 우리 갈라서는 이별의 슬픔이 있으리니
세월의 모진 풍상 수천 겹 수만 겹 서로 가로막힐 터이지

〔平仄構成〕

詩의 平仄構成은 仄仄平平平仄平 平平平仄仄平平 平平仄仄平平仄 仄平仄仄平仄平 平仄平仄平仄仄 仄平平仄仄平平 平平仄仄仄平仄 平仄平平平仄平으로 되어있다. 詩는 仄起式 七言律詩다. 그리고 詩는 上平聲 二 冬韻을 썼는데 韻脚은 濃, 逢, 從, 鐘, 重이다. 그리고 5句의 下三字에서는 單拗가 쓰였다. 本來 5句의 下三字의 平仄의 構成은 平仄仄인데 仄平仄이 되어, 卽 動嘆氣가 되어, 5字에서 毁損된 平字를 6字에서 바로 回復한 것이다. 이는, 下三字에 孤平現象이 發生하였으나 挾平格으로 肯定的으로 看做하며, 本句 自救의 方法으로 合律이 된다. 그리고 7句와 8句에서는 孤平拗救가 쓰였는데 本來 7句의 下三字는 平平仄이어야 하는데 仄平仄으로 되어, 卽 隔山岳으로 되어, 5字의 平字가 毁損되었다. 그러므로 8句의 5字는 本來 仄字여야 하는데 平字로 바꿔서, 卽 千으로 바꿔서, 毁損된 平을 回復시켰다. 이로써 또한 合律이 된다. 그리고 中央四句의 下三字는 前聯과 後聯의 境遇에 文法構造를 다르게 配置하여 意味上 各各 君(名詞) 躬(名詞) 引(動詞), 予(名詞) 汝(名詞) 從(動詞), 動(動詞) 嘆氣(名詞), 起(動詞) 昏鐘(名詞)으로 읽히게 되어 四言一法 忌避의 原則을 따라서 平板을 避하고 錯綜을 지켰다. 그리고 詩에서 韻을 달지 않은 仄聲字 곧 引, 氣, 岳은 次例로 上聲, 去聲, 入聲이 되어 이른바 四聲遞用의 法則을 充實히 따랐다.

〔작법감상〕

근자에 와서 이별시를 잦게 읽었으니 한시학당에서는 이번 9월의 詩會 주제를 "江海驛站喜見故人又乃別 강호의 역관에서 기쁘게 옛 친구를 만나보고 또 예서 이별하다"로 하기로 하였다. 나 필자는 당나라 전성기 시인 杜甫와 岑參의 재상봉(reunion)을 想定하였다. 실제로 두 사람은 숙종 시 한사람은 중서성의 우보궐로 또 한사람은 문하성의 좌습유로 황제를 지근거리에서 諫官으로서 보좌한 적이 있다. 중서성은 조칙과 상소를 초안하고 문하성은 조칙과 상소를 심사하는 중요한 입법기관이었는데, 아쉽게도, 그들이 함께한 시간은 빛났으나 짧았다. 누구에게나 그러하듯이... One brief shinning moment! 당시 中書舍人 賈至의 시 "早朝大明宮呈兩省僚友 아침에 대명궁에서 조회를 마치고 양성 중서성 문하성 관료 벗에게 드린다"에 岑參과 王維와 함께 杜甫가 화답한 시가 있는데 "奉和中書舍人賈至早朝大明宮"과 "和賈舍人早朝大明宮之作"과 "奉和賈至舍人早朝大明宮"이다. 그 뒤 훗날 어느 하늘 아래 먼 땅 驛舍에서 두보가 잠삼을 만나고 헤어지는 장면을 위 시에서는 담담히 사출한 것이다: '가을빛으로 진하게 물든 하늘가에서 문득 그대를 만나보게 되니 몹시 놀란 탓으로 나는 혼이 나간 듯 再相逢이 꿈이 아닐까 의심하게 된다. 돌이켜보면 그대 岑參은 中書省에서 右補闕로 몸담으면서 나를 이끌어주었고 나 杜甫는 門下省에서 左拾遺로 근무하면서 줄곧 그대를 뒤따랐다. 桑田碧海 흘러간 세상사 크게 변한 것에 함께 소리 내어 탄식하고, 萬端情話 갖가지 정다운 이야기하는 중 역참에서 시간을 알리는 저녁종소리가 들려온다. 내일 아침에는 높고 험한 山嶽을 사이에 두고 우리 갈라서는 이별의 슬픔이 있을 것이니 서로 세월 속에 겪는 艱難과 苦楚 수천 겹 수만 겹 가로막힐 것이리라.' 만나고 헤어지는 시가 여럿인데, 李益의 "喜見外弟又言別 기쁘게 외사촌 동생을 만나보고 또 이별을 고하다"가 있고, 司空曙의 "雲陽館與韓紳宿別 운양관에서 한신과 함께 투숙하고 이별하다"가 있다. 張籍의 "沒蕃故人 토번에서 전사한 옛 벗"에 或疑≒或恐이 보인다: '欲祭疑君在 天涯哭此時 제사를 지내려는데 혹시 그대 살아있지 않을까 의심스러워 하늘 끝에서 이날을 통곡한다.' 崔顥의 "長干行 장간의 노래"에도 或恐≒或疑가 보인다: '停船暫借問 或恐是同鄕 배를 멈추고 잠시 묻습니다 혹시 어쩌면 우리 동향인인가 해서요.' 李益의 "喜見外弟又言別 기쁘게 외사촌 동생을 만나보고 또 이별을 고하다"에 滄海事가 보인다: '別來滄海事 語罷暮天鐘 서로 헤어진 뒤 겪은 수많은 사연들 다 얘기하자 저녁시간을 알리는 종소리가 들려온다.' 朝鮮 金時習의 "中秋夜新月 한가위 밤에 새롭게 뜨는 달을 보며"에 昏鐘이 보인다: '半輪新月上林梢 山寺昏鐘第一鼓 새로 돋은 반달이 숲 속 나뭇가지 끝에 떠오르니 산사의 저녁종이 처음 울리기 시작한다.' 李白의 "宣州謝朓樓餞別校書叔雲 선주 사조루에서 교서랑 숙부 이운을 전별하며"에 明朝가 있다: '人生在世不稱意 明朝散髮弄扁舟 인생 살아가는 것 뜻대로 되지 않으니 내일 아침이면 머리 풀고 조각배 저어 놀리라.' 司空曙의 "雲陽館與韓紳宿別 운양관에서 한신과 함께 투숙하고 이별하다"에 更有明朝恨이 나온다: '更有明朝恨 離杯惜共傳 내일 아침 또 한스런 헤어짐이 있으리니 이별의 술잔 아쉬워하며 서로 전한다.' 杜甫의 "贈衛八處士 위팔처사에게 드린다"에 隔山岳이 나온다: '明日隔山岳 世事兩茫茫 내일이면 산 넘어 서로 떨어지려니 세상사 우리 두 사람 실로 막막하기만 하여라.' 後漢 馬融의 "長笛賦 장적의 노래"에 疊重이 있다: '繁手累發 密櫛疊重 많은 손들이 자주 튕겨서 빽빽하게 밀집되어 빗살처럼 겹겹이다.' 2023년 9월 23일 쓴다.

〔詩原文〕 18

共生
공생

跛蹇乞人猶豫攖
萬圓紙貨樂于呈
欻然覺悟錢袋曼
倏地惻心心又輕
파건걸인유예영
만원지화낙우정
홀연각오전대만
숙지측심심우경

〔시해석〕

서로 도우면서 함께 살아야지

절룩거리는 동냥꾼이 머뭇거리며 다가와서
만 원짜리 지폐를 한 장 기꺼이 선사하였다
문득 돈지갑이 가벼워진 것을 깨닫게 되었는데
갑자기 측은지심이 생겨난 것인지 마음도 또한 가벼워졌더라

〔平仄構成〕

詩의 平仄構成은 仄仄仄平平仄平 仄平仄仄仄平平 仄平仄仄平仄仄 仄仄仄平平仄平으로 되어있다. 詩는 仄起式 七言絶句다. 그리고 詩는 韻字는 下平聲 八 庚韻을 썼는데 韻脚은 纓과 뫁과 輕이다. 그리고 3句와 4句에서는 雙拗가 쓰였는데 本來 3句의 下三字는 平平仄이어야 하는데 平仄仄으로 되어, 卽 錢袋曼으로 되어, 5字의 平字가 毁損되었다. 그러므로 4句의 5字는 本來 仄字여야 하는데 平字로 바꿔서, 卽 心으로 바꿔서, 毁損된 平을 回復시켰다. 이로써 合律이 된다.

〔작법감상〕

빈곤은 근본적으로 해결하기가 어렵다는 말일 터이지만 '가난은 나랏님도 구제하지 못한다'고 우리는 늘상 들어왔다. 글쎄, 정말 그럴까... 나는 한양 서울을 사면팔방으로 10km도 걷고, 20km도 걷고, 30km도 걷고, 때로는 40km도 걷는 사람인데 종종 행인에게 돈을 求乞하는 사람을 만나게 된다. 말하자면 남에게 빌어먹고 사는 사람들인데 거지 乞人 乞丐 乞客 동냥꾼 동냥아치 비렁뱅이 배랑뱅이 露宿者 露宿人 요즘은 homeless 따위로 指稱되고 있다. 그들 중에는 다행히 좀 성한 얼굴도 있지만 어떤 경우는 반은 죽은 모습으로 비치는 경우도 있어서 많이많이 걱정스럽다. 나는 대놓고는 말을 못하지만 속으로 '정히 배가 고프면 어디 음식을 훔쳐 먹어서라도 우선 살고보아야 되지 않겠소'라고 충고한다. 사람들이 행복하게 살 수 있는 사회 환경을 촘촘히 마련하려는 福祉主義(welfarism)는 사실 이러한 기초적인 가난구조를 개선시키는 데서부터 시작하는 것이 순서일 것이다. 현대국가의 자유주의("L"iberalism)에서 진보(liberals)와 보수(conservatives)로 통상 나뉘면 무엇보다도 재산의 재분배를 통한 평등을 강조한다면 전자에 해당하고, 평등적 재분배(equal redistribution)에 대해서 개인의 자유권의 침해라는 대의명분으로 동의하기 어렵다면 후자에 속한다. 나는 개인적으로 전자에 경도된 진보적 자유주의자인 셈이다. 그뿐만 아니라, 진보적 성향(tendency)을 줄곧 좇아서, 낙태도 찬성하고 외설물(pornography)의 표현의 자유도 지지하고 인간복제도 지지하고 뇌사 안락사 권리들에 대해서도 좋이 동정적이다. 사형제도 폐지도 조건부 찬성하는 쪽이다. (다만 남북이 분단되어 전쟁발발이 위험천만 시시각각 도사리고 있는 우리나라의 경우에 있어서는 난 생각이 좀 다르다. 우선 우리 대한국민의 생명(life)과 재산(assets)을 지키는 것은 그 어떤 가치보다도 우선하여야 한다고 믿고 있다. 平和도 좋고 民族도 좋지만 그런 이유와 명분으로 우리 자국민의 생명과 자산을 위태롭게 하는 정책은 결코 허용되어서는 안 된다고 보고 있다. 안전과 안정이라는 말은 아무리 강조해도 지나침이 없으리라. 전성기 민주국가 아테네가 귀족 군사국가의 대명사인 스파르타에 의해 펠로폰네소스전쟁에서 패망한 인류 역사교훈을 우리는 한시라도 잊어서는 안 된다. 그래서 절체절명의 과제로서 우리 국내적 남북관계의 문제에서는 나는 보수주의자라면 보수주의자이다. 이 경우를 과연 보수주의자로 마땅히 불러야 할런지 모를 일이지만...) 그러므로, 어느 날 여느 때처럼 시속 6km 步行 중에 몸이 불편한 求乞人이 내게 다가왔는데, 그 당시의 나의 물리적 행동과 심리적 심사를 사실대로 베껴본 것이 바로 위 시다: '절뚝발이 비렁뱅이가 머뭇대며 다가와서 구걸해서 만 원짜리 지폐를 한 장 달갑게 여기며 선물하였다. 별안간 돈지갑이 가벼워진 것을 깨닫게 되었는데 갑자기 惻隱之心이, 어려움에 처한 이웃을 불쌍히 여기는 마음이, 생겨난 탓인지 마음도 또한 가벼워졌더라.' 다시 애석하게도 '가난은 나랏님도 구제하지 못한다'는 옛말이 떠오른다. 2023년 9월 29일 쓴다.

〔詩原文〕 19

呈幽谷佳人仁義堂先生
정유곡가인인의당선생

幽谷佳人何處尋
藝坊聖亞漢南林
神來之筆秀書畫
四海萬民皆仰欽
유곡가인하처심
예방성아한남림
신래지필수서화
사해만민개앙흠

〔시해석〕

유곡가인 인의당 선생님께 드리다

유곡가인을 어디서 찾아뵐까
숲이 우거진 한남동 성아맨션 서화실이라
신령님이 도와서 이루어진 빼어난 글씨며 그림이며
온 세상 사람들 다 같이 공경하여 우러러보고 사모하네

〔平仄構成〕

詩의 平仄構成은 平仄平平平仄平 仄平仄仄仄平平 平平平仄平平仄 仄仄仄平平仄平으로 되어있다. 詩는 仄起式 七言絶句다. 그리고 詩는 韻字는 下平聲 十二 侵韻을 썼는데 韻脚은 尋과 林과 欽이다. 그리고 3句와 4句에서는 孤平拗救가 쓰였는데 本來 3句의 下三字는 平平仄이어야 하는데 仄平仄으로 되어, 卽 秀書畵로 되어, 5字의 平字가 毁損되었다. 그러므로 4句의 5字는 本來 仄字여야 하는데 平字로 바꿔서, 卽 皆로 바꿔서, 毁損된 平을 回復시켰다. 이로써 合律이 된다.

〔작법감상〕

이 절구는 서울시 한남동 소재 성아맨션에 사시는 書畵家 홍계영선생님의 글씨와 그림의 삶의 세계를 칭송한 시문장이다. 선생님의 작품들은 아주 뛰어나 神品이라고 평가되어 天下萬民이 사랑하고 존경하리라고 하였다. 나는 개인적으로 주민자치위원회에서 같이 활동하면서 알게 되었는데 임원의 1인으로서 맹활약을 하시며 또한, 자랑스럽게도, 독립운동가의 후손이시라는 소식도 전해 듣는다: '그윽한 골짜기에 은거한 絶代佳人인 인의당 선생을 어디서 찾아뵐까 (起), 수풀이 우거진 한남동 성아맨션아파트 작업실(atelier)이라 (承). 귀신이 도와서 이루어진 빼어난 글씨며 그림이며 (轉), 하늘 아래 모든 백성 다 함께 공경하여 우러러보고 사모하리라 (結).' 일찍이 杜甫가 쓴 시 "佳人 아름다운 사람"이 있다: '絶代有佳人 幽居在空谷 이 세상에 비할 데 없는 미인 絶世佳人이 있으니 인적 없는 빈 계곡에서 홀로 살고 있지.' 역시 杜甫의 "蜀相 촉나라 승상 제갈량"에 何處尋이 나온다: '丞相祠堂何處尋 錦官城外柏森森 승상의 사당을 어디서 찾을까 금관성 성문 밖 잣나무 빽빽이 우거진 곳이다.' 신이 내린 문필이라는 표현으로 통하는 神來之筆은 시서화를 평가함에 종종 등장하는데, 또한 杜甫의 "贈衛八處士 위팔처사에게 드리다"의 結尾에서 잠깐 만났다가 다시 헤어짐을, 상봉의 기쁨도 잠시일 뿐 긴 이별의 아쉬움과 맞닥뜨릴 현실에 답답해하는 심경을, 아주 절묘하게 그려내어 곧 神來之筆을 만들었다고 평가받는다: '明日隔山岳 世事兩茫茫 내일이면 산 넘어 서로 떨어지려니 세상사 우리 두 사람 실로 막막하기만 하여라.' 역시 杜甫의 "醉歌行 술에 취하여 부르는 노래"에 秀가 돋보인다: '偶然擢秀非難取 會是排風有毛質 어쩌다 빼어난 것 얻음 어렵지 아니하니 바로 바람을 밀치고 날 깃털이 있음이라.' 魏 劉劭의 "人物志 英雄 인물지 영웅편"에도 秀가 돋보인다: '夫草之精秀者爲英 獸之特群者爲雄 대컨 초목 중 정교하게 빼어난 것을 英이라 하고 짐승 가운데 특출한 무들을 雄이라 한다.' 孔子 "論語 논어"에 우러른다는 仰이 나온다. 孔子의 덕이 높고 커서 도저히 미칠 수 없음을 탄식한 말에서 나온 것이다: '顔淵 喟然歎曰 仰之彌高 鑽之彌堅 瞻之在前 忽焉在後 안연이 크게 감탄하며 말하기를, 선생님의 道는 우러러볼수록 더욱 높고 뚫으려할수록 더욱 견고하며 바라보면 앞에 있는가 싶더니 문득 또 뒤에 있어라.' 역시 孔子의 "書經 서경"에 공경한다는 欽이 나온다: '曰若稽古帝堯 曰放勳 欽明文思安安 允恭克讓 光被四表 格于上下 옛 제요를 상고하건대 방훈이시니 밝은 문장을 공경하시고 온유함을 깊이 생각하시며 진실로 공순하시며 지극히 겸양하시어 광채가 사표에 입혀지시며 상하에 이르셨다.' 다시 한 번 더, 仁義堂 선생님의 서화의 日就月將과 건강의 老當益壯을 기원해 마지않는다. 2023년 10월 3일 개천절을 맞아 이른 아침에 쓴다.

〔詩原文〕 20

寄贈香積堂崔永宇先生
기증향적당최영우선생

藉藉勇名香積堂
一聲號令敵軍亡
外加理致修辭備
文武兼全聖亞樑
자자용명향적당
일성호령적군망
외가이치수사비
문무겸전성아량

〔시해석〕

향적당 최영우 선생님께 드립니다

용맹스러운 명성이 사람들의 입에 오르내려 떠들썩한 향적당 선생님
그 한 마디 큰 소리로 꾸짖음에 도적떼들 다 달아난다
그뿐이랴 세상의 이치와 문장의 수사까지 가졌으니
문무를 다 갖춘 성아맨션의 대들보시라

〔平仄構成〕

詩의 平仄構成은 仄仄仄平平仄平 仄平仄仄仄平平 仄平仄仄平平仄 平仄平平仄仄平으로 되어있다. 詩는 仄起式 七言絶句다. 그리고 詩는 韻字는 下平聲 七 陽韻을 썼는데 韻脚은 堂과 忙과 樑이다.

〔작법감상〕

이 절구는 서울시 한남동 소재 성아맨션에 사시는 香積堂 崔永于 선생님의 강직함과 유연한 도타운 삶의 세계를 칭송한 시문장이다. 香積堂이라는 雅號는 필자가 삼가 선생님께 선물한 별호(pen-name)다. (唐나라 王維의 명품 시편에 "過香積寺 향적사를 지나면서"가 있는데 참선(meditation)을 통해서 세속의 온갖 번뇌를 떨쳐버리려는 작자의 의지가 선명하게 사출된 詩意도 좋고 또 '향 내음이 쌓이는 사찰'이라는 절 이름도 마음에 들어 이에 片取한 것이다: '薄暮空潭曲 安禪制毒龍 땅거미 질 무렵 인기척 없는 못 굽이진 곳에서 편하게 좌선하며 毒龍을 제압하려네.') 나는 주민자치위원회에서 같이 활동하게 되면서 개인적으로 가깝게 선생님을 알게 되었는데, 특별히 옆 건물이 신축되면서 가해오는 갖가지 피해를 겪으며 항의 규탄하면서 실감나게 깨닫게 되었는데, 선생님의 일갈 호령하시는 당당한 용기와 거침없이 꾸짖는 논리의 정연함은 가히 놀라웠다. 능히 우리 성아맨션 아파트의 보석 같은 존재요 들보(crossbeam)가 되신다고 하리라: '용맹스럽고 사나운 名聲이 한남동 일원에 藉藉한 향적당 선생님 그 한 마디 큰 소리로 꾸짖으시니 도적떼들 魂飛魄散해 죄다 달아난다. 어디 어찌 그것뿐이랴 세상의 이치와 글의 수사까지 구비하셨으니 文과 武를 다 갖춘 성아맨션의 대들보시라.' 그간 선생님께서는 옆 건설현장에 수차례 방문하셔서도, 구청 건축과의 항의방문민원에서도, 상대방과 우리 편 쌍방 4자회담에서도, 그리고 우리 임원대책회의에서도 공사장에서 주어지는 피해(소음, 먼지, 진동, 낙석, 조망권, 일조권, 사생활침해, 재산가치폭락, 따위)와 의도적 불법영토침범과 굴토에 맞서서 일관된 강경한 투쟁과 용의주도한 외교적 수완을 유감없이 발휘하신 것으로 우리들의 기억에 가득히 선명하게 남아있다. 과연 향적당 선생님은 우리 성아맨션 아파트전투의 최전선에서 한 치의 물러섬이 없이 늠름하게 그리고 시종 지혜롭게 싸우시는 최고사령관이시다. 우리 대한국 역사에 중국에 맞선 전투의 명장 고구려의 乙支文德과 일본에 맞선 조선의 명장 忠武公 李舜臣이 있다면 그리고 외교의 대가로 고려의 徐熙가 있고 조선의 李藝가 있다면, 우리 아파트 역사에는 위대한 장수로서 동시에 걸출한 외교가로서 향적당 최영우 선생님이 전무후무 기록될 것이다. 마침, 대고구려 乙支文德 장군의 잘 알려진 시 "與隋將于仲文詩 수나라 장수 우중문에게 드리는 시"를 소개한다: '神策究天文 妙算窮地理 勝戰功旣高 知足願云止 신기하고 뛰어난 꾀와 방법은 하늘의 이치를 다하였고 교묘한 계략은 땅의 이치를 통달하였다. 싸움에서 이기셔서 공적 이미 드높으니 分數를 지켜 만족할 줄을 알아 그만 멈추시기를 바라노라.' 그리고 대조선 李舜臣 장군의 역시 잘 알려진 시조 "閑山島歌 한산섬 달 밝은 밤에"도 여기서 소개해본다: '閑山島月明夜 上戍樓撫大刀 深愁時何處 一聲羌笛更添愁 한산섬 달 밝은 밤에 戍樓에 혼자 앉아 큰 칼 옆에 차고 깊은 시름 하는 차에 어디서 一聲胡茄는 한 가락의 피리소리는 남의 애를 끊나니.' 되풀이하건대, 향적당 선생님은 성아맨션의 대들보시다!! 2023. 10. 6.

〔詩原文〕 21

秋蟬
추선

夏天蟲子噪鳴行
西陸無聲今纔翎
露重自然尤厚道
風多非怨卻多情
寒蟬疏引表謙讓
淸恐人知標尙淸
彈劍作歌噴世上
愧羞利己一平生

하 천 충 자 소 명 행
서 륙 무 성 금 재 굉
로 중 자 연 우 후 도
풍 다 비 원 각 다 정
한 선 소 인 표 겸 양
청 공 인 지 표 상 청
탄 검 작 가 분 세 상
괴 수 이 기 일 평 생

〔시해석〕

가을 매미

여름날 매미 요란하게 울어대며 날아다니더니
가을이 되니 소리 없이 이제는 겨우 나는구나
이슬이 무거워도 자연스러워 하니 더욱 도탑고
바람이 심하여도 원망하지 않으니 도리어 다정다감하여라
가을 매미 끊일 듯 말 듯 하며 우는 것은 겸손함의 표현이요
청빈함을 남이 알까 두려워하는 것은 고결함의 표방이라
그런데 나는 불우한 데에 대한 한탄을 온 세상에 쏟아내며
부끄럽게도 이기주의의 한평생을 살아가고 있었구나

〔平仄構成〕

詩의 平仄構成은 仄平平仄仄平平, 平仄仄平平仄仄, 仄仄仄平平仄仄, 平平平仄仄平平, 平平平仄仄平仄, 平仄平平平仄平, 平仄平, 平仄仄平平仄仄, 仄平仄仄仄平平으로 되어있다. 詩는 平起式 七言律詩다. 그리고 詩는 韻字는 下平聲 八 庚韻을 썼는데 韻脚은 行, 翅, 情, 淸, 生이다. 그리고 5句와 6句에서는 孤平拗救가 쓰였는데 本來 5句의 下三字는 平平仄이어야 하는데 仄平仄으로 되어, 卽 表謙讓으로 되어, 5字의 平字가 毀損되었다. 그러므로 6句의 5字는 本來 仄字여야 하는데 平字로 바꿔서, 卽 標로 바꿔서, 毀損된 平을 回復시켰다. 이로써 合律이 된다. 그리고 中央四句의 下三字는 前聯과 後聯의 境遇에 文法構造를 다르게 配置하여 意味上 各各 尤(副詞) 厚道(動詞), 卻(副詞) 多情(動詞), 表(動詞) 謙讓(名詞), 標(動詞) 尙淸(名詞)으로 읽히게 되어 四言一法 忌避의 原則을 따라서 平板을 避하고 錯綜을 지켰다. 그리고 詩에서 韻을 달지 않은 仄聲字 곧 道, 讓, 上은 次例로 上聲, 去聲, 上聲이 되어 이른바 四聲遞用의 法則을 充實히 따랐다.

〔작법감상〕

가을의 매미(Cicada)는 한시에서는 '秋蟬' 또는 '寒蟬'이라고 하는데 울지 않는 매미를 연상하게 해준다. 찌릭찌릭 맴맴 요란하게 울어대던 여름철 전성시대(?)를 지나서 가을이 지나가면서는 우는 소리도 들릴 듯 말 듯 찌리릭 찌리릭 나직하게 들리니 사뭇 처량하다. 그러나 한편으로는 무릇 생물체의 거듭하는 榮枯盛衰와 이뤄지는 新陳代謝를 깨닫고 존중하는 듯 溫柔敦厚함도 엿보인다. 그리고 東隅已逝나 桑楡非晩의 심사로 捲土重來를 도모하는 듯도 하다. 따라서 위 시는 일상에서 한갓 곤충과 벌레의 삶에 지나지 않는다고 사람들이 놓치기 쉬운 소중한 교훈을 체감할 수 있는 계기가 되는데, 깊어가는 가을 매미의 삶의 진정성에 공감하며 內省의 심정을 써 본 시가 되었다. 불현듯이 19세기 미국시인 H. W. Longfellow의 "A Psalm of Life 人生을 讚美함"이 떠오른다. 'Tell me not, in mournful numbers, Life is but an empty dream!... Life is real, Life is earnest!... Still achieving, still pursuing, Learn to labor and to wait! 슬픈 곡조로 내게 말하지 마오, 인생은 한낱 공허한 꿈에 지나지 않는다고!... 인생은 진정한 것이요 정직한 것이다!... 여전히 성취하고 여전히 추구하라, 노동하기를 또 기다리기를 배우라!' 나는 初唐四傑로 알려진 駱賓王의 "在獄詠蟬幷序 감옥에서 매미를 노래하고 서문을 아울러 쓴다"에 공감하며 영감을 구하였다: '여름날 매미 요란하게 울어대며 날아다니더니 가을이 되니 소리 없이 이제는 가까스로 나는구나. 여름에서 가을로 시간이 지나면서 매미의 삶의 흔적에 변화가 오는 것을 특징적으로 우선 지적하였다. 시 구성의 起句다. 다음 承句에서는 바뀐, 더욱 어려워진, 삶의 조건과 환경에도 담담하게 돈독하게 삶의 굴레를 이어가는 일상생활의 자세를 보여준다. 이슬이 무거워도 자연스러워 하니 더욱 도탑고 바람이 심하여도 원망하지 않으니 도리어 다정다감하여라. 이어지는 그리고 전환되는 轉句에서는 매미의 삶의 방식에 대한 보다 적극적이고 심층적인 긍정적 해석을 아끼지 않았다. 가을 매미 끊어졌다 이어졌다 하며 우는 것은 겸손의 表示요 청렴함을 다른 사람이 알까 두려워하는 것은 고상함의 標顯이라. 그러므로 끝맺음의 結句에서는 매미로부터 秋蟬疎引과 淸畏人知를 反芻하며 得意하는 것이다. 그런데, 나는, 불우한 데에 대한 한탄만을 온 세상에 쏟아내며 부끄럽게도 이기주의의 일평생을 살아가고 있었던 것인가.' 시 세계에서 이런 방식의 작시법은 소위 假託, 依託, 寄託으로 어떤 새나 짐승이나 초목이나 자연이나 시간 등의 사물을 빌려 감정이나 사상 따위를 분출해내는 일인데 마땅히 때때로 詠物이라고도 부른다. 예를 들어, 李商隱이 쓴 "北靑蘿 북쪽 푸른 담쟁이"에서는 자신이 존경하는 高僧의 '은거지'를 찾아서 그의 청고하고 고즈넉한 삶에 감개하고 三昧境 禪定을 닦는 경계를 노래하고 있는 것을 알 수 있고, 또한 王維가 쓴 "過香積寺 향적사를 지나면서"에서는 사찰 주위의 봉우리, 오솔길, 종소리, 물소리, 소나무, 텅 빈 못 등의 '탐방지'를 통해서 마음속의 번뇌와 욕망의 속정을 제압하고 禪定에 들기를 희망하는 것도 近似한 趣意다. 시인들은 자신의 감정을 노정시킴에 이렇듯 직접적이지 않고 간접적으로 완곡하게(Euphemism) 표현하여 공감을 얻고자 하는데 전통으로부터의 주장으로(Argument from tradition) 기실 평가된다. 2023년 10월 29일 쓴다.

〔詩原文〕 22

厭世主義
염세주의

轉瞬之間寸晷淩
人生行路是兢兢
不惟世界微塵內
何等富貧兼愛憎
전순지간촌구릉
인생행로시긍긍
불유세계미진내
하등부빈겸애증

〔시해석〕

염세에 빠져 세상을 대한 생각들

눈 깜짝할 사이의 짧은 시간을 달리는
우리 인생살이 실로 전전긍긍하는구나
그뿐만 아니라 온 세상의 작은 티끌 중에 인생살이 있으리니
잘 살고 못 사는 것 사랑하고 미워하는 것 다 무슨 소용이랴

〔平仄構成〕

詩의 平仄構成은 仄仄平平仄仄平 平平平仄仄平平 平平仄仄平平仄 平仄仄平平仄平으로 되어있다. 詩는 仄起式 七言絶句다. 그리고 詩는 韻字는 下平聲 十 蒸韻을 썼는데 韻脚은 淩과 兢과 憎이다.

〔작법감상〕

실제로 필자는, 당분간이라도, 厭世主義(pessimism)나 厭世觀을 현실로부터 초탈이나 초연이라고 보지 않고 차라리 현실에 무심하고 부정하는 것으로 이해해보려고 하였다. 前者라면 차라리 불교에서 회자하는 禪定이나 三昧境이나 禪悅爲食 등이 연상되겠지만, 後者라면 염세관은 니힐리즘(nihilism), 虛無孟浪, 極端懷疑論 따위에 더 근사하리라. 본 시에서는, 후자의 염세주의 해석의 전통을 따라서, 단도직입적으로 우리 인생이라는 것이 다만 허무하다는 것을 내보이기 위해서, 우선 지극히 짧은 刹那的인 轉眼之間의 삶에 불과하다는 것과 그 삶마저 戰戰兢兢하고 兢兢業業의 생활의 연속일 수밖에 없음을 천명하고 있다. 게다가 우리들 인생살이는 만물의 온 우주의 운행에 있어서 극히 작은 먼지에 불과한 왜소하고 무의미한 존재라고 冷笑的으로(cynically) 고백하고 있는 것이다. 그러므로 마땅히 우리 인간들이 나름의 행복한 삶을 추구하려면서 풍요와 빈곤을 따지고 사랑과 미움을 논한다는 것이 무슨 소용이냐고, 徒勞에 불과하지 않느냐고, 꾸짖듯 성토하고 있는 것이다. 종당 인생은 허망한 것이리라!!: '눈 깜짝할 사이의 짧은 시간을 달리는 우리 인생살이 기실 겁을 먹고 조심하며 벌벌 떨며 몸을 움츠리는구나. 어디 그뿐이랴, 온 세상의 작은 티끌 중에 그중에 인생살이가 있으리니 잘 살고 못 사는 것을 그리고 사랑하고 미워하는 것을 나눠보고 구분해본들 다 무슨 어떤 소용이 도대체 있으랴.' 너무 잘 알려진 南宋의 朱熹의 "勸學詩 학문에 힘쓰도록 권하는 시"에 一寸光陰늑寸陰늑寸光늑寸晷가 나온다: '少年易老學難成 一寸光陰不可輕 未覺池塘春草夢 階前梧葉已秋聲 소년은 쉬이 늙고 배움은 이루기 어려운 법이니 한 토막의 시간도 가벼이 여길 수 없으리 연못가 봄철에 새로 돋는 부드러운 풀들의 꿈을 미처 깨닫지 못했는데 섬돌 앞의 오동나무 잎사귀 어느덧 가을바람에 지는 소리가 들리네.' 또한 盛唐의 李白의 "行路難 인생행로 어려워라"가 이어서 떠오른다: '行路難 行路難 多岐路 今安在 갈 길이 험하구나 갈 길이 험하구나 갈림길 많은데 지금 어디 있는가.' 孔子가 편집한 "詩經·小雅篇 시경·소아편"에 戰戰兢兢이 보인다: '不敢暴虎 不敢憑河 人知其一 莫知其他 戰戰兢兢 如臨深淵 如履薄氷 감히 범을 잡지 못하고 감히 황하를 건너지 못한다 사람은 그 하나는 알지만 그 밖의 것은 알지 못한다 두려워서 벌벌 떨며 조심하기를 마치 깊은 못에 임한 것같이 하고 마치 살얼음을 밟는 것처럼 한다.' 대승 불교의 근본 경전으로 통하는 "法華經 법화경"에 微塵中이 보인다: '三千世界事全在微塵中 우주 만물 온 세상의 일들 모두가 작은 티끌 가운데에 있다.' 晩唐의 李商隱의 "北靑蘿 북쪽 푸른 담쟁이"에도 世界微塵裏가 보인다: '世界微塵裏 吾寧愛與憎 온 세상의 작은 티끌 가운데서 내 어찌 사랑과 미움에 매달릴까.' 盛唐의 杜甫의 "奉贈鮮于京兆二十韻 선우경조께 받들어 드리는 20운으로 된 시"에 何等이 나온다: '侯伯知何等 文章實致身 제후를 어찌 다 헤아릴까 문장으로 진실로 임금님께 몸을 바치셨네.' 2023년 11월 3일 쓴다.

〔詩原文〕 23

鷺梁津舊址
노량진 구지

擊壤之歌不復回
南柯一夢更催哀
隔江代謝滿天地
獨倚古津無限㕦
격양지가불부회
남가일몽갱최애
격강대사만천지
독의고진무한회

〔시해석〕

노량진 옛집 터

땅을 두드리며 태평을 노래 부르던 살기 좋은 시절 다시 돌아오지 않으니
남쪽 나뭇가지 아래 한바탕의 덧없는 꿈이었을까 더욱 슬픔을 재촉하는구나
강을 사이에 두고 떨어져 흥망성쇠 천지사방에 가득하여
홀로 옛 노들나루에 의지한 채로 한없이 고달파 하는 바로다

〔平仄構成〕

詩의 平仄構成은 仄仄平平仄仄平 平平仄仄仄平平 仄平平仄仄平仄 仄仄仄平平仄平으로 되어있다. 詩는 仄起式 七言絶句다. 그리고 詩는 韻字는 上平聲 十 灰韻을 썼는데 韻脚은 回와 哀와 虺이다. 그리고 3句와 4句에서는 孤平拗救가 쓰였는데 本來 3句의 下三字는 平平仄이어야 하는데 仄平仄으로 되어, 卽 滿天地로 되어, 5字의 平字가 毁損되었다. 그러므로 4句의 5字는 本來 仄字여야 하는데 平字로 바꿔서, 卽 無로 바꿔서, 毁損된 平을 回復시켰다. 이로써 合律이 된다.

〔작법감상〕

과거 미국으로 유학을 떠나기 전까지는, 주로 대학을 다니던 시간과 겹치는데, 나는 강남 노들나루(鷺梁津) 일대에서 살았다. 내가 20대의 좋은 추억이 있었던 그 시절이었다면 아마도 어머니께서는 50대의 마지막 빛나는 비교적 젊고 어여쁘신 시절이었을 것이다. 시집 장가간 형제자매들도 모두 근방의 인근에서 살았으니 우리들 모두의 나름 행복한 순간이었으리라고 되돌아본다. 이제는 부모가 아니 계시는 삶을 이어가는 슬픈 처지라 자주 노량진을 기억에서 끄집어내곤 한다. 그러다보니 어느덧 노량진을 주제로 나 필자가 쓴 시가 몇 편이나 되었다: "鷺梁行 노량진 나루터의 노래"가 있고, "步行中吟鷺梁津舊棲址 보행 중에 옛 살던 곳 노량진을 노래하다"가 있고, "留春雨中望江岸鷺梁津舊迹 봄비가 내리는 가운데 머물며 강기슭 노량진의 옛 자취를 바라본다"가 있고, "詠懷古跡尋鷺梁津丘陵古家 노량진 언덕 옛집을 찾아서 옛 자취를 회상하면서 노래하다"가 있고, "鷺梁津送郭秀才玉之濟物浦 제물포로 내려가는 곽옥수재를 노량진에서 전송하며"가 있더라. 위 본 시에서는 어느 날 그리움에 노량진을 찾아 나섰는데, 젊은 날의 행복했던 시간은 영영 다시 돌아오지 않아서, 곧 세상천지에 興亡盛衰 世代交替 新陳代謝 盛衰興廢 따위만 가득하여, 못내 아쉬워하고 괴로워한다는 취지다: '起句: 땅을 치며 擊壤歌를 부르던 살기 좋았던 시절은 다시 돌아오지 않으니, 承句: 一場春夢의 덧없는 꿈이었던가 더욱 구슬픔을 재촉하게 되네. 轉句: 강 건너 四方天地에 榮枯盛衰의 흔적만 가득하니, 結句: 혼자서 鷺梁津渡에 기댄 채로 무한하게 고단하고 지치노라.' 擊壤之歌는 땅을 두드리며 부르는 노래라는 뜻으로 매우 살기 좋은 태평한 시절을 말한다. 고대 堯 임금이 平常服 차림으로 민정시찰을 나섰는데 한 노인이 먹을 것을 입에다 물고서 배를 두드리고 흙덩이를 치면서 太平聖代를 노래하더라는 것이다. 南柯之夢≒一場春夢≒邯鄲之夢≒榮枯一炊≒羅浮之夢≒盧生之夢. 杜牧의 "泊秦淮 진회에 정박하다"에 隔江이 있다: '商女不知亡國恨 隔江猶唱後庭花 노래하는 여인 망국의 한도 모른 채 강 건너에서 오히려 玉樹後庭花를 부르는구나.' 孟浩然의 "與諸子登峴山 여러 선비들과 현산에 올라서"에 代射가 보인다: '人事有代射 往來成古今 인간의 일이란 흥망이 교체하니 日往月來 세월이 흘러 옛날과 지금을 이루었다.' 張喬의 "書邊事 변경의 일을 적는다"에 征人倚戍樓가 나온다: '調角斷淸秋 征人倚戍樓 맑게 갠 가을 하늘에 號角소리 끊어지고 변방의 병사는 戍樓에 기대어 있다.' 王維의 "桃源行 武陵桃源의 노래"에 古津이 등장한다: '漁舟逐水愛山春 兩岸桃花夾古津 고깃배로 물을 따라 산 속의 봄을 즐기려는데 양쪽 언덕에 복사꽃이 옛 나루를 끼고 있다.' 李商隱의 "登樂遊原 낙유원에 올라서"에 無限이 쓰이고 있다: '夕陽無限好 只是近黃昏 석양은 한없이 좋은데 다만 황혼이 가까운 것이 아쉬움이라.' 2023년 11월 10일 쓴다.

〔詩原文〕24

秋日詩話酬酌
추일시화수작

爾我千金無限多
永言濁醪不堪過
升庵詩話出明月
一夜淸秋行酒歌
이아천금무한다
영언탁료불감과
승암시화출명월
일야청추행주가

〔시해석〕

가을날 시를 이야기하며 술잔을 주고받음

그대와 나 천금만금같은 소중한 것들 무한히 많을테지만
시가와 술잔을 지나쳐버리는 것은 견디지는 못하리라
암자에 올라서 시를 이야기하는데 밝은 달 떠오르니
맑게 갠 가을날 밤새도록 술을 권하면서 노래를 부른다

〔平仄構成〕

詩의 平仄構成은 仄仄平平平仄平 仄平仄仄仄平平 平平平仄仄平仄 仄仄平平平仄平으로 되어있다. 詩는 仄起式 七言絶句다. 그리고 詩는 韻字는 下平聲 五 歌韻을 썼는데 韻脚은 多와 過와 歌이다. 그리고 3句와 4句에서는 孤平拗救가 쓰였는데 本來 3句의 下三字는 平平仄이어야 하는데 仄平仄으로 되어, 卽 出明月로 되어, 5字의 平字가 毁損되었다. 그러므로 4句의 5字는 本來 仄字여야 하는데 平字로 바꿔서, 卽 行으로 바꿔서, 毁損된 平을 回復시켰다. 이로써 合律이 된다.

〔작법감상〕

시를 감상하고 술을 한잔 곁들인다면 초야에 묻혀 조용히 일상을 살아가는 處士로서는 소소하지만 일견 행복한 消日이요 消遣이다. 뿐만 아니라 시를 이야기할 벗이 있고 시간대에 마침 맑은 가을하늘이 펼쳐져있다면 그 더욱 바랄 것이 무엇이랴. 인생에서 얻고자하는 보배로운 가치 있는 것이 수많게 있을 터이지만 마음이 통하는 친한 벗과 맛난 막걸리를 酬酌하면서 吟風弄月한다면 고즈넉하고 아름다운 순간이리라: '너와 나의 삶에 천금만큼 만금만큼 값나가는 것이 한없이 많을지라도, 보배로운 것이 인생살이에 많다고 하여 말을 일으켰으니 起句가 되리라, 시가와 막걸리를 간과해버리는 것은 차마 감당하지는 못할 일이라는 것이다, 그렇다고 우리 인생여정에서 어찌 시와 술을 지나쳐버릴 수가 있겠느냐고 말을 받아 이어가고 있으니 承句가 될 것이다. 초막집에 올라서 시를 이야기하는 중에 더할 나위 없이 밝은 둥근달 떠오르니, 그런데 마침 시를 얘기하게 되고 둥근달이 밝게도 비추니, 일종의 轉機를 맞으니 가히 轉句를 이루었고, 맑은 가을날을 맞아 하룻밤 내내 술을 주거니 받거니 하면서 노래한다, 밤새도록 맑은 팔월 仲秋를 맞아서 술 마시고 노래하고 춤을 추게 되었다는 結論이다.' 이 시는 한편의 勸酒歌이기도 한데 한시 전통에 시인묵객들의 권주시는 부지기수다: 우선 劉伶의 "酒德頌"을 시작으로 李白의 "將進酒"와 "月下獨酌"이 있고 杜甫의 "曲江"과 "飮中八仙歌"가 있고 白居易의 "何處難忘酒"와 "不如來飮酒"와 "問劉十九"와 "對酒"가 있고 于武陵의 "勸酒"가 있으며 또한 鄭澈의 "將進酒辭"가 있고 朴仁老의 "勸酒歌"가 있다... 나 필자 역시 술과는 뗄래야 뗄 수 없는 인연이 있는 사람인데 요사이 斷飮의 길을 걷고 있어서 참 유감스럽다. 본시 2대에 걸친 양조장집안에서 태어나 술 냄새를 24/7 맡으며 자랐던 터라 그래서 나의 유전자 안에 술의 dna가 있다고 믿는 바다. 게다가 그런 내력 탓인지 성년이 되어서는 대학교 청년시절부터는 밤새 내내 마시는 술 기량을 유감없이 선보여 친구들로부터 '마시는 최후의 순간까지 끄떡없이 꺼드럭거리는 사나이'라는, '최후까지 남아서 술친구들 다 수습해주고 홀로 유유히 사라지는 사나이'라는, '술에 무너지지 않는 무적의 사나이'라는 등등의 명예스러운(?) 딱지도 여럿 붙었었다. 그러나 세월의 흐름을 따라서, As Time Goes By, 늙고 여윈 몸을 추스르기 위해서 禁酒를 선언한지가 벌써 몇 년 되었다. 그래서 세칭 '술 담배 끊은 사람'이 된 것이다. 그래도 가끔 진고개 명동을 지날 때는 생각나더라: '젊은 날 이곳 스카이라운지에서 그녀에게, 더 친해지고 싶어서, 호기를 부리느라 술과 담배를 가르쳐주었지...' 끝으로, 堪과 敢의 의미와 사용을 구분해보자. 전자 堪은 견디다 감당하다의 뜻으로 영어로는 endure 정도다. 후자 敢은 감히 함부로의 뜻으로 영어로는 dare 정도다. 그러므로 不堪(仄平)은 not endure 견뎌 내지 못한다 불감당하다가 되고, 不敢(仄仄)은 not dare 감히 하지 못하다 함부로 감행하지 못하다가 된다. 2023. 11. 17.

〔詩原文〕25

讀後贈內人及孤雁
독후증나인급고안

飛蛾紅焰豈能回
斷雁弋矰眞可猜
弦外之音言外旨
宮人夫士共悲哀
비아홍염기능회
단안익증진가시
현외지음언외지
궁인부사공비애

〔시해석〕

증나인과 고안을 읽고 나서

나는 나방 붉은 불꽃 속으로 뛰어드니 어떻게 능히 살아서 고향에 돌아갈 수 있을까
무리에서 떨어져나간 외기러기 주살을 쏘아대니 진실로 가히 의심하고 두려워하는구나
악기의 줄 밖에 음이 있고 말 밖에 뜻이 있으리니
궁녀며 선비며 모두 함께 슬퍼하고 서러워하네

〔平仄構成〕

詩의 平仄構成은 平平平仄仄平平 仄仄仄平平仄平 平仄平平平仄仄 仄平平仄仄平平으로 되어있다. 詩는 平起式 七言絶句다. 그리고 詩는 韻字는 上平聲 十 灰韻을 썼는데 韻脚은 回, 猜, 哀이다.

〔작법감상〕

시에서는 어떤 사물을 빌려 의지하여, 주로 鳥, 獸, 花, 月 따위에 빗대며 의지하여, 자신의 深懷를 간접적으로 표방하여, 완곡하게 드러내어, 읊는 경우가 종종 있는데 일컬어 依託 假託 稱託 寄託 借託 등등으로 불리고 있다. 나 필자는 2개 시편을 곰곰이 생각해보았다. 한 작품은, 張祜의 "贈內人"으로, 宮女가 미모를 믿고 허영을 찾아 궁궐로 날아들었던 과거사를 후회막급해하는 상황을 燈芯에 뛰어드는 나방 蛾子의 분별없는(?) 행동에 기대었고, 다른 한 작품은, 崔塗의 "孤雁"으로, 士夫가 실력 있는 자로서도 때와 사람이 이끌어주지 않음으로 버려지는 자신에 대한 쓸쓸함과 괴로움을 마치 무리에서 낙오한 외로운 그리고 때때로 위험천만인 기러기 신세에 빗대어서 노래하고 있는 것이다. 시인으로서는 이런 依託詩를 즐겨 쓰는 데는 적어도 2가지 이유가 있다. 무엇보다도 간접적인 완곡한, 노골적이고 직접적이지 않는, 방식으로 노래하여 독자를 보다 부드럽고 따뜻하게 공감의 세계로 초대할 수 있어서 그렇고, 또 한편 감정을 너무 강하게 노출시키면서 가져오게 되는 시인 자신의 심리적 부담과 자괴를 최소화하고자하는 의도도 깔려있는 측면도 있을 것이다. 실제 필자는 장호의 七言絶句 "贈內人 궁녀에게 드리다"의 轉結句 '斜拔玉釵燈影畔 剔開紅焰救飛蛾 등불의 그림자 곁에서 옥비녀를 비스듬히 뽑아 붉은 불꽃을 갈라 제거하고 나방을 구해준다'에서 시를 일으키는 起句를 구하였고, 최호의 五言律詩 "孤雁 외로운 기러기"의 結聯句 '未必逢矰繳 孤飛自可疑 반드시 화살에 맞지는 아니하여야할 터 외로이 날며 스스로 가히 의심하고 조심하네'에서 시에서 이어지는 承句를 구하였다. 이렇듯 장호의 "贈內人"과 최호의 "孤雁"을 읽고 나서 일구와 이구에서 특별하게 의도적으로 對仗을 갖추어서, 즉 장호가 궁인을 대신해서 나방을 빌려 또 최도가 기러기를 빌려, 전자는 궁녀의 갇힌 처지를 한탄하는 신세타령을 곡진하게 그려내었고 후자는 세상이 능력가 선비를 인정하지 못하는 것에 한없는 불만과 불우지탄을 심심하게 그려내고 있는 것이다. 그래서 轉結에서는 여기에 言外之意가 있으니 궁녀와 선비는 同病相憐과 同命相憐이 되어 함께 구슬퍼한다고 하였다: '날으는 나방 붉은 불꽃 속으로 뛰어드니 어떻게 능히 살아서 그리운 고향에 돌아갈 수 있을까 무리에서 떨어져나간 외기러기 화살을 쏘아대니 진실로 가히 의심하고 두려워하는구나. 絃 밖에 音이 있고 말 밖에 뜻이 있으니 궁녀며 선비며 모두 함께 슬퍼하고 서러워하더라.' 마침, 홀연, 궁녀의 怨과 선비의 恨을 참 인상적으로 기억시키는 작품이 떠오른다. 다름 아니라 李白의 궁궐의 원망의 싯구요 王昌齡의 불만가득 한탄의 싯구다. 李白의 "怨情 원망하는 마음"은 '但見淚痕濕 不知心恨誰 다만 보이나니 젖은 눈물 자국 노래한다 내심 누구를 원망하는지 모르겠다'고 怨望하고, 王昌齡의 "芙蓉樓送辛漸 부용루에서 신점을 전송하다"는 '洛陽親友如相問 一片冰心在玉壺 낙양의 친구들이 내 안부를 묻거들랑 한 조각 얼음같이 깨끗한 마음 옥항아리 속에 있다고 말하여주오'라고 恨歎하고 있다. 슬프고 애잔하고, 딱하고 비정하다. 2023년 12월 2일 쓴다.

〔詩原文〕26

和崔塗孤雁
화 최 도 고 안

可憐煩惱混紛紛
平板微音錯綜聞
斷雁單行恐遲降
孤身隻影自思群
禮山隱者含不滿
志士幽人傷未欣
句句層層萬鈞力
陽春一曲和難慇
가련번뇌혼분분
평판미음착종문
단안단행공지강
고신척영자사군
예산은자함불만
지사유인상미흔
구구층층만균력
양춘일곡화난은

〔시해석〕

최도의 외기러기에 화답하다

가련함과 번뇌함이 섞여 분분한데
단조로운 평판의 작은 소리 속에 다종다양한 착종이 가히 들리는구나
외기러기 홀로 날아감에 애써 내려앉기를 저어하고
몸 붙일 곳 없이 떠도는 외로운 신세라 스스로 무리를 그리워하는구나
은자 최도의 불만도 함축되어 있음이요
지사유인 두보의 불우지탄까지도 가슴아파하는 것이리라
구구절절 겹겹으로 만균 무게의 공력이라
양춘곡처럼 빼어난 시편에 화답하기 어려워 애태우네

〔平仄構成〕

詩의 平仄構成은 仄平仄仄仄平平 平仄平平仄仄平 仄仄平平仄平仄 平平仄仄仄平平 仄平仄仄平仄仄 仄仄平平仄平平 平 仄平仄平仄平仄 平平仄仄仄平平으로 되어있다. 詩는 平起式 七言律詩다. 그리고 詩는 韻字는 上平聲 十二 文韻을 썼는데 韻脚은 紛, 聞, 群, 欣, 懃이다. 그리고 3句의 下三字에서는 單拗가 쓰였다. 本來 3句의 下三字의 平仄의 構成은 平仄仄인데 仄平仄이 되어, 卽 恐遲降으로 되어, 5字에서 毁損된 平字를 6字에서 바로 回復한 것이다. 이는, 下三字에 孤平現象이 發生하였으나 挾平格으로 肯定的으로 看做하며, 本句 自救의 方法으로 合律이 된다. 그리고 5句와 6句에서는 雙拗가 쓰였는데 本來 5句의 下三字는 平平仄이어야 하는데 平仄仄으로 되어, 卽 含不滿으로 되어, 6字의 平字가 毁損되었다. 그래서 6字의 5字는 本來 仄字여야 하는데 平으로 바꿔서, 卽 傷으로 바꿔서, 毁損된 平을 回復시켰다. 이로써 또한 合律이 된다. 그리고 7句의 下三字에서는 다시 單拗가 쓰였다. 本來 7句의 下三字의 平仄의 構成은 平仄仄인데 仄平仄이 되어, 卽 萬鈞力이 되어, 5字에서 毁損된 平字를 6字에서 바로 回復한 것이다. 이는, 下三字에 孤平現象이 發生하였으나 挾平格으로 肯定的으로 看做하며, 本句 自救의 方法으로 또한 마찬가지로 合律이 된다. 그리고 中央四句의 下三字는 前聯과 後聯의 境遇에 文法構造를 다르게 配置하여 意味上 各各 恐(副詞) 遲(動詞) 降(名詞), 自(副詞) 思(動詞) 群(名詞), 含(動詞) 不滿(名詞), 傷(動詞) 未欣(名詞)으로 읽히게 되어 四言一法 忌避의 原則을 따라서 平板을 避하고 錯綜을 지켰다. 그리고 詩에서 韻을 달지 않은 仄聲字 곧 降, 滿, 力은 次例로 去聲, 上聲, 入聲이 되어 이른바 四聲遞用의 法則을 充實히 따랐다.

〔작법감상〕

한시사에서 다른 사람이 지은 시에 응하여 답하는 소위 和答詩가 상당수다. 과거 일반 글을 읽는 사람들 사이에서는 시를 주고받는 것이 실제로 일상이었을 가능성이 크다. 우리가 배우고 익히는 주위에서도 발군의 작품 몇 수가 얼른 떠오를 수 있을 것이다. 南齊 謝朓의 "和徐都曹"가 있고, 初唐 杜審言의 "和晉陵陸丞早春遊望"이 있고, 盛唐 王維의 "奉和聖制從蓬萊向興慶閣道中留春雨中春望之作應制"가 있고, 盛唐 杜甫의 "奉和賈至舍人早朝大明宮"이 있다... 그래서 최근 학당에서는 화답시를 여럿 읽었고, 마침 晩唐 崔塗의 五律詩 "孤雁 외기러기"를 또한 읽어서, 詩會를 열어 그에 응답하는 시를 써서 발표하고 토론해보기로 한 것이다. 최도의 孤雁 시는 무리에서 떨어져 홀로 나는 기러기를 노래한 詠物詩인데 외기러기의 처지를 빌려 의지하여 자신의 현실에 대한 불만과 불우지탄을 겸하여 노래한 假託詩(依託詩)로 이해되고 있다. 그래서 필자가 崔禮山 시인으로부터 "孤雁"이라는 시를 선물로 받고서 同病相憐의 심정이 되어 그에게 화답의 방식으로 위 시 "和崔塗孤雁"을 쓴 것이다: '가련함과 번민함이 섞여 어지러운데 밋밋한 평판의 미성 속에 착종을 오롯이 들려주고 있구나. 외기러기 홀로 날아감에 애써 내려앉기를 저어하고 고신척영이라 스스로 무리를 그리워하는구나. 최도거사의 불만도 함축되어 있음이요 지사유인 두보의 불우지탄까지 가슴아파하는 것이라. 구구절절 겹겹으로 만균 무게의 필력이라 빼어난 시편에 화답하기 어려워 괴로워하네.' 可憐은 본 시에서처럼 슬프다 애처롭다 불쌍하다는 뜻이 있고 또 한편 어여쁘다 사랑스럽다 귀엽다는 뜻도 있는데 다음 두보의 시에서는 전자의 예가 되고, 다음 이백의 시는 후자의 예가 된다: 杜甫 "登樓 누각에 올라서" 可憐後主還祠廟 日暮聊爲梁父吟 가련한 촉한 후주도 사당에 모셔져 있으니 해저물녘에 에오라지 양보음을 읊는다, 李白 "淸平調 其二 청평조 2" 借問漢宮誰得似 可憐飛燕倚新妝 묻건대 한나라 궁전에서 누가 이와 같을까 아름다운 조비연도 단장한 후에야 이와 같으리라.' 杜牧의 "淸明 청명"에 紛紛이 나온다: '淸明時節雨紛紛 路上行人欲斷魂 청명절에 어지러이 비가 내리니 길 가는 나그네 시름겨워하네.' 杜牧의 "旅宿 여행 중에 묵다"에 斷雁이 보인다: '寒燈思舊事 斷雁警愁眠 찬 등불 아래 옛 일 생각하는데 외기러기 시름으로 잠 못 드는 나그네 놀라게 한다.' 崔塗의 "孤雁 외기러기"에 下遲가 있다: '暮雨相呼失 寒塘欲下遲 저녁때 내리는 비 속 서로 부르다 잃고 차가운 못에 내려앉으려며 머뭇거린다.' 杜甫의 "孤雁 외기러기"에 念群이 나온다: '孤雁不飮啄 飛鳴聲念群 외로운 기러기 마시지도 쪼지도 않고 날며 울며 무리 그리워 소리 내는구나.' 隱者≒隱人≒隱士≒幽人≒逸士≒逸民≒草衣≒處士는 邱爲의 "尋西山隱者不遇 서산의 은자를 찾아 나섰으나 만나지 못하였다"에 있고, 賈島의 "尋隱者不遇 은자를 찾아 나섰으나 만나지 못하였다"에 또한 있다. 杜甫의 "古柏行 오래된 측백나무를 노래함"에 志士幽人이 보인다: '志士幽人莫怨嗟 古來材大難爲用 지사여 은자여 원망하고 탄식하지 말라 예로부터 재목이 크면 쓰이기 어려웠노라.' 前漢 賈山의 "至言 지극히 당연한 말"에 萬鈞이 쓰이고 있다: '萬鈞之所壓 無不糜滅者 만균의 무게로 누르는 바라 문드러져 없어지지 않은 것이 없었다.' 岑參의 "奉和中書舍人賈至早朝大明宮"에 陽春一曲이 쓰이고 있다: '獨有鳳凰池上客 陽春一曲和皆難 홀로 봉황 연못가에 나그네 있어 陽春曲 한곡조 읊으니 모두 화답하기 어렵구나.' 필자 黃山浦의 "登武昌黃鶴樓上遠眺 무창의 황학루에 올라서 멀리 바라보다"에도 一曲陽春이 쓰이고 있다: '謫仙李白自投筆 一曲陽春何所求 하늘에서 귀양왔다는 신선 이백도 못이겨 스스로 붓을 던져버렸다는데 陽春曲과 같은 아름다운 한가락 싯구를 내가 감히 어디서 구할 수 있겠는가.' 참고로, 降은 降服하다(항복하다, surrender)에서는 平聲이고 降下하다(강하하다, descend)에서는 仄聲이다. 또한, 和는 '和答하다'나 '日本國'으로서는 仄聲이고 '和睦하다'나 '그리고'로서는 平聲이다. 2023. 11. 26.

〔詩原文〕 27

分數
분수

天分低拙冀詞華
詩聖詩仙咂嘴耶
那樣雖然歆蜀道
無窮無盡共兵車
천 분 저 졸 기 사 화
시 성 시 선 잡 취 야
나 양 수 연 흠 촉 도
무 궁 무 진 공 병 거

〔시해석〕

자신에게 알맞은 한도

하늘이 준 재능과 운수가 저급하고 졸렬해도 아름답게 꾸며진 시문만을 바라고 원하니
시성이라 일컫는 두보가 시선이라 일컫는 이백이 혀끝을 쯧쯧 차면서 안타까워 하리로다
그럼에도 불구하고 시선 이태백의 신래지필의 촉도난을 흠모할테고
한도 없이 끝도 없이 시성 두자미의 애민연생의 병거행에 공감하려네

〔平仄構成〕

詩의 平仄構成은 平平平仄仄平平 平仄平平仄仄平 仄仄平平平仄仄 平平仄仄仄平平으로 되어있다. 詩는 平起式 七言絶句다. 그리고 詩는 韻字는 下平聲 六 麻韻을 썼는데 韻脚은 華, 耶, 車이다.

〔작법감상〕

2023. 12. 9. 나는 철학공부를 시작한지 대학시절부터 올해로 어언간 50년이 되었고 동시에 부전공 삼아서 개화기미술품수집으로 25년이 되었고 또한 부전공 삼아서 한시공부한지가 20년이 되었다. 욕심이었는지 모르겠지만 Kant와 Rawls와 같은 자유주의 연구에 권위를 갖고 싶었지만 그러질 못 한 듯하다. 개화기미술품의 수집과 관련해서는 나름의 상당한 성과가 있는 듯해도 개화기역사를 부정과 패배가 아닌 긍정과 성공의 역사로 다시 쓰려는 처음의 생각에는 그 역시 기대에 미치지 못한 채 지지부진하다. 그리고 한시공부도 또한 초당의 왕발과 성당의 이백과 두보와 중당의 백거이와 한유와 만당의 두목 그리고 우리 역사 고구려 을지문덕장군의 시에 무한한 감동을 감추지 못하지만 그들의 시에 버금가는 창작에는 天分이 미미한 탓으로 미치지 못하니 시간만 흘러감에 마음이 마땅치 못하다. 그런 쓸쓸한 생각에 사로잡혀 불현듯 感慨가 있어서 써내려 간 것이 위 시가 되었다. 내가 자신에게 알맞은 한도 곧 分數를 모른 탓일까? 인생이란 것이 다 그런 것인가?: '타고난 재능이나 복됨이 저속하고 비열함에도 항상 아름다운 출중한 시문장만을 욕심 가득히 원하고 바라니 시성으로 칭송받는 두보가 보기에도 시선으로 칭송받는 시선 이백이 보기에도 민망하고 안타까워 혀를 쯧쯧 찰 일이리라 아아 그럼에도 나는 애써 시선 李太白의 神筆 "蜀道難 촉으로 가는 길 어려워라"를 흠향해 부러워할 것이고 영원무궁히 한도 끝도 없이 시성 杜子美의 愛民憐生의 "兵車行 전쟁에 쓰는 수레의 노래"에 공감하려네.' 杜甫의 "贈比部蕭郞中十兄 부소낭중 비십형께 드립니다"에 詞華≒詞花≒詞藻≒詞彩가 나온다: '詞華傾後輩 風雅藹孤騫 뛰어난 글재주는 뒷사람에게 가르치고 풍류와 문아의 시문장의 우거짐은 홀로 외로이 나아가는 듯하다.' 우리 조선 柳方善의 "奉贈卍雨千峰 만우천봉에 받들어 드리다"에도 詞華가 나온다: '胸次長江闊 詞華湛露繁 마음속에 품은 생각은 길고 큰 강물처럼 넓고 뛰어난 시문은 이슬이 주렁주렁 맺힌 듯하다.' "蜀道難"은 "夢遊天姥吟留別 꿈에 천모산에서 놀다 시를 읊으며 이별하다"와 함께 이백의 낭만적 시풍을 대변하는 시로서 꼽히는데 사연도 많다. 시인 賀知章이 이 시를 보고서 '天上謫仙人!!'이라고 탄복하였고 바로 현종임금에게 추천하여 이백이 翰林學士가 되게 하였다는 일화가 있다. 蜀 땅의 험준한 지형의 특징을 강조하고 요충지로서의 극히 험난함을 말함으로써 경계의 뜻을 드러내고자 한 것으로 신화와 전설을 활용하여 풍부한 상상과 과장이 인상적으로 두드러진다. 사적으로는, 과거 한시학당에서는 매년 말 '시낭송대회'가 있었는데 나는 "蜀道難"을 택하여 한 글자의 막힘이 없이 외어 내려가 하영섭선생님과 시인선생님들의 칭찬을 받았던 기억이 새롭다. 한편 두보의 시는 그 시대의 역사를 베꼈다고 하여 흔히 시로 쓴 역사 곧 詩史라고 불린다. 그 당시 安史之亂을 겪으면서 전쟁이 초래하는 인민의 고통을 역사에 고발하였고 그 당시 경제정의가 없는 구조에 시달리는 민중의 고통 받는 참상을 시로 노래했다. 백성을 사랑하고 그들의 삶을 딱하게 여기니 - 愛民憐生 - 만고의 절창이 되었다. "兵車行"은 "哀王孫 왕손을 슬퍼하며"와 함께 시사의 흔적들이다. 두보와 백거이의 詩의 실천적 同行 '世上救濟를 외친 사회적 실재론(social realism)에 고스란히 공감하는 바이다.

〔詩原文〕 28

休日尋訪北山隱士哲人不遇
휴일심방북산은사철인불우

週末登臨北岳山
弊廬帶郭草堆閑
菊花齊整笆籬下
暝想飜開案几間
塵慮超然睦媒蘖
自身宇宙抗憂患
待機何必見之子
詩思旣明空好還

주 말 등 림 북 악 산
폐 려 대 곽 초 퇴 한
국 화 제 정 파 리 하
명 상 번 개 안 궤 간
진 려 초 연 목 매 얼
자 신 우 주 항 우 환
대 기 하 필 견 지 자
시 사 기 명 공 호 환

〔시해석〕

휴일에 북산의 은자인 철인을 찾았으나 만나지 못하였다

주말에 수도 진산 북악산에 올라 보니
오두막집은 성곽을 띠하고 풀숲에서 한가하다
울타리 밑에 가을의 국화꽃은 가지런히 피어있고
방안 책상 틈 사이에는 철인의 명상록이 펼쳐져 있구나
속세의 명리와 자연의 초탈은 서로 어우러져서 평화로운데
자기자신과 우주세계가 맞섬으로 고심하는 흔적이 엿보이는구나
어찌 그렇게 꼭 기다렸다가 그대 은둔의 철학자를 만나볼 필요가 있겠는가
이미 시상이 밝아지고 있다는 생각이 드니 흥겨운 기분으로 빈손으로 돌아가련다

〔平仄構成〕

詩의 平仄構成은 平仄平平仄仄平 仄平仄仄仄平平 仄平仄仄平仄仄 平仄平平仄平平 平仄平平仄仄平平 仄平仄仄仄平平 仄平仄平仄平仄 平仄平平平仄平으로 되어있다. 詩는 仄起式 七言律詩다. 그리고 詩는 上平聲 十五 刪韻을 썼는데 韻脚은 山, 閑, 間, 患, 還이다. 그리고 5句의 下三字에서는 單拗가 쓰였다. 本來 5句의 下三字의 平仄의 構成은 平仄仄인데 仄平仄이 되어, 卽 睦媒藥이 되어, 5字에서 毁損된 平字를 6字에서 바로 回復한 것이다. 이는, 下三字에 孤平現象이 發生하였으나 挾平格으로 肯定的으로 看做하며, 本句 自救의 方法으로 合律이 된다. 그리고 7句와 8句에서는 孤平拗救가 쓰였는데 本來 7句의 下三字는 平平仄이어야 하는데 仄平仄으로 되어, 卽 見之子로 되어, 5字의 平字가 毁損되었다. 그러므로 8句의 5字는 本來 仄字여야 하는데 平字로 바꿔, 卽 空으로 바꿔서, 毁損된 平을 回復시켰다. 이로써 또한 合律이 된다. 그리고 中央四句의 下三字는 前聯과 後聯의 境遇에 文法構造를 다르게 配置하여 意味上 各各 笆籬(名詞) 下(名詞), 案几(名詞) 間(名詞), 睦(動詞) 媒藥(動詞), 抗(動詞) 憂患(動詞)으로 읽히게 되어 四言一法 忌避의 原則을 따라서 平板을 避하고 錯綜을 지켰다. 그리고 詩에서 韻을 달지 않은 仄聲字 곧 下, 藥, 子는 次例로 上聲, 入聲, 上聲이 되어 이른바 四聲遞用의 法則을 充實히 따랐다.

〔작법감상〕

글쓴이는 週休를 맞아 서울의 鎭守山 북악산에 은거하는 오랜 벗 스토아철학(Stoicism) 철인을 찾았으나 만나지 못하였다고 하였다. 그런데도 오히려 그의 일상의 삶의 궤적을 목도하며, 속세와 공존한 자연친화에서 그리고 자신과 세계의 맞섬에 불철주야 골몰함에서, 감동을 얻고 시상이 떠올라서 비록 不遇에도 족히 不嘆이라는 경계를 드러내고 있다. 사랑과 존경은 동전의 양면이런가: '휴일 주말에 수도 진산 북악산에 올라 보니 산동네 오막살이는 성곽을 따로 두르고 우거진 풀숲에서 마냥 그윽이 고즈넉하다 텃밭 울타리 밑에 가을의 국화꽃은 가지런히 피어있고 방안을 빠끔 들여다보니 책상 틈 사이에 황제 철인 마르쿠스 아우렐리우스의 명상록이 펼쳐져 있더라 속세의 名利와 자연의 超脫은 서로 어우러져 다툼이 없는데 자기자신과 우주세계가 맞서니 그로 괴로워한 흔적도 엿보이는구나 기다렸다가 하필 꼭 이 은둔의 철학자를 이제 만나볼 필요가 있을까 이미 詩想이 骨髓에 밝아지고 있다는 생각이 드니 흥겨운 마음으로, 空手來空手去던가, 그냥 빈손으로 돌아가련다.' 詩作에서 통상 起承轉結(合)이라는 시의의 연결구성법이 있는데 인간의 論理的인 思惟의 慣性을 십분 활용하는 유용한 방법론이다. 보통 起와 承은 감동의 객관적 조건을 말하고 轉은 감동의 이유를 말하며 結은 감동의 내용을 말하는 것이다. 중요한 것은 轉句의 감동의 이유의 설정이다. 쉽게 풀이하자면 그냥 감동의 조건의 연결선상에서 그냥 더하여 추가적으로 이어져서는 안 되고 이어지되 구르는, 색다른, 뜻밖인 연결이 되어야 한다는 것이다. 위 시에서는 울타리 아래 가지런히 심어진 국화꽃에서 철인의 세속과 자연의 융화를 읽으려고 하였고 동시에 벗이 마르쿠스 아우렐리우스의 "명상록(Meditations)"을 읽고 있다는 데서 명상록의 주제가 되는 我와 非我와의 관계성에도 고민하고 있으리라고 나름의 주관적으로 해석하는 방식을 통해서 전을 삼았고 그것이, 그렇게 해석할 수 있음이, 감동의 이유가 되어서 결론적으로 만나서 배우고 얻고자 한 것을 이미 다 이루어 그냥 미련 없이 돌아감이 좋겠다고 고백하고 있다는 것이다. 그러므로 起承轉結을 비교적 성공적으로 구비한 한편의 시작품이 되었다고 자평할 수 있을 것이리라. 과거 스승 호정 하영섭선생님께서 보시면 처음에 批點을 주셨다가, 좀 더 검토하시더니, 고쳐서 圈點을 주셨을 것으로 짐작하는 바다. 杜甫의 "登樓 누각에 오르다"에 登臨이 있다: '花近高樓傷客心 萬方多難此登臨 높은 누각 가까이 핀 꽃 나그네 상심케 하니 세상 모든 곳 어지러워 이곳에 올라 둘러본다.' 孟浩然의 "歲暮歸南山 세밑에 남산으로 돌아간다"에 敝廬가 있다: '北闕休上書 南山歸敝廬 조정에 글 올리는 일 쉬니 남산의 오두막으로 돌아간다.' 僧 皎然의 "尋陸鴻漸不遇 육홍점을 찾아갔으나 만나지 못하였다"에 帶郭이 있다: '移家雖帶郭 野徑入桑麻 이사한 집이 비록 성곽을 띠하지만 들길이 뽕밭과 삼밭을 지나더라.' 陶潛의 "飮酒 술을 마심"에 彩菊東籬下가 있다: '彩菊東籬下 悠然見南山 동쪽 울타리 아래서 국화 한 송이를 꺾고 멀리 남산을 바라본다.' 瞑想은 로마의 황제 철인 마르쿠스 아우렐리우스의 "瞑想錄(Meditations)"을 지칭한다. 邱爲의 "尋西山隱者不遇 서산의 은자를 찾았으나 만나지 못하다"에 案几가 있다: '叩關無僮僕 窺室惟案几 문을 두드려도 하인아이 없고 방안을 들여다보니 책상뿐이다.' 孔子의 "書經 서경"에 睦이 있다: '九族旣睦 平章百姓 구족이 이미 화목하니 백성을 고루 밝히셨다.' 司馬遷의 "史記 사기"에 抗衡이 있다: '欲以區區之越與天子抗衡爲敵國 禍且及身矣 보잘 것 없는 월나라로 천자에게 맞서 적국이 되려하니 화가 장차 몸에 미칠 것입니다.' 邱爲의 "尋西山隱者不遇 서산의 은자를 찾았으나 만나지 못하다"에 何必待之子가 있다: '興盡方下山 何必待之子 흥이 다해 바야흐로 산을 내려가려 하니 어째서 꼭 그대 오길 기다려야 할까.' 또한 劉義慶의 "世說新語 세상을 평가한 새 말들"에 王徽之의 기행이 소개되기도 한다: '本乘興而行 興盡而返 何必見安道邪 본래 흥이 일어서 갔다가 흥이 다하여 돌아온 것일 뿐이니 어찌하여 꼭 安道(戴逵)를 보아야 할 필요가 있겠는가'라고 하였다. 韋應物의 "休日訪人不遇 쉬는 날 사람을 찾아 나섰으나 부재중이라 만나지 못하였다"에 怪來詩思清人骨이 있다: '怪來詩思清人骨 門對寒流雪滿山 이상하게도 詩想이 떠올라 骨髓까지 맑아지는데 문은 한류를 대하고 눈은 산에 가득하구나.' 2023. 12. 24. 聖誕前夜에 쓴다.

〔詩原文〕 29

除夜有懷
제야유회

正旦謀求過分期
付之流水歲除羸
自來塵境只如此
萬事忘光開口嘻
정단모구과분기
부지유수세제리
자래진경지여차
만사망광개구희

〔시해석〕

섣달 그믐날밤의 회포

정월 초하루에 도모하였던 분수에 넘치는 바람들
물거품으로 돌아가 버린 섣달 그믐밤은 고달프고 괴로워라
옛날부터 지금까지 티끌 많은 세상 한갓 이와 같았으니
인생사 온갖 일 말끔히 잊어버리고 입을 크게 벌리고 깔깔깔깔 웃어보려네

〔平仄構成〕

詩의 平仄構成은 平仄平平仄仄平 仄平平仄仄平平 仄平平仄仄平仄 仄仄平平平仄平으로 되어있다. 詩는 仄起式 七言絶句다. 그리고 詩는 韻字는 上平聲 四 支韻을 썼는데 韻脚은 期와 羸와 嘻다. 그리고 3句와 4句에서는 孤平拗救가 쓰였는데 本來 3句의 下三字는 平平仄이어야 하는데 仄平仄으로 되어, 卽 只如此로 되어, 5字의 平字가 毀損되었다. 그러므로 4句의 5字는 本來 仄字여야 하는데 平字로 바꿔서, 卽 開로 바꿔서, 毀損된 平을 回復시켰다. 이로써 合律이 된다.

〔작법감상〕

2023년 새해에 들어서면서 한 1967, 1971, 1981, 1993에 이은 또 다른 내 인생의 작은 빛나는(?) 해로 만들어보겠다는 계획과 다짐이 헛되어가는 해의 마지막에 이르러 심경이 참 착잡하여 시를 짓게 되었다. 그래서 섣달 그믐날밤에 所懷가 있었던 것이다: '정월 초하루에 이루기 위해서 수단과 방법을 꾀하였던 분수에 넘치는 기대들 수포가 되어버린 섣달 그믐밤은 고달프고 괴로워라 自古以來로 티끌세상 다만 이와 같을 것이니 世上萬事 깨끗이 잊어버리고 입을 크게 벌리고 깔깔껄껄 웃어보자.' 그런데 이런 참담한 상황이라면 대체로 시의 결론이 탄식과 슬픔으로 끝맺기 십상이지만 이번에는 좀 다르게, 어떤 의미로서는 차라리 어긋나게, 체념일지 달관일지 껄껄껄껄 웃어넘기겠다고 하였다. 일종의 좀 색다른 시도일 수가 있겠다. 예를 들어, 崔涂의 "巴山道中除夜有懷 파산으로 가는 路中 섣달 그믐밤에 懷抱에 잠겼다"는 타향에서 섣달 그믐날 밤을 보내야하는 나그네의 旅愁를 애절하게 읊은 것으로 시사에 이름이 나있다: '那堪正漂迫 明日歲華新 어찌 견디랴 한창 떠돌아다니면서 내일이면 또 바뀌어 새해가 되니니.' 또 이별의 시는 다들 슬픈 곡조로 끝을 장식하는 방식으로 시의 전통역사를 이끌어왔다. 우리가 익히 잘 아는 李白의 "送友人 벗을 보내며"가 그렇고, 王維의 "送元二使安西 안서로 사신가는 元二를 보내며"가 그러하고, 于武陵의 "勸酒 술을 권함"이 그러하고, 鄭知常의 "送人 벗을 전송하며"가 다 그렇다. 그런데 王勃은 "送杜少府之任蜀州 두소부가 임무를 받아 근무하는 곳 촉주로 감에 전송하다"에서는 벗에게 위로와 당부의 말을 전하며 오히려 울지 말자는 제안을 하고 있어서 상투적인 이별시의 경지를 넘어섰다고 평가받는다: '無爲在岐路 兒女共霑巾 이별의 갈림길에서 하지 마세나 아녀자들처럼 함께 손수건을 적시는 일을.' 또한 세시 명절 음력 9월 9일 重陽節이면 厄運을 물리치려고 통상 산에 올라가 山茱萸를 꽂고 菊花酒를 마셨다. 시인들은 중구절날 고산에 올라가 病難이나 兵難을 노래하며 슬퍼하였는데 대표적으로 杜甫의 "登高 높은 곳에 올라"가 그러하다. 높은 곳에 올라서 兵難으로 천하를 떠도는 자신의 처지를, 중구절에 의탁하여, 안타까워하고 있다: '艱難苦恨繁霜鬢 潦倒新停濁酒杯 고통과 고난으로 가득한 허옇게 센 살쩍머리 늙고 쇠약해 탁주마저 이제 끊어야하리.' 그런데 이제 중양절을 맞는 杜牧을 보라. 그는 "九日齊山登高 구일날 제산에 높이 올라서"에서 이 어지러운 세상에 입을 크게 열고 마음으로부터 진실로 크게 웃어보자는 것이다: '人世難逢開口笑 菊花須揷滿頭歸 인간 세상에 어려움을 만나서도 입을 크게 열고 한번 웃어보자 국화꽃 모름지기 머리에 가득히 꽂고 집에 돌아가리.' 그래서 나 필자도 杜牧처럼 王勃처럼 전통을 빗나가서 나름대로 새롭게 시도해본 것이다. 물론 시도 자체가 전부는 아니고, 정말 세상사 어려워도 실망스러워도 또 한 해를 보내면서 그냥 다 그러려니 하는 생각도 들어서 웃어보고자 하는 마음도 있어서다... 2023년 12월 31일 쓴다.

〔詩原文〕30

老年生死
노년생사

瞥眼故親輪禍牲
知人夙恙向墳塋
老年行路似前線
明旦死生非透明

별안고친윤화생
지인숙양향분영
노년행로사전선
명단사생비투명

〔시해석〕

노년의 삶과 죽음

갑자기 옛 친구가 교통사고로 목숨을 잃고
알고 지내던 사람은 오래 된 병환으로 무덤으로 향하여 갔다
노년들의 살아가는 길 마치 전쟁터 최전방과 같으니
내일 이른 아침의 삶과 죽음도 불분명할 터구나

〔平仄構成〕

詩의 平仄構成은 仄仄仄平平仄平 平平仄仄仄平平 仄平平仄仄平仄 平仄仄平平仄平으로 되어있다. 詩는 仄起式 七言絶句다. 그리고 詩는 韻字는 下平聲 八 庚韻을 썼는데 韻脚은 牲과 塋과 明이다. 그리고 3句와 4句에서는 孤平拗救가 쓰였는데 本來 3句의 下三字는 平平仄이어야 하는데 仄平仄으로 되어, 卽 似前線으로 되어, 5字의 平字가 毁損되었다. 그러므로 4句의 5字는 本來 仄字여야 하는데 平字로 바꿔서, 卽 非로 바꿔서, 毁損된 平을 回復시켰다. 이로써 合律이 된다.

〔작법감상〕

얼마 전 개화기미술비지니스로 한 미술상인과 점심식사를 하였다. 그분은 그동안 여러 작품을 내게 소개해 주신 바 있는데 그가 좋아하는 청진동의 낙지볶음집으로 초대하였다. 그런데 이러저런 얘기가 오가는 중에 건강문제를 거론하면서 그가 툭 던진 말에, 더 정확히는 그 안에 비유된 표현에, 갑자기 큰 야릇한 공감이 있었다. '七十을 넘긴 노인의 삶이라는 것은 어떤 보장이 없어요, 언제 죽을지 몰라요, 뭐랄까 전쟁통에 최전선에 있는 병사의 목숨과 같지요...' 그때 스치는 공감의 분위기로는 홀연 韋應物의 "休日訪人不遇 쉬는 날 아는 사람을 찾아 나섰으나 부재중이라 만나지 못하였다"의 시구가 떠오르는 격한 감동의 판국이었다. '怪來詩思淸人骨 門對寒流雪滿山 이상하게도 詩想이 떠올라 骨髓까지 맑아지는데 문은 한류를 대하고 눈은 산에 가득하더라.' 필자 黃山浦의 "休日尋訪北山隱士哲人不遇 휴일심방북산은사철인불우"에도 그 상황에 버금가는 시구가 있었다. '待機何必見之子 詩思旣明空好還 어찌 그렇게 꼭 기다렸다가 그대 은둔의 철학자를 만나볼 필요가 있겠는가 이미 시상이 밝아지고 있다는 생각이 순간 드니 홍겨운 기분으로 빈손으로 돌아가련다.' 그러므로 위 본 칠언절구 시는 노년의 인생길은, 마치 전쟁터의 군인의 운명처럼, 시시각각 생사의 갈림길에 처해있다는, 방황하고 있다는, 결론에 이르는 구성일 뿐이다. 畵商의 지적은 정말 맞는 말이요, 멋진 수사다!! 노년은 늙은이라, 나의 판단으로도, 적어도 2가지 이유로 젊은 날에 비해서 죽음에 더 가까이 노출되어있다고 생각한다. 첫째는, 무엇보다도, 生老病死를 따라서, 심신이 늙고 닳아서 병들기 쉽다는 점이다. 또 병들면 아무래도 심신의 기능성이 떨어져 점점 차차 죽음에 근접해가지 않겠는가. 둘째는, 때때로 이 점을 간과하기 쉬운데, 몸과 마음이 늙고 닳다보면 어떤 맞닥뜨리는 돌출적 위험상황에 대처하는 판단과 대응하는 동작이 생각처럼 여의치 않다는 점이 있다. 그렇다고 보면 사고에 이르기 쉽고 죽음으로 내몰리게 되기도 또한 쉽다는 것이다. 여하튼 이 2가지로만 봐도 노년의 삶을 이어가는 일은 어렵고도 어렵다. 難中難!! 李太白이 일찍이 "行路難 인생살이 어려워라"라고 읊은 적이 있지 않았던가. '行路難 行路難 多岐路 今安在 갈 길이 험하구나 갈 길이 험하구나 갈림길 많은데 지금 어디 있는가.' 그러므로 위 시에서는 요약하자면 노년인생은 전투 최전방이라는 결론에 이르기 위해서 [起] 먼저, 위 두 번째 이유의 예로서, 오래된 친구의 느닷없는 교통사고를 예시하였고, [承] 나중에, 위 첫 번째 이유의 예로서, 평소 알고 지내던 미술상인의 숙환으로 별세한 소식을 예시로 하였다. 그렇다면 [轉] 노년의 가는 길은 전쟁터의 위험상황처럼 시시각각으로 위험천만한 길인 것이라고 해석하고, 이어서 [結] 노년의 삶은 오늘 성하다 하여도 내일 생사의 일은, 내일 아침의 생사의 일은, 정작 분명하지 않는 것이라고 마땅히 결론 내리고 있는 것이 된다: '난데없이 옛 친구가 교통사고로 희생되고 평소 알고 지내던 사람은 지병으로 묘지로 향하였다 노년의 가는 길은 마치 전쟁터 최전선과 같으리니 내일 이른 아침의 사는 일과 죽는 일도 불투명할 것이리라.' 불현듯이, 李白의 "宣州謝朓樓餞別校書叔雲 선주 사조루에서 교서랑 숙부 이운을 전별하며"가 떠오르고: '人生在世不稱意 明朝散髮弄扁舟 인생 살아가는 것 뜻대로 되지 않으니 내일 아침이면 머리 풀고 조각배 저어 놀리라,' 또한 그의 "夜泊牛渚懷古 우저에서 밤에 묵으며 옛일을 생각하다"가 떠오른다: '明朝挂帆席 楓葉落紛紛 내일 아침 돛 올리고 떠나가면 단풍잎만 어지러이 떨어지리라.' 겨울 하늘에서 눈이 펑펑 내리는 2023년 12월 30일 아침에 쓴다.

〔詩原文〕 31

映畫劇場一番街皮伉迪利團成社
영화극장일번가피커딜리단성사

劇場迪利團成社
映畫欣歎一等街
雲集舊時觀覽客
拜金現下賈商排
극장적리단성사
영화흔탄일등가
운집구시관람객
배금현하고상배

〔시해석〕

영화 극장 일번지 피커딜리 단성사

종로3가 극장 피커딜리 단성사
영화감상으로 으뜸가는 곳이었다
지난날 관람하는 사람들 구름처럼 모여들었었는데
지금은 황금만능주의의 상가가 즐비하게 늘어서 있구나

〔平仄構成〕

詩의 平仄構成은 仄平仄仄平平仄 仄仄平平仄仄平 平仄仄平平仄仄 仄平仄仄仄平平으로 되어있다. 詩는 平起式 七言絕句다. 그리고 詩의 韻字는 上平聲 九 佳韻을 썼는데 韻脚은 街와 排이다.

〔작법감상〕

나는 서울의 거리에서 네 곳 大路를 특별히 좋아하는데 그것은 鐘路, 乙支路, 忠武路, 世宗路다. 나아가 나는 개인적으로 그들을 '大路四强'으로 부르고 있는데 愛好의 순위를 굳이 매긴다면 전통적으로 가장 큰 변화가 이자 중심 도로로 市民들이 구름처럼 모였다가 흩어지는, 그래서 필시 시민의 애환이 고스란히 서려있는, 거리라는 雲從街 종로가 일등이다. 그 다음 2등은 을지문덕장군을 기리는 을지로, 그 다음 3등은 이순신장군을 기리는 충무로, 그리고 그 다음 4등은 세종대왕을 기리는 세종로다. 나는 우리 오천년 역사에서 가장 위대한 사람 굳이 4인을 꼽으라면 첫째는 人民이요, 둘째는 을지장군이요, 셋째는 충무공이요, 그리고 넷째는 세종임금이다. 그래서 나의 개인 步行 운동길에도, 시속 5.5~6km인데, 다들 일부분 구간을 차지하고 있는 길이다. 그런데 종로 3가에는 20세기 초부터 우리나라 근대역사와 호흡을 함께 하였던 영화 연극의 극장가가 있다. 대표적 명소가 바로 피커딜리(皮佧迪利/Piccadilly)와 團成社다. 한때 예술의 재주꾼들이 모여 新派劇으로 성황을 이루었고 시대상황의 대집회가 열리기도 하였으며 이어서 세계적 명작품의 영화는 다들 여기를 거쳤으며 참 가관이었다는 기록이 남아있다. 그런데 너무도 애석하게도 몇 해 전 극장을 폐쇄하고 금은보석을 중심으로 한 상가들이 빼곡히 들어선 것이다. 왜, 어떻게, 하필 보석상이? 이 주위를 지나다보면 나이든 세대들의 한숨 섞인 수다가 가끔 들려온다. '아, 여기가 극장으로는 최고였지!' '야, 이곳에서 영화보려고 일찍 와서 표를 구하곤 했어, 암표까지 성행했던 것 알아?' '하, 기억나네, 내 첫사랑과 바람과 함께 사라지다를 여기서 서서 보았단말이야…' 나 필자도 대학시절 참 여러 차례 여러 사람들과 이곳에 들러서 명화를 감상하였던 기억이 남아있다. 그러나 이미 이곳은 바뀌었다. 이제는 그 영화감상을 위해서 보통 사람이 모이던 곳이 아니라 비즈니스를 하기 위해서 전문 사람들이 분주한 곳이다. 그 대비되는 장면이 오버랩(overlap)되며 감개가 일어 위 시에서는 구경꾼 관객의 鑑賞(appreciation)과 상인 장수의 拜金主義(mammonism)가 다투도록 써본 것이다: '피커딜리극장과 단성사극장은 영화를 감상하면서 칭찬하고 감탄하는 수도 장안 제일가는 명소였다 그 옛날 관람하려는 선남선녀 구름처럼 모여들었었는데 지금은 황금만능주의를 신봉하는 비지니스 상가만이 즐비하게 늘어서 있더라.' 劉禹錫의 "烏衣巷 오의항"에 비슷한 筆意가 보인다: '舊時王謝堂前燕 飛入尋常百姓家 옛적 왕씨 사씨 대청 앞 제비들 지금은 일반 백성들 집으로 날아든다.' 필자 黃白沙의 "詠懷古跡過白沙大門 백사 대문을 지나며 옛 자취를 회상하면서 노래한다"에도 비슷한 분위기의 筆意가 보인다: '全盛大門檐下燕 目前飛入對閭家 전성시대 대문안집 처마 밑 제비가 지금은 맞은 편 여염집에 날아드는구나.' 그러나 상업을 경시하거나 상업에 종사하는 나의 사랑하는 이웃 人民을 부정적으로 본다는 것은 도시 아니니 독자는 부디 오해가 없으시길 바란다. 그저 바꾸어버린 현실에 과거의 모습을 그리워할 뿐이다. 왜, 우리 麗末鮮初의 시인 冶隱 吉再가 벌써 그런 심사를 애닯게 노래하지 않았던가. '오백 년 도읍지를 필마로 돌아드니 산천은 의구하되 인걸은 간 데 없다 어즈버 태평연월이 꿈이런가 하노라.' 2023. 12. 31.

〔詩原文〕 32

將養
장양

淨潔食糧精鍊耕
醫方取捨十分伻
攝生守則常行踐
最上健康圖就成
정 결 식 량 정 련 경
의 방 취 사 십 분 팽
섭 생 수 칙 상 행 천
최 상 건 강 도 취 성

〔시해석〕

양생하기

깨끗하고 깔끔한 음식을 먹으려고 또 심신을 애써 단련하려고 노력하고
의학기술을 취사선택하여 충분히 부려서 쓸려고 한다
건강유지를 위한 섭생의 지켜야할 제반 규칙을 항상 행동으로 실천하여
최상의 건강상태를 나아가 이루고자 도모할 것이리라

〔平仄構成〕

詩의 平仄構成은 仄仄仄平平仄平, 平平仄仄仄平平, 仄平仄仄平平仄, 仄仄仄平平仄平으로 되어있다. 詩는 仄起式 七言絶句다. 그리고 詩는 韻字는 下平聲 八 庚韻을 썼는데 韻脚은 耕과 伻과 成이다.

〔작법감상〕

요즘은 사람들이 '건강 100세'라는 말을 입에 달고 다니는 시대가 되었다. 그만큼 이제는 100살까지 사는 것이, 바라는 바이기도 하려니와, 그렇게 어려운 것은 아니라는 나름의 가능성에 대한 믿음이 있어서 일 것이다. 이렇듯 국민건강이 증진된 데는 나는 3가지 주 이유가, 대부분의 사람들이 동의할만한 이유가, 있었다고 생각한다. 첫째는, 우리사회가 후진국에서 중진국을 거쳐서 선진국에 진입하면서 가장 눈에 띄는 것은 먹고 사는 것이 많이 나아졌다는 점이다. 나 어릴 적 어느 대통령후보의 현수막에는 '배고파 못 살겠다 죽기 전에 살 길 찾자!'라고 쓰여 있었다. 우리 조상들은, 쌀은 떨어지고 보리는 아직 나지 않았으니, 오죽했으면 봄철의 배고픈 시기를 힘겹게 넘어야 했기에 보릿고개라고들 하였다. 지금은 어떻게 효과적으로 小食할 것인가가 건강수칙의 한 화두가 되어있다. 둘째는, 의학의 발달이요 의학의 도움이다. 질병의 예방과 치료에 의학기술의 기여는 가히 말로 다 할 수 없을 만큼 크다. 병원에 가보면 사람들이, 선남선녀 갑남을녀들이, 정말 바글바글한데 그들이 모두 무슨 중병으로 와 있는 것이 아니다. 대부분 정기적 검진 따위의 가벼운 질병이나 노화현상에 대한 'I'd like to get a general check-up!!' 수준의 병원방문이다. 의학을 활용해서 자신의 건강을 일상으로 꾸준히 지키고 있는 것이다. 과거에 어디 이렇게 의학이 대중화 되었던가. 나는 20세에 처음으로 치석제거(tooth scaling)을 하였는데 뒤에 알았는데 그것도 아주 빠른 병원치료였더라. 그리고, 셋째는, 사람들이 운동을 일상화하고 있다는 점이다. 과거에는 운동이래야 겨우 날 잡아서 야외운동장이나 실내체육관에서 축구 농구 배구 탁구하는 정도가 전부였다. 그러나 요사이 우후죽순 들어서는 헬스센터를 보라. 젊은이로부터 늙은 사람까지 남녀노소가 어울려 운동하고 있는 것을 볼 수 있다. 산행인도 보행인도 도처에 가득하다. 게다가 운동과 운동음료의 열량(calorie)까지 재가면서 움직이고 섭취하는 사람들도 꽤 있다. 그러니 먹기 좋고, 운동 잘하고, 의학이 받쳐주니 100세 사는 것이 이제부터 어찌 어렵기만 하겠는가!! 그래서, 유행에 발맞추어서, 나도 100살까지 건강하게 살아야 되겠다고 언제부턴가 목표하게 되었다. 개인적으로 건강 100세에 특별한 미련도 있는 것은 내가 존경하는 철학자 Bertrand Russell(1872-1970)과 내가 사랑하는 할머니 孫蓮林(1882-1980) 두 분이 모두 99세에 생을 마감하여서 그분들의 백세소망(?!)을 풀어드려야 한다는 의무도 있어서다. 따라서 위 시에서는 100세 건강을 향한 나만의, 물론 다들 공감할 수 있는 것이기도 하지만, 섭생법(regimen/orthobiosis)을 소개하는 방식으로 決意를 노래하려 하였다. 나의 攝生生活은 대개 이렇다. 첫째, 음식은 아주 정갈한 것으로 먹는다. 또 양질의 것을 찾아서 먹도록 노력한다. 또한 가능하면 心身에 잘 어울리는 (germane) 토속적 국산품을 즐기려고 애쓴다. 그리고 아침은 적게 천천히 먹고, 점심은 많이 천천히 먹고, 저녁은 다시 적게 천천히 먹는 것을 원칙으로 하고 있다. 둘째, 운동의 강화다. 목표는 일주일에 3일은 실외 4시간 보행걷기이고, 시속 5.5-6.0km, 3일은 실내 3시간씩 체력단련이다, 턱걸이 20-30개 한다. 그리고, 셋째, 의료과학을 적극 활용하는 것이다. 의사들이 이구동성으로 권하는 것은 꼭 하고 하지 말라는 것은 꼭 안 하려 한다. 그리고 그들 사이에서 이견이 있는 경우는 나 자신이 판단하여 적용하거나 말거나 한다. 아까 말한 齒石除去는 의사의 권유를 좇아서 20세 이후로 1년에 2번씩 지금까지 꼬박꼬박하였다. 다행히 내 본래의 이빨을 온전히 유지하고 있다. 만일 과거 50년간 스케일링을 하지 않았다면 지금의 내 치아상황은 이보다 못하리라고 확신하고 싶다. 근자에는 나라의 의사들이 권면하여 코로나 예방접종 6회를 모두 맞았다. 다행히도 코로나에 걸린 적은 없다. 그분들의 전문적 의료과학적 의견을 늘 존중하고 따르려고 한다. 그래서 시에서는 起句에서 깨끗하고 단정한 음식을 먹고 운동을 통하여 심신의 단련에 힘쓴다고 하였다. 承句에서는 그러면서도 또한 의학도가 권하고 제공하는 의학과학을 자기 자신에 알맞게 적극 활용하려고 한다고 하였다. 그리고 轉句에서 이런 養生方의 규칙들을 행동으로 실천하여, 결론으로 結句에서, 100세 건강장수를 향한 최상의 건강상태를 유지하려는 노력을 꾀할 것이라고 다짐을 펴고 있는 것이다. 2024년 1월 3일 베낀다.

[詩原文] 33

回憶船遊樂
회억선유락

落花流水好交酬
秋月晴雲對視嘔
戀戀不忘姬后女
遼河無際下舟游

낙화유수호교수
추월청운대시구
연연불망희후녀
요하무제하주유

[시해석]

즐거웠던 뱃놀이 추억한다

떨어지는 꽃 흐르는 물 봄날의 풍광에 사이좋게 사랑의 속삭임 주고받고
가을 하늘에 밝은 달이 뜨고 갠 하늘의 구름이 흐르면 서로 마주보며 노래하였다
그리워서 잊지 못하노라 후녀라 부르던 아가씨
요하 강변에서 배를 띄우고 놀면서 우리 함께 끝없이 흘러내려갔었다

〔平仄構成〕

詩의 平仄構成은 仄平平仄仄平平 平仄平平仄仄平 仄仄平平平仄仄 平平平仄仄平平으로 되어있다. 詩는 平起式 七言絶句다. 그리고 詩는 韻字는 下平聲 十一 尤韻을 썼는데 韻脚은 酬와 嘔와 游이다.

〔작법감상〕

落花流水는 글자 그대로 새긴다면 떨어지는 꽃과 흐르는 물이지만 轉變하여 가는 봄의 경치를 이르는, 또 轉變하여 남녀 간의 서로 그리워하고 애틋해하는 정을 그리는, 표현이 된다. 秋月晴雲은 가을의 달과 갠 구름이지만 가슴 속이 맑고 깨끗함을 비유할 수도 있어서 純眞無垢한 티 없이 해맑은 마음가짐을 드러낼 수도 있다. 그러므로 시에서는 봄 가을 여느 때에도 서로가 사랑을 속삭임을 그려본 것이다. 아, 야속한 운명이여! 비록 지금 멀리도 헤어졌어도 우리 함께 요하강물을 따라서 뱃놀이하면서 떠내려갔던 일을 어찌 내 잊을 것이냐고 작자는 탄식하고 있다. 한 곡조의 哀怨詩: '떨어지는 꽃 흐르는 물 봄날의 풍광에 사이좋게 사랑의 속삭임 주고받고 가을 하늘에 밝은 달이 뜨고 갠 하늘의 구름이 흐르면 서로 마주보며 노래하였다. 起句와 承句다. 그리워서 잊지 못하네 后女라 부르던 아가씨 遼河에서 배를 띄우고 놀면서 우리 함께 끝없이 흘러내려갔었지... 轉句와 結句다.' 고구려 山上王이 주통천의 20여세의 어여쁜 아가씨 后女를 찾아가 변치 않는 사랑을 약속하고 통간하고 궁으로 데려갔다. 그녀가 東川王을 낳으니 小后로 삼았다. 그래서 산상왕 이후 고구려 왕들은 모두 그녀의 후손이라고 한다. 그런데, 애석하게도, 后女 아가씨에게는 이미 사랑하는 사람이 있었으니 어느 寒門의 佩文이라는 청년이었다. 情人을 권력자에게 빼앗겨 서러워서, 또한 왕권 앞에서 항복할 수밖에 없었을 애인의 속수무책을 아쉬워하면서, 옛날의 추억을 되새기며 흐느끼며 노래하고 있는 것이다. 우리가요사에 1927년 이정숙의 노래의 "落花流水(강남달)"이 있고 1942년 남인수의 노래에도 "落花流水"가 있었는데 특별히 후자는 과거 나 필자의 숭인동 이모님께서 즐겨 부르시던 노래로 기억된다. 남인수가 노래를 잘했다고 늘 칭찬말씀을 하셨다: '이 강산 낙화유수 흐르는 봄에 새파란 젊은 꿈을 엮은 맹세야 세월은 흘러가고 청춘도 가고 한 많은 인생살이 꿈 같이 갔네.' 遼河는 遼水라고도 불렀는데 역사적으로 고조선의 遼西와 遼東의 변방경계를 아우르는 긴 강줄기로 북에서 渤海灣으로 흘러내려가고 있다. 고구려의 옛 영토이기도 한 遼東城의 우리 조상들은 이곳 요하수에서 먹도 감도 빨래도 하고 물고기도 잡고 뱃놀이도 하였으리라. 그래서, 松花江의 뱃노래가 있듯이, 遼河江의 뱃놀이를 주제로 써 본 것이다. 나는 무남독녀 여식이 하나 있어서 그녀의 이름이 황만주(마리아)다. 그녀의 남자아이가 하나 있는데 그의 이름은, 내가 선물로 준, 연해주다. 그래서 그는 연해주 황 산타루치아다. 나의 자식이 더 있다면 황요하도 생각했으나 엄연히 만주가 요동을 포함하고 있고 요하를 이미 우리의 강줄기로 삼았으니 굳이 요하를 따로 떼어 이름 할 필요가 없겠다 싶어서 그것은 나두고... 독도는 우리가 소위 實效支配를 하고 있으니 새삼스럽게 이름으로 써서 야단법석을 떨 필요가 또한 없으리라... 그러므로 남으로 내려가서 대마도를 이름으로 쓸 작정이다. 내가 어떤 방식으로든지 자식을 더 두게 되면 그(녀)의 이름은 마땅히 황대마(도)다. 그러므로, 정리하면, 나의 후손의 이름은 黃滿洲, 沿海州 黃 산타루치아, 黃對馬이다. 이는 우리의 고토를 회복하기 위한, 그래서 우리 옛 조상님들의 삶의 역사를 되찾기 위한, 인민운동의 일환이다. 滿洲 沿海州 獨島 對馬島!! 2024. 1. 13.

〔詩原文〕34

送人之京
송인지경

莫是都城色酒家
蹉跎行路竟何夸
句文連結講求令
筆勢有餘差備嘉
劍拔弩張當警惕
瘦詞僭語輒嘆嗟
淸時雨露公平下
衣錦還鄉御賜花

막시도성색주가
차타행로경하과
구문연결강구령
필세유여차비가
검발노장당경척
수사참어첩탄차
청시우로공평하
의금환향어사화

〔시해석〕

서울로 가는 벗을 보내며

도성의 유흥가는 알지 마시라
세월을 헛되이 보내는 세상살이 마침내 얼마나 공허할 것인가
시구의 연결은 강구되는 법칙이요
필력의 여유는 채비해야할 빼어남이다
시문장에서 칼을 뽑고 활을 당기는 것 같은 아슬아슬한 상황은 마땅히 경계되어야 하고
시문장에서 마른 수사와 분수에 넘치는 언어를 구사하는 것은 번번이 탄식해 마지않을 일이다
태평한 시대에 임금님의 넓고 큰 은혜가 공평히 내려지려니
임금님께서 하사하시는 종이꽃 어사화 머리에 꽂고 금의환향하시라

〔平仄構成〕

詩의 平仄構成은 仄仄平平仄仄平 平平平仄仄平平 仄平平仄平仄仄 仄仄仄平平仄平 仄仄仄平平仄仄 平仄仄平仄平平 平平仄仄平仄仄 仄仄平平仄仄平으로 되어있다. 詩는 仄起式 七言律詩다. 그리고 詩는 下平聲 六 麻韻을 썼는데 韻脚은 家, 夸, 嘉, 嗟, 花이다. 그리고 3句와 4句에서는 孤平拗救가 쓰였는데 本來 3句의 下三字는 平平仄이어야 하는데 仄平仄으로 되어, 卽 講求令으로 되어, 5字의 平字가 毁損되었다. 그러므로 4句의 5字는 本來 仄字여야 하는데 平字로 바꿔서, 卽 差로 바꿔서, 毁損된 平을 回復시켰다. 이로써 合律이 된다. 그리고 中央四句의 下三字는 前聯과 後聯의 境遇에 文法構造를 다르게 配置하여 意味上 各各 講求(動詞) 令(名詞), 差備(動詞) 嘉(名詞), 當(副詞) 警惕(動詞), 輒(副詞) 嘆嗟(動詞)로 읽히게 되어 四言一法 忌避의 原則을 따라서 平板을 避하고 錯綜을 지켰다. 그리고 詩에서 韻을 달지 않은 仄聲字 곧 令, 惕, 下는 次例로 去聲, 入聲, 去聲이 되어 이른바 四聲遞用의 法則을 充實히 따랐다.

〔작법감상〕

과거시험을 보러 서울 한양으로 향하는 벗을 전송하며 쓴 시다. 친구에게 열심히 공부하라는 당부의 말과 모름지기 及第하여 금의환향하라는 기원을 담았다. 그러면서도 합격을 위한 시문장공부의 4가지 중요지침을 들먹이며 주의를 喚起시키고 있다. 곧 시문장의 不屬을 嚴禁하는 連結과 拔群의 修辭의 강구를 좇고 또 완만하지 않고 급박하거나 완곡하지 않고 노골적이어서는 안 된다는 조언이자 충언이다: '도성의 행락처의 酒色雜技는 알지 말라(莫是늑莫認爲) 세월을 헛되이 보내는 人生行路 결국에는 얼마나 공허하겠는가. 문장의 귀글을 이어지게 하는 연결은 모색되어야 할 법령이요 날카로운 관찰과 빼어난 수사의 문장의 붓심이 넉넉함은 갖추어야 할 근사함이다. 칼을 뽑고 활을 당기는 즉발의 아슬아슬한 상황은 당연히 경계되어야 하고 메마른 수사와 분수에 지나친 언어의 사용은 매 때마다 탄식하고 한탄할 일일 것이다 지금은 太平聖代라 임금께서 恩澤을 고루 下賜하시리니 부디 임금께서 내리신 御賜花 머리에 꽂고 錦衣還鄕하시라.' 시를 일으키는 도입부는 대개 부드럽게 자연스럽게, 독자가 기꺼이 공감해 同行할 수 있도록, 출발하는 것이 常例다. 그런데 이 시에서는 처음부터 다소 강한, 숨김없이 드러내는, 신신당부의 말이 등장하고 있다. 서울에 가거든 행여나 젊은 여자를 두고 술과 몸을 팔게 하는 酒淫家는 찾지 말라는 것이다. 헛된 인생살이가 되고 말 것이라고 경고(?)하면서... 그런데 이런 도입을 시도한 시가 가끔 눈에 띤다. 王維의 "過香積寺 향기를 쌓는 절을 찾아서"의 首聯 시작부분이 다소 도발적으로 과격해서 그렇다: '不知香積寺 數里入雲峰 도시 향적사가 어디 있는지도 모르고 구름 낀 산봉우리를 몇 리 들어간다.' 또한 遊興街를 기웃거리는 일은 겨우 끝에 가서나 곡진히 할 소리인 것이 아닌가 하는데... 과연, 李頎의 "送魏萬之京 상경하는 위만을 보내며"에서는 尾聯에서야 껄끄러운, 그러나 진정 어린, 충고로 매조지었다: '莫見長安行樂處 空令歲月易蹉跎 장안의 행락처는 보지 말라 부질없이 세월로 하여금 쉬이 시기를 잃게 하지 말지니.' 杜牧의 "泊秦淮 진회에 배를 대다"에 酒家가 나온다: '煙籠寒水月籠沙 夜泊秦淮近酒家 안개는 찬 강물을 달빛은 모래밭을 감싸는데 밤에 진회에 배를 대니 술집이 가까이 있더라.' 蹉跎는 시사에 꽤 자주 등장하는데, 阮籍의 "詠懷詩 영회시"에도 있고, 娛樂未終極 白日忽蹉跎 즐거움이 다 가기도 전에 좋은 시절 갑자기 잃어버리고, 張九齡의 "照鏡見白髮 거울에 비추어 보이는 하얗게 센 머리털"에도 있고, 夙昔靑雲志 蹉跎白髮年 지난 옛날 청운의 뜻 품었는데 이룬 일 없이 나이만 먹어 백발의 노년이 되었다, 李詹의 "慵甚 지나친 게으름"에도 있다. 平生志願已蹉跎 爭奈衰慵十倍多 평생에 바라서 원하는 것 이미 미끄러지고 넘어졌는데 어찌 쇠약함과 게으름만 열배나 많아졌는고... 淸 黃培芳은 시 비평서 "唐賢三昧集箋注 당현 삼매집 주석"에서 李頎의 "送魏萬之京 상경하는 위만을 전송하며" 시를 높이 평가하면서 시문의 구성과 전개에서 '劍拔弩張'과 '瘦詞僭語'를 경계해야 함을 역설하고 있는데 共鳴하는 바가 커서 위 본 시의 頸聯에 채웠다: '景中情 此種和平之作 後人終擬不到 能此作七律 方有歸宿處 可知瘦詞僭語 劍拔弩張 二者皆非也 景 가운데 情이 있으니 이와 같은 화평한 작품은 후인들이 모방하려 해도 종내 이르지 못하는 바다. 이처럼 칠언율시를 능히 짓는다면 금세 모범이 되리니, 메마른 말과 참람한 말, 칼을 뽑고 활을 당기는 일촉즉발의 상황, 이 두 가지는 모두가 옳지 않음을 알 수 있다.' 杜甫의 "韋諷錄事宅觀曹將軍畵馬圖 위풍 녹사 집에서 조장군이 그린 말 그림을 보고서"에 歎嗟가 나온다: '今之新圖有二馬 復令識者久歎嗟 지금의 새 그림에 두 마리 말이 그려져 있어 다시금 안목 있는 사람으로 하여금 오래도록 감탄하게 한다.' 杜牧의 "將赴吳興登樂遊原 장차 오흥으로 부임하여 감에 낙유원에 올라서"에 淸時가 보인다: '淸時有味是無能 閒愛孤雲靜愛僧 태평한 시대에 흥미는 있으나 다만 능력이 없으니 외따로 떠도는 구름의 한가함과 승려의 고요함을 좋아할 뿐이다.' 高適/盧綸의 "送李二少府貶峽中王少府貶長沙 협중으로 貶流되는 이소부와 장사로 貶流되는 왕소부를 전송하며"에 雨露가 보인다: '聖代祇今多雨露 暫時分手莫躊躇 태평성세인 지금은 임금의 仁澤이 많으니 잠시의 헤어짐이니 주저하지 말게나.' 司馬遷 "史記·項羽本紀"에 項羽가 '富貴不歸故鄕 如衣錦夜行 誰知之者 부귀해지고 나서 고향으로 돌아가지 않는다면 그것은 마치 비단 옷을 입고 밤길을 걷는 것과 같으니 어느 누가 그를 알아 보겠는가' 하였고, 李陸史의 시(?)에도 '세상에 영광 돌려 주고 錦衣還鄕하니 꽃이 만발한 고향 언덕에 님의 그림자도 없다' 하였다. 2024년 1월21일 쓴다.

〔詩原文〕 35

長生久視 其一
장생구시 기일

不老長生久視兮
漢文皇帝夢鄕捿
仙臺造築誰端笑
天下群黎病死迷
불 노 장 생 구 시 혜
한 문 황 제 몽 향 서
선 대 조 축 수 단 소
천 하 군 려 병 사 미

〔시해석〕

오래도록 살고 오래도록 본다 그 첫 번째

늙지 않고 오래도록 살고 오래도록 보려하는구나
한나라 문제가 진실로 원했던 꿈의 이상향이었더라
황하강가에 신선누대를 축조하였다는데 도대체 누가 비웃을 수 있겠는가
하늘 아래 온 세상 검은 머리의 민중들 생로병사의 고통에 헤매고 있으니

〔平仄構成〕

詩의 平仄構成은 仄仄平平仄仄平 仄平平仄仄平平 平平仄仄平平仄 平仄平平仄仄平으로 되어있다. 詩는 仄起式 七言絶句다. 그리고 詩는 韻字는 上平聲 八 齊韻을 썼는데 韻脚은 兮와 捿와 迷이다.

〔작법감상〕

先秦 春秋戰國時代 老子와 莊子의 虛無와 無爲의 설을 따르는 道家者流는 久視 곧 長生久視 곧 不老長生久視를 추구하였다. 오래 살고 오래 본다는 말이니 오래 살면서 동시에 오래 주의해서 자세히 눈여겨 볼 수 있는 것을 진정으로 추구한다는 말로 해석된다. 신체적으로 오래 사는 것은 말할 것도 없고 함께 제정신으로 세상을 바라보는 삶까지 누릴 수 있는, 즉 認知능력과 認識능력이 갖춰진, 상태가 오래 지속되는 것을 꿈꿔왔다는 것일 것이다. 그래서 오래 살고 오래 세상을 보면서 인생을 즐기려는 것일 것이다. (실제로 한시에서도 시어를 좀 자세히 검토하면 '본다'는 말에도 여러 가지가 있는데 見과 看과 觀과 視가 그런 유다. 見은 仄聲으로 '그냥 보다' '그냥 보이다'이고 看은 平仄 양용으로 '보다' '보이다'이다. 看護나 走馬看山이 그렇다. 그리고 觀은 平聲으로 '자세히 보다'이고 觀覽이나 觀察이 그렇다. 視는 仄聲으로 '자세히 살피다'로 視力이나 注視가 그렇다.) 적확하고 바르건대, 老子가 남긴 단 한권의 철학책인 "道德經 도덕경"에 바야흐로 등장하는 말이다: '是謂深根固柢 長生久視之道 이것을 일컬어 깊은 뿌리 단단한 기초라 하니 오래 살고 오래 보는 길이라고 하리라.' 이런 노장사상의 불로장생을 좋아하는 사람이 역사상 어디 한둘이겠는가. 그런데 참 재미있는 것은 한나라 문제가 좋아했다는 것이다. 劉邦의 아들이고 景帝의 아버지이고 武帝의 할아버지인데 어질고 현명한 임금이었다. 재위기간, 賈誼의 건의를 받아들여, 일련의 개혁개방정책을 통해서 나라를 안정되고 부강하게 한 것으로 평가된다. 아들 경제와의 통치를 묶어서 '文景之治'로 불릴 정도인데, 미국 시카고의 중국사상사 권위자 H. G. Creel의 "Chinese Thought 중국사상"에 따르면, 중국에서 전통적으로 孔子에 못지않게 만민의 사랑을 받아왔다고 쓰여 있다. 그런 인민의 군주 문제 劉恒도 어김없이(?) 불로장생에 매료된 것이고 보면 인간의 장생구시의 꿈은 자고이래 천하 만민의 영원불변의 이상이라고 여겨진다. 그런 인연으로 생각이 한층 골몰해져서 시로 옮겨 쓰게 되었다: '늙지 않고 오래도록 살고 오래도록 보려하는구나 한나라 문제가 진실로 원했던 꿈의 이상향 보금자리이었더라. 장수의 꿈을 말하고 상징적으로 한나라 문제를 예로 들면서 起句와 이어지는 承句를 구성하였다. 황하강가에 신선누대를 축조하였다는데 이를 두고 대관절 그 누가 비웃을 수 있겠는가 하늘 아래 온 세상 검은 머리의 백성들 한결같이 생로병사의 고통에 헤매고 있으니... 구체적으로 仙臺를 구축하였다는 문제의 사실적 노력과 관심을 표명하고 이 세상 그 누가 불로장생의 염원과 노력을 부인하거나 비웃을 수 있겠느냐고 동감을 구하고 있는 것이다.' 실제로 文帝와 河上公과의 사연이 전하고 있다. 晉 葛洪의 "神仙傳 신선전"의 기록에 의하면 문제 때 황하 강변에서 초암을 짓고 사는 河上仙翁이라 이름난 하상공이 있었는데 도가에 심취해서 노자 "道德經 도덕경"에도 주를 달았다고 한다. 노자사상에, 무엇보다도 노자의 장생불사 사상에, 관심이 많았던 문제가 그의 모옥으로 친히 거둥하여 예를 갖추고 이야기하였으며 하상공이 이를 가상히 여겨 "素書 소서" 1권을 주었다는 것이다. 하상선옹이 마침내 하늘로 떠나버리자 그의 신선사상을 흠모하여 서산에 望仙臺를 쌓고 바라보았다는 것이다. 2023. 1. 28.

〔詩原文〕36

長生久視 其二
장생구시 기이

長生久視萬民求
善女善男由福謀
但無認識單行道
不及不來猶痛呦
장생구시만민구
선녀선남유복모
단무인식단행도
불급불래유통유

〔시해석〕

오래도록 살고 오래도록 본다 그 두 번째

오래도록 살고 오래도록 보는 것은 천하 만민이 희구하는 바이니
우리들 선남선녀 모두가 크나큰 행복을 꾀하는 까닭이다
무릇 사물을 보고 분별하고 판단하지 못하고서 단 한 번의 인생길을 가야한다면
이 세상에 아니 오는 것만 못하다고 차라리 목이 메어 흐느껴 울리라

〔平仄構成〕

詩의 平仄構成은 平平仄仄仄平平 仄仄仄平平仄平 仄平仄仄平平仄 仄仄仄平平仄平으로 되어있다. 詩는 平起式 七言絶句다. 그리고 詩는 韻字는 下平聲 十一 尤韻을 썼는데 韻脚은 求와 謀와 呦이다.

〔작법감상〕

위 長生久視 其一에서 지적하였듯이, 老莊 道家者流가 長生久視를 말할 때 그들은 오래 산다는 長生 못지않게 오래 본다는 久視를 중시하였다는 것을 알 수 있었다: '오래 살고 오래 본다는 말이니 오래 살면서 동시에 오래 주의해서 자세히 눈여겨 볼 수 있는 것을 진정으로 추구한다는 말로 해석된다. 신체적으로 오래 사는 것은 말할 것도 없고 함께 제정신으로 세상을 바라보는 삶까지 누릴 수 있는, 즉 認知능력과 認識능력이 갖춰진, 상태가 오래 지속되는 것을 꿈꿔왔다는 것일 것이다. 그래서 오래 살고 오래 세상을 보면서 인생을 즐기려는 것일 것이다.' 서양에서는 우리가 보통 안다는 것은, knowing이나 cognizing과 같은 따위는, 보는 것에서, seeing이나 perceiving에서, 주로 출발한다고 하였다. 그래서 보는 것이 믿는 것이라고 말한다, To see is to believe. 우리 속담에도 '百聞不如一見 백 번 듣는 것이 한 번 보는 것보다 못하다'라고 하였다. 다른 속담에는 '몸이 천냥이면 눈이 구백냥'이라고 말한다. 지적 정보수집의 보는 눈의 역할을 특별히 강조하고 있다. 또한 '눈은 마음의 창'이라는 말도 있으니 눈에서 사람의 心狀이 표현되는 의미일 것이다. 모두가 인식의 기초이자 중심으로 보는 기능과 역할을 평가하고 있는 것이리라. 그리고 그런 위대한 기능의 확보는 인생의 삶에 절대 중요한 것이고 오랫동안 잘 유지하는 것은 인생 행복의 지름길이 되리라는 것이다. 그러므로 長生久視는 곧 久視일 것이다. 老子가 "道德經 도덕경"에서 강조한 장생과 구시에 대한 상관 견해는 그러므로 천고의 절창이라 아니할 수 없다. 그러니 長生이지만 久視는 아니라면, 물론 두 가지가 밀접한 연관이어서 이분적이기는 어렵지만 혹 가능하다 하더라도, 그런 삶은 不堪當이요 不幸이요 不運이다. 사실 다분히 우리 사회가 고령화가 되어가면서 사회생활을 하는 데 필요한 지능·의지·기억 따위의 정신적인 능력이 상실되는 癡呆(認知症)가 점증되는 처지를 생각하면서, 같이 공감하고 고민해보자는 취지에서 위 시를 쓰게 되었다. 우선 예방의 방법을 찾고, 나아가 의학적으로 처방을 찾아내고, 또 더 나아가 정부에서 나서 격려와 지원책까지 찾아보았으면 하는 바람이 간절하다: '오래도록 살고 오래도록 보는 것은 천하 만민이 희구하는 바라 우리 善男善女들 모두가 큰 행복을 도모하는 까닭이다 대저 사물을 보고 분별하고 판단하지 못하고서 단 한 번의 人生單行道를 가야한다면 이 세상에 아니 오는 것만 못하리니 차라리 목이 메어 흐느껴 울리라.' 끝으로, 위 필자의 시는 소위 평측격식의 문법에 큰 흠이 있다. 일부러 그렇게 시가 진행되어버렸는데 문제점을 여기서 설명하고 싶다. 시는 反法과 黏法이 무너져있어서 轉句와 結句가 맞바꾸면 七絶 平起格의 正式과 합해진다. 북경대 王力 교수의 "漢語詩律學 한어시율학"에 따르면, 이는 失對 失黏의 현상인데 不對 不黏이라고 하였고, 다만 시 意趣에 비해서 시 格式이라는 것은 하위에 속한다고 위로하면서 격식의 붕괴를 과소평가하는 차원에서 좀 더 부드럽게, 拗對 拗黏이라고도 불리어왔다고 하였다. 반법과 점법은 성당시대에 일기 시작하여 중당시대가 지나면서 보편적으로 완성되었다고 보고 있다. 그러므로 혹 옛 시인의 시구에 그런 요점과 요대가 있다고 하더라도 천년이 지난 지금으로서는 수용될 수 없는 破格이다. 2023: 1. 28.

〔詩原文〕37

海東盛國
해동성국

海東倍達震檀韓
半萬年來弘益爛
衝突紛爭古今事
平和世上渾身攤
해동배달진단한
반만년래홍익란
충돌분쟁고금사
평화세상혼신탄

〔시해석〕

해동성국

해동성국 진국 단국 한국 배달민족
반만년 지나도록 홍익인간 정신을 빛내왔다
충돌과 분쟁의 고왕금래의 일들을 겪으며
평화세상을 펼치려 혼신의 힘을 쏟아 부었었다

〔平仄構成〕

詩의 平仄構成은 仄平仄仄仄平平 仄仄平平平仄平 平仄仄平仄仄仄 平平仄仄仄平平으로 되어있다. 詩는 平起式 七言絶句다. 그리고 詩는 韻字는 上平聲 十四 寒韻을 썼는데 韻脚은 韓과 爛과 攤이다. 그리고 3句의 下三字에서는 單拗가 쓰였다. 本來 3句의 下三字의 平仄의 構成은 平仄仄인데 仄平仄이 되어, 卽 古今事로 되어, 5字에서 毁損된 平字를 6字에서 바로 回復한 것이다. 이는, 下三字에 孤平現象이 發生하였으나 挾平格으로 肯定的으로 看做하며, 本句 自救의 방법으로 合律이 된다.

〔작법감상〕

통상 詩詞에서 중국을 호칭하는 데에는 글자로는 華(平聲)라 하고 일본을 호칭하기로는 和(仄聲)가 있다. 우리나라로서는 대체로 3자가 쓰이는데 곧 檀(平聲)이요 震(仄聲)이요 韓(平聲)이다. 檀國 또는 震檀國은 우리나라의 上古時代의 이름으로 檀君朝鮮이요 古朝鮮이요 倍達나라라 우리민족국가의 호칭으로서 檀이 사용되고, 상고 시대부터 동쪽의 의미로 三韓의 馬韓 辰韓 弁韓이 있었고 渤海의 초명이 震國, 震旦, 震域이었으며 근자의 震檀學會에 이르기까지 우리민족의 호칭으로 震이 사용되고, 그리고 상고사의 三韓시절부터 시작하여 구한말 大韓帝國과 현금의 大韓民國에 이르기까지 마땅히 韓 또한 우리의 민족의 호칭으로 족할 것이다. 역사적으로 중국이나 인도를 포함한 서쪽지역에서는 우리 동쪽나라를 늘 神仙들이 살고 있는 땅으로 흠모하고, 바다 건너 동쪽의 융성한 나라라고 海東盛國이라고 부러워하고, 禮儀凡節이 밝은 사람들(courteous people)이 사는 곳으로 동방의 등불(The Lamp of the East)이라고 또 東方禮儀之國이라고 칭송하였다. (그래서 머잖아 출판될 나의 시집 백사한시백수 제5권의 책 제목으로는 '동방등불'이나 '동방등촉'이 검토되고 있다.) 이들은 모두가 사실들이어서 나 필자는 우리민족이 살아온 유구한 자취에 무한한 자긍심을 가지고 이름하여 위대한 해동성국의 역사라고, 즉 '大海東盛國史'라고, 부르고 싶다. 몇몇 사람들이 때때로 우리 역사를 가리켜서 '패배의 역사,' '부정의가 지배한 역사,' '부끄러운 역사' 따위로 저평가하는 것을 보았는데 그것은 역사사실의 歪曲이요, 인식의 貶毁요, 가치관의 自虐的 自己卑下다. 혹 그런 부정적 역사해석이 통쾌하고 재미나서(?) 그러는지는 모르겠으나, 또 물론 인간역사의 흐름에 긍정적 면과 부정적 면이 있을 터이지만, 부정이 能事가 아닌 것을 인류사의 면면에서 훑어보기를 바랄뿐이다. 같은 儒家의 전통에 있으면서도 그리고 학자로서의 유능한 자질(scholarship)을 충분히 인정받으면서도 荀子가 孔孟의 性善說에 반기를 든 性惡說로 인하여 상대적으로 너무나도 미미한 평가를 받는 것을 긴히 기억할 필요가 있다. 특별히 오천 년 전 단군조선의 건국이념이 되는 널리 인간 세계를 이롭게 한다는 弘益人間의 선언은 훗날 동양의 개인의 현실적 복지국가주의(Welfarism)의 부흥에도 부합하고 뒷날 서양세계의 자유주의(Liberalism)의 태동과 성장에도 크나큰 영향을 준 것으로 평가할 수 있는 것으로 인류사의 영원한 지향점을 일찍이 선언한 것으로 봐 결코 지나침이 없을 것이다. 지난 오천 년 동안 오백 번의 크고 작은 외부의 노략질에도 단 한 번도 밖으로 침범이 없었다는 우리 해동성국역사야말로 인류사의 실로 모범적인 자랑스러운 삶의 軌跡이 아니겠는가. 우리 조상님들이 걸어온 大海東盛國史의 흔적은 弘益人間으로 이념적으로 무장하여 世界平和를 실천적으로 실현하는 것이었다!! 위 시는 그런 생각을 나지막이 노래하고 싶은 것이다: '해동성국 檀國 震國 韓國 배달민족의 반만년 동안 빛나도록 繩繩해 내려온 널리 인간을 이롭게 한 사상이여… 충돌과 분쟁의 今昔之間의 일들을 겪으며 平和世上을 펼치려 혼신의 힘을 쏟아 부음이여…' 申采浩 선생이 "朝鮮史硏究草"에서 고려 妙淸의, 金富軾에 맞선, 서경천도운동의 좌절을 '朝鮮歷史上 一千年來 第一大事件'으로 평가한 것을 보고 필자는 承句 '半萬年來弘益爛'를 지었다. 孔子 "詩經"에 爛이 보인다: '明星有爛 샛별이 밝게 빛나고 있습니다.' 松桂煙月翁은 古往今來의 "古今歌曲"에서 '이고 진 뎌 老翁아 짐 더려 날을 주쇼 나난 져머시니 돌리라타 무거올가 늙기도 셜워라커든 짐을조차 지실까'라 하였다. 趙璧傳의 "元史·卷一五九"에 '秀才 汝渾身是膽耶 수재 청년이여 그대 담력이 커서 두려워하고 꺼리는 바가 없도다' 하였다. 劉義慶의 "世說新語"에 攤이 보인다: '攤書滿牀 책을 펼치니 책상에 가득하다.' 杜甫의 "又示宗武 또 종무에게 보이다"에도 攤이 등장한다: '覓句新知律 攤書解滿牀 시구를 찾다가 격률을 새로 알게 되니 책을 펼쳐놓고 가득한 책상 뒤질 줄도 알게 되었다.' 2024. 2. 3.

[詩原文] 38

登金剛山佛頂臺
등금강산불정대

登頂金剛佛頂臺
六方祕景賞欣哉
山崖銀漢水流下
石柱屛風環繞崔
谷澗中分各其去
空雲半折自由迴
紅塵利養關念外
一萬二千終古徊
등정금강불정대
육방비경상흔재
산애은한수류하
석주병풍환요최
곡간중분각기거
공운반절자유회
홍진이양관념외
일만이천종고회

[시해석]

금강산 불정대에 올라서

금강산 불정대에 높이 올라서서
동서남북상하 육방으로 신비스럽게 빼어난 풍경에 감탄해 마지않는 바라
깎아지른 산벼랑은 십이폭포 은하수가 되어 아래로 떨어져 내리고
골라 엮은 석주암 돌기둥은 드높이 병풍처럼 둘러있다
아래 산골짜기 개울물은 가운데서 나뉘어 각각 저마다 돌아가고
위로 하늘공중 구름은 반쯤 잘린 채로 얽매이지 않고 제 마음대로 흘러간다
번거롭고 속된 세상에서 명예와 이익의 추구는 나의 관심과 걱정의 밖이려니
그대 금강산 일만 이천 봉우리 아래서 영원무궁히 살어리랏다

〔平仄構成〕

詩의 平仄構成은 平仄平平仄仄平 仄平仄仄仄平平 平平平仄仄平仄 仄仄平平平仄仄 仄仄平平仄仄仄 平平仄仄平平平 平仄仄平仄仄 仄仄仄平平仄平으로 되어있다. 詩는 仄起式 七言律詩다. 그리고 詩는 上平聲 十 仄韻을 썼는데 韻脚은 臺, 哉, 崔, 洄, 徊이다. 그리고 3句와 4句에서는 孤平拗救가 쓰였는데 本來 3句의 下三字는 平平仄이어야 하는데 仄平仄으로 되어, 卽 水流下로 되어, 5字의 平字가 毁損되었다. 그러므로 4句의 5字는 本來 仄字여야 하는데 平字로 바꿔서, 卽 環으로 바꿔서, 毁損된 平을 回復시켰다. 이로써 合律이 된다. 그리고 5句의 下三字에서는 單拗가 쓰였다. 本來 5句의 下三字의 平仄의 構成은 平仄仄인데 仄平仄이 되어, 卽 各其去로 되어, 5字에서 毁損된 平字를 6字에서 바로 回復한 것이다. 이는, 下三字에 孤平現象이 發生하였으나 挾平格으로 肯定的으로 看做하며, 本句 自救의 方法으로 또한 合律이 된다. 그리고 7句와 8句에서는 雙拗가 쓰였는데 本來 7句의 下三字는 平平仄이어야 하는데 平仄仄으로 되어, 卽 關念外로 되어, 6字의 平字가 毁損되었다. 그래서 8句의 5字는 本來 仄字여야 하는데 平으로 바꿔서, 卽 終으로 바꿔서, 毁損된 平을 回復시켰다. 이로써 또한 合律이 된다. 그리고 中央四句의 下三字는 前聯과 後聯의 境遇에 文法構造를 다르게 配置하여 意味上 各各 水流(動詞) 下(副詞), 環繞(動詞) 崔(副詞), 各其(副詞) 去(動詞), 自由(副詞) 洄(動詞)로 읽히게 되어 四言一法 忌避의 原則을 따라서 平板을 避하고 錯綜을 지켰다. 그리고 詩에서 韻을 달지 않은 仄聲字 곧 下, 去, 外는 次例로 上聲, 去聲, 上聲이 되어 이른바 四聲遞用의 法則을 充實히 따랐다.

〔작법감상〕

높은 곳에 올라 바라보는 경치를 노래한 시는 많다. 한눈에 광활한 광경을 압축하여 감상하려는 욕심을 충족하게 해 주어서일까... 詩史에서 王之渙의 "登鸛雀樓 관작루에 올라서," 崔顥의 "黃鶴樓 황학루," 杜甫의 "登岳陽樓 악양루에 올라서," 王勃의 "滕王閣序 등왕각 서문," 李白의 "登金陵鳳凰臺 금릉의 봉황대에 올라서," "望廬山瀑布 여산의 폭포를 바라보며"가 그렇다. 이들 작품을 머릿속에 둔 채로, 상상의 紀行 속에 나도 높이 금강산 불정대에 올라서, 위 시를 갖가지로 구성해 본 것이다. 금강산의 姿態가 세상에 제일간다는 칭찬은 시인묵객을 비롯해 천하 만민에게 이미 낯설지 않으리... 松江 鄭澈은 "關東別曲"에서 '만일 李太白이 지금 있어 다시 의논하게 된다면 [그가 천하절경이라고 극찬해 마지않은] 廬山瀑布가 여기보다 낫다는 말은 못하리라'고 금강산 십이폭포의 장관을 격찬하였다. 또 필자는 과거 미국 유학 시절 국립공원 옐로스톤(Yellowstone) 여행 중 만났던 뉴욕 韓人 노신사의 '베르사유궁전(Chateau de Versailles)이 궁궐이면 景福宮은 厠間이고, 우리 금강산이 [고운] 꽃신이라면 여기 엘로스톤은 나막신이다'라고, 과거 일제식민기 금강산수학여행을 추억하며, 품평한 것도 나름 기억한다. '금강산 찾아가자 일만 이천 봉 볼수록 아름답고 신기하구나. 철 따라 고운 옷 갈아입는 산 이름도 아름다워 금강이라네 금강이라네.' 서울에서 출발하여 우선 개성을 선두로 평양 의주 압록강 두만강 청진 함흥 그리고 마지막으로 금강산을 거쳐서 서울로 되돌아오는 行程을 꿈꾸면서 시에서는 삼천리금수강산 금강산의 探訪을 담았다. 금강산을 조망하는 최고의 전망대로 통하는 佛頂臺에서 바라보는 신비스런 풍광에 넋이 나갈 지경이었는데 어느덧 끝에 가서는 나도 모르게 隱遁生活에 잠기려는 감개를 경험하였다. 실제로 시인들의 이런 수법은 종종 등장하는데, 1구에서 6구까지의 秘景과 自由는 이윽고 내게 7구와 8구의 歸隱의 本能을 가져다주는 것이다!!: '금강산 불정대에 높이 올라서 동서남북상하 육방으로 신비스런 빼어난 경치에 감탄하게 된다 앞 낭떠러지는 십이폭포 은하수가 되어 밑으로 떨어져 내리고 옆 석주암 돌기둥은 드높이 병풍처럼 둘러있다 산골짜기 개울물은 가운데서 나뉘어 제각각 돌아가고 하늘공중 구름은 반쯤 떨어진 채로 얽매이지 않고 제 마음대로 흐른다 번거롭고 속된 세상에 名聞利養의 추구는 나의 關念 밖이려니 그대 금강산 일만 이천 봉우리 아래서 영원히 살고지고.' 鄭澈의 "關東別曲"에 십이폭포은하수가 나온다: '천심절벽을 공중에 세워 두고 은하수 큰 굽이를 마디마디 잘라 내어 실처럼 풀어서 베 헝겊처럼 걸었으니 도경에 그려진 십이폭포가 내 보기에는 여럿이구나.' 또한 李白의 "月下獨酌 달빛 아래 독작하다"에도 雲漢≒銀漢≒牛漢≒星漢≒天漢≒河漢≒銀河≒高河≒星河≒天河≒銀漢≒天潢이 나온다: '永結無情遊 相期邈雲漢 정에 얽매이지 않는 영원한 사귐을 맺어서 저 멀리 은하수에서 우리 다시 만나기로 약속하자.' 李白의 "望廬山瀑布 其二 여산의 폭포를 바라보다 그 두 번째"에도, 고래로 膾炙人口하는 명구로, 폭포수 寫景이 나온다: '日照香爐生紫煙 遙看瀑布掛前川 飛流直下三千尺 疑是銀河落九天 향로봉에 햇볕이 내리쬐어 보랏빛 안개가 생겨나고 멀리서 본 폭포는 강을 매단 듯하다 날으는 물줄기 내리 쏟으니 길이가 삼천 척 혹 높은 하늘에서 쏟아지는 은하수가 아닐런가.' 李白의 "廬山謠寄盧侍御虛舟 여산의 노래를 盧侍御 허주에게 부치다"에 九疊雲屛이 보인다: '廬山秀出南斗傍 屛風九疊雲錦張 여산은 남두육성 곁에 우뚝 솟아 있고 아홉 폭의 병풍에는 비단구름이 펼쳐져있어라.' 王維의 "奉和聖製從蓬萊向興慶閣道中留春雨中春望之作應制 성상께서 지으신 봉래궁에서 흥경궁으로 가는 도중 복도에서 봄비 내리는 가운데 머물며 봄 풍경을 바라본다는 시를 받들어 화운하여 응제하다"에 縈과 繞가 있다: '渭水自縈秦塞曲 黃山舊繞漢宮斜 위수는 진나라의 변방을 절로 둘러서 굽이치고 황산은 예대로 한나라 궁을 둘러 비스듬히 있구나.' 李白의 "登金陵鳳凰臺 금릉의 봉황대에 올라서"에 半落과 中分이 對仗으로 쓰이고 있는 것을 볼 수 있다: '三山半落青天外 二水中分白露州 三山은 반쯤 떨어져나가 푸른 하늘 밖에 있고 二水 강물은 백로주를 사이에 두고 둘로 나뉜다.' 그리고 李白의 "望廬山瀑布 其一"에서는 이미 紅塵의 名利에 급급하지 않겠다는 자유 意思가 뚜렷하게 비친다: '且諧宿所好 永願辭人間 또 내가 좋아하는 이곳에 어울려 살며 속세와의 인연을 끊고 영원히 떠나고 싶어라.' 2024년 2월 20일 쓴다.

〔詩原文〕 39

又欲飮椰子水
우욕음야자수

芳香滑脆汁全完
强壯補虛眞盛餐
百歲健康椰子水
一年四季可能嘆
방향활취즙전완
강장보허진성찬
백세건강야자수
일년사계가능탄

〔시해석〕

거듭 야자수 마시려네

청량하고 감미로운 과실즙 야자수여 맛이며 영양이며 모두 갖추어 아무런 부족함이란 없구나
뼈대를 강하게 하고 혈기를 성하게 하며 허약이 보양이 되는 참참이 먹는 풍성한 음식이어라
백세 건강을 추구하는 코코넛워터 야자수
사시사철 능히 즐겨 마실 수 있다고 하네

〔平仄構成〕

詩의 平仄構成은 平平仄仄仄平平, 仄仄平平平仄平, 仄仄平平平仄仄, 仄平仄仄仄平平으로 되어있다. 詩는 平起式 七言絶句다. 그리고 詩의 韻字는 上平聲 十四 寒韻을 썼는데 韻脚은 完과 餐과 歎이다.

〔작법감상〕

椰子水는 영어로 coconutwater 또는 coconutjuice라고 하는 열대지방 과일인데 요사이 물류유통이 급속히 발전하여 우리나라에서도 이곳저곳에서 사 먹을 수 있는 과일이 되어가고 있다. 과거 미국 유학시절 잠시 맛본 적이 있고서는 잊고 지냈었는데, 또 그 당시는 그렇게 아주 인상적이지는 않았었는데, 몇 년 전부터 서울에서 비로소 다시 가까이 자주 맛보게 되었다. 지금은 내가 가장 좋아하는 과일 열 가지 소위 'Big Ten Fruits!!' 중에서 1,2위를 다툰다. 우선 나의 BTF를 소개하자면 1-2위는 수박과 야자수(coconutwater), 3-4위는 대봉감(大峯枾)과 하니듀(honeydew), 5-6위는 배와 자몽(grapefruit), 7-8위는 복숭아와 체리(cherry), 그리고 9-10위는 사과와 키위(kiwi)다. 국내과일과 수입과일이 하나씩 의도적으로 안배된 것 같지만 평가하다보니 정말 우연히 그렇게 된 것이다. 그럼, 다시, 왜 야자수가 이렇게 순위가 급상승하게 되었는가를 잠시 설명해 보겠다. 물론 다른 과일과 같이 영양 면에서 좋을 뿐 아니라 맛이 좋아서다. 단백질 포도당 비타민B1 비타민C 비타민E 칼륨 칼슘 마그네슘 등등의 영양성분과 우리의 체력증진을 돕는 다양한 약용으로도 쓰인다는 유익한 정보 외에도, 내게는 개인적으로, 마치 잘 익은 수박을 먹을 때처럼, 동시에 특별하게 영양분덩어리가 마구 다가와 심신을 흥겹고 편안하게 해주는 감각을 주어서다. 게다가 세상 모든 과일 중에서 과연 이렇게 자체 안에 그냥 100% 수분으로 준비되어 있어서 그대로 마실 수 있는 과일이 달리 또 어디 있는가. 신기하고 신통하다!! 더하여, 무엇보다도, 이 과일처럼 1년 사계절 사시사철 내내 그가 지닌 최고수준의 퀄리티를 그대로 맛볼 수 있는 과일이 어디 또 있겠는가. 수박 맛이 정말 至尊이라지만 그것도 여름 한철 5,6,7,8월의 말이지 겨울철 수박이 어디 수박 맛이던가. 일 년 내내 적도지방에서 자라는 이 과일이야말로 철을 타지 않는다. (그래서 지금은 1위 수박의 자리를 차지하려고 점점 바싹 가까이 다가가고 있는 것이 실정이다.) 옛날에는 더운 지방 사람만 즐기는 과일이었을 테지만 지금이야 교통운송수단과 물류(logistics)의 발달로 수시로 신속하게 지구촌 어디에도 전달되는 판국이다. 우리 한반도와 만주 연해주 일원의 옛날 조상님들은 야자수 이름만 들어보았지 현금 우리처럼 시도 때도 없이 즐기시지는 못했을 것 아닌가. 나는 건강 100세가 목표인데, 모를 일이지만, 이러다가 코코넛 덕분에 혹 10년 더 건강하게 살지 않을까, 혹 110세라는 놀랍기 그지없는 나이까지 살지 않을까, 상상마저 해본다. ㅎㅎㅎ... 그래서 시에서는 起句에서 야자수의 뛰어난 맛을 쓰고 承句에서는 야자수의 영양과 약효의 우수성을 이어 썼다. 그뿐만 아니라, 錦上添花인 것은, 轉句와 結句에서, 다른 과일과 다르게 1년 내내 쉼 없이 변함없이 뛰어난 맛과 영양을 제공한다는 것을 강조하면서 백세건강에 안성맞춤 아니겠느냐고 소리 높이고 또 더욱 야자수를 마시려는 마음가짐을 갖게 된다는 것이다. '향기롭고 감미로운 果實汁 맛과 영양 모두 갖추어 부족함이 없구나, 뼈대가 강하게 하고 혈기가 성하게 하며 허약을 보양하는 끼니 외에 이따금 먹는 푸짐한 먹거리구나. 백년 건강을 추구하는 코코넛워터 야자수, 사시사철 내내 滿喫하는 것이 이제는 정말로 가능하다고 말한다네.' 2024년2월 17일 아침 일찍 쓴다.

〔詩原文〕 40

尤極近侍天主
우극근시천주

主禱經常讚頌聲
受難受罪冒誠攖
平生所願神更近
十字架裝雖苦生
주도경상찬송성
수난수죄모성영
평생소원신갱근
십자가장수고생

〔시해석〕

천주께 더욱더 가까이 가려네

주의 기도를 늘 찬송하면서
고난과 고통을 무릅쓰고 정성을 다하여 다가가려네
내 주께 더 가까이 가는 것이 일평생 소원이어라
십자가를 짊어지는 고생이라 할지라도

〔平仄構成〕

詩의 平仄構成은 仄仄平平仄仄平 仄平仄仄仄平平 平平仄仄平仄仄 仄仄仄平平仄平으로 되어있다. 詩는 仄起式 七言絶句다. 그리고 詩는 韻字는 下平聲 八 庚韻을 썼는데 韻脚은 聲과 攖과 生이다. 그리고 3句와 4句에서는 雙拗가 쓰였는데 本來 3句의 下三字는 平平仄이어야 하는데 平仄仄으로 되어, 卽 神更近으로 되어, 6字의 平字가 毁損되었다. 그러므로 4句의 5字는 本來 仄字여야 하는데 平字로 바꿔서, 卽 雖로 바꿔서, 毁損된 平을 回復시켰다. 이로써 合律이 된다.

〔작법감상〕

얼마 전 한남동 仁義堂화가님께서 찬송가 "내 주를 가까이 하려 함은"을 동영상으로 보내주셨는데 이는 어릴 때 처음 기독교와 만났던 시골 언덕바지 교회당에서 숱하게 듣던 친숙한 노래다. 그런데 마침 그 동영상 아래 자막에 영어가사가 지나가고 있었다. 눈에 띈 것은 'nearer... to thee' 부분이었고 으레 바른 글자번역은 '그대에게... 더 가까이'일 텐데 실제는 그렇지 않았던 거다. 그래서 이 문제에 좀 더 천착하여, 바로 잡아볼 생각을 하면서, 종내 작시까지 이르게 된 것이다: '주의 祈禱文을 항상 기리고 칭찬하면서 고난에도 고통에도 무릅쓰고 정성을 다하여 주께 다가가럽니다. 천주님께 더욱 가까이 가는 것이 한평생 소원입니다 비록 十字架의 형극의 길을 짊어지는 고생이라 하더라도.' 우선 이 찬송가의 원 영어 제목은 "Nearer, My God, to Thee"라는 기도의 내용인데 영국 여류시인 Sarah F. Adams가 1841년 지은 것으로 가사는 이렇다: 'Nearer, my God, to Thee, nearer to Thee! E'en though it be a cross that raiseth me, Still all my song shall be, nearer, my God, to thee. Nearer, my God, to Thee, nearer to Thee!' 우리 기독교 개신교 修譯에서는 '내 주를 가까이 하게 함은 십자가 짐 같은 고생이나 내 일생 소원은 늘 찬송하면서 주께 더 나가기 원합니다'라고 하고, 성공회에서는 '내 주를 가까이 하려 함은 십자가 짐 같은 고생이나 내 일생 소원은 늘 찬송하면서 주께 더 나가기 원합니다'라고 하며, 천주교에서는 '주여 임하소서 내 마음에 암흑에 헤매는 한 마리 양을 태양과 같으신 사랑의 빛으로 오소서 오 주여 찾아오소서'라고 하며, 몰몬교에서는 '내 주를 가까이 하려 함은 십자가 짐 같은 고난이나 내 일생 소원은 늘 찬송하면서 주께 더 나가기 원합니다'라고 한다. 위 4번역 중 어느 것도, 무엇보다도 중요한, 'nearer to 더 가까이'라는 비교급의 강조를 살리고 있지는 않다. 그러나 위는 자신들의 창작이 아니라 시인 Adams의 글을 한글로 옮기는 것이기 때문에 글자 그대로 충실한 번역 곧 直解 곧 literal translation을 하는 것이, 말하자면 '내 주께 더 가까이'라고 하는 것이 必須不可缺이라 하겠다. 또 '주를 가까이 하게 한다'든지 '주를 가까이 하려 한다'든지 하는 표현은 우리 한글의 사용의 格式(decorum)을 차리지 못한 것이다. 천주님이나 임금님이나 부모님을, 그분들을, 내게 가까이 하려 하거나 가까이 하게 하거나라고 말하는 것은 자칫 웃어른에 대한 아랫사람의 좀 거친 恣意的 언행으로 비칠 수 있다고 판단된다. 마땅히 천주님께 임금님께 그리고 부모님께 내가 가까이 가려 한다고 말해야 할 것이다. 그러므로 'Nearer, my God, to Thee'의 보다 올바른 해석은 '내 주께 더 가까이 (내가) 가려 함은'일 것이다. 그리고, 이는 뜻을 좀 더 분명히 하자는 의미에서 제안하는데, 십자가 cross는 고난과 형극의 짐을 짊어짐을 뜻할 것이니 혹 짐늑부담 따위로 잘못 오해될까 염려스러워 '십자가 짐 같은' 보다는, 조선 후기에 형식과 단조로움의 平時調를 벗어나 자유롭고 산문적인 辭說時調가 등장한 것처럼, '십자가를 (짊어)짐 같은'으로 풀어쓰고 싶다. 그렇다면 나의 提言의 번역은 '내 주께 더 가까이 가려 함은 십자가를 짐 같은 고생이나'가 된다. ∴, in unison, '내 주께 더 가까이 가려 함은 십자가를 짐 같은 고생이나 내 일생 소원은 늘 찬송하면서 주께 더 나가기 원합니다!!' 마치 陶潛의 "桃花源記"를 본받아 王維가 "桃花行"을 쓴 것처럼, 또는 崔顥의 "黃鶴樓"를 머릿속에 두고 李白이 "登金陵鳳凰臺"를 지은 것처럼, 위 필자 시는 순수 창작 글이라기보다는 S F Adams 시의 재해석에 가깝다. 나는 11살 때 교회에 처음 나갔고, 대학시절 음대 아가씨 따라가서 명동성당미사에 참석했다가 훗날 추기경님으로부터 세례를 받았고, 한때 99점을 받아 교리경시대회 우승이라는 영광의 신앙사도 간직하고 있다. 기독교 첫 만남의 노래가 된 찬송가 '내 주께 더 가까이 가려 함은'은 내게는 의미가 늘 새삼스럽다. 2024. 2. 25.

〔詩原文〕41

暗主
암주

李煜南唐叔寶陳
兩朝後主汚名振
貴妃周后本傾國
迷醉香奩民社泯
이 욱 남 당 숙 보 진
양 조 후 주 오 명 진
귀 비 주 후 본 경 국
미 취 향 렴 민 사 민

〔시해석〕

어리석은 군주

남당의 이욱과 남진의 숙보는
두 왕조를 말아먹은 임금으로 부끄러운 악명을 떨쳤다
타고난 경국지색 소주후 주여영과 귀비 장려화와
향렴시에 도취하여 백성과 사직을 망친 것이었더라

〔平仄構成〕

詩의 平仄構成은 仄仄平平仄仄平 仄平仄仄仄平平 仄平平仄仄平仄 平仄平平平仄平으로 되어있다. 詩는 仄起式 七言絶句다. 그리고 詩는 韻字는 上平聲 十一 眞韻을 썼는데 韻脚은 陳과 振과 泯이다. 그리고 3句와 4句에서는 孤平拗救가 쓰였는데 本來 3句의 下三字는 平平仄이어야 하는데 仄平仄으로 되어, 卽 本傾國으로 되어, 5字의 平字가 毁損되었다. 그러므로 4句의 5字는 本來 仄字여야 하는데 平字로 바꿔서, 卽 民으로 바꿔서, 毁損된 平을 回復시켰다. 이로써 合律이 된다.

〔작법감상〕

시사에 알려진 "玉樹後庭花 뒤뜰 아름다운 나무에 핀 꽃"은 중국 남북조 陳의 마지막 임금 後主 陳叔寶가 후정에서 여러 비빈들과 흥청망청 놀면서 지은 奢侈와 綺艶의 악곡이다: '麗宇芳林對高閣 新粧艶質本傾城 映戶凝嬌乍不進 出帷含態迓相迎 妖姬瞼似花含露 玉樹流光照後庭 花開花落不長久 落紅滿地歸寂中 화려한 집 꽃숲 높은 누각 마주하는데 새로 단장한 요염한 몸매 본시 傾國之色이네 문에 비친 엉긴 교태 짐짓 언뜻 나오지 않더니 휘장을 나와 머금은 자태 보내며 맞이하네 아리따운 아가씨 빰은 꽃이 이슬을 머금은 것 같고 옥 같은 나무는 빛을 흘려 후원을 비추네 꽃이 피고 꽃이 지는 것 오래가지 못하리니 가득히 떨어진 붉은 꽃 적막 속으로 돌아가리라.' 杜牧의 "泊秦淮 진회에 정박하다"에도 後庭花가 보인다: '商女不知亡國恨 隔江猶唱後庭花 술을 파는 아가씨들 망국의 한을 모른 채 강 건너 쪽서 여전히 옥수후정화를 부르고 있구나.' 그리고 李煜도 오대십국시대 南唐의 마지막을 장식한 황제인데 극히 호화로운 삶을 살며 艶情文學을, 소위 香奩詩詞를, 다수 창작하여 족적을 남겼다. 그중 "醉落魄 취하여 나가떨어진 넋"을 보자: '曉妝初過 沈檀輕注些兒個 向人微露丁香顆 一曲清歌 暫引櫻桃破 羅袖浥殘殷色可 杯深旋被香醪涴 繡床斜憑嬌無那 爛嚼紅茸 笑向檀郎唾 새벽 단장 막 마치고 침단향을 은은히 발랐네 정인을 향해 붉은 혀 살포시 드러내고 한 곡조 맑은 가락 읊조림에 앵두 입술 잠시 벌려진다 비단 소매 촉촉이 적시니 옅은 홍색 비끼고 잔은 깊은데 감긴 겉옷 좋은 술에 더럽혀 있구나 비단 침상에 비스듬히 기대니 아름다운 모습 그지없어라 붉은 실을 씹다가는 웃으며 임을 향하여 뱉네.' 한편, 政事를 뒷전으로 미뤄둔 채로 놀아난 진숙보를 수양제와 싸잡아 비판한 시가 있으니 李商隱의 "隋宮 수나라 궁궐" 시다: '地下若逢陳後主 豈宜重問後庭花 지하 黃泉에서 양제가 숙보를 만난다면 피장파장일 처지에 어찌 마땅히 후정화 부르며 놀았었냐고 거듭 詰問하랴.' 香奩≒艶情≒閨怨이란 이렇듯 남녀 간의 戀情을 쓰고 나아가 傾城之色을 稱頌하는 시가라고 할 수 있는데 특히 만당 韓偓에게서 더욱 빛났다고 평가되고 있다. 그의 "香奩集 향렴집"의 시를 한 수 살펴보자: '倚醉無端尋舊約 却令惆悵轉難勝 靜中樓閣深春雨 遠處簾櫳半夜燈 抱柱立時風細細 廻廊行處思騰騰 分明燈下聽裁剪 敲徧欄干呼不膺 취함에 기대어 까닭없이 약속 장소 찾으니 도리어 마음아픔으로 하여금 더욱 견디기 어려워라 고요 속에 누각에는 봄비가 깊고 먼 곳 발 친 창에는 한밤중 등불이 깜빡인다 기둥을 안고 섰을 때 바람은 솔솔 불고 회랑 가는 곳에서는 생각이 떠오른다 분명히 등 아래서 마르고 자르는 소리 들리는데 난간을 두루 두드려 불러봐도 대답이 없구나.' 또한 韓偓은 "香奩集"에서 이어서 노래한다: '風流大抵是倀佪 此際相思必斷腸 사랑이란 대컨 어찌할 줄 모르는 것 이때는 그리움으로 필시 애간장 끊는다오.' 진숙보와 이욱이 황제가 아니라 문인으로 태어났다면... 2024. 3. 1.

〔詩原文〕 42

經先妣墓
경선비묘

丘冢潮風靠近淸
春林香味出來嬴
蒼松寂寞濃厚映
黃鳥空虛高興嚶
一去瞬間眞不返
再逢永遠實無成
乃知孤子別尤痛
摩石茫然呑獨聲

구 총 조 풍 고 근 청
춘 림 향 미 출 래 영
창 송 적 막 농 후 영
황 조 공 허 고 홍 앵
일 거 순 간 진 불 반
재 봉 영 원 실 무 성
내 지 고 자 별 우 통
마 석 망 연 탄 독 성

〔시해석〕

어머니 묘소를 찾아서

언덕배기 묘지에는 맑고 부드러운 바닷바람이 가까이 불어오고
봄 수풀에서는 향 내음이 다가와 가득하구나
푸른 빛깔 소나무 쓸쓸히 고요히 짙게 되비치고
노란색 꾀꼬리 공연히 휑히 흥에 겨워 지저귀는구나
한번 가신 일순간 진정 되돌아오지 않으니
다시 뵈옴은 영원히 실지로 이뤄지지 못하리
불초 고자에게는 이별이 더욱 고통스럽다는 것을 비로소 깨달으니
돌비를 어루만지며 망연자실하여 혼자 울음소리 삼킨다

〔平仄構成〕

詩의 平仄構成은 平仄平平仄仄平 平平平仄仄平平 平平仄仄平平仄 仄仄平平仄仄平 仄仄平平平仄仄 仄平平仄仄平平 仄平平仄仄平平 平仄平平平仄平으로 되어있다. 詩는 仄起式 七言律詩다. 그리고 詩는 韻字는 下平聲 八 庚韻을 썼는데 韻脚은 淸, 嬴, 嚶, 成, 聲이다. 그리고 3句와 4句에서는 雙拗가 쓰였는데 本來 3句의 下三字는 平平仄이어야 하는데 平仄仄으로 되어, 卽 濃厚映으로 되어, 6字의 平字가 毁損되었다. 그러므로 4句의 5字는 本來 仄字여야 하는데 平字로 바꿔서, 卽 高로 바꿔서, 毁損된 平을 回復시켰다. 이로써 合律이 된다. 그리고 7句와 8句에서는 孤平拗救가 쓰였는데 本來 7句의 下三字는 平平仄이어야 하는데 仄平仄으로 되어, 卽 別尤痛으로 되어, 5字의 平字가 毁損되었다. 그러므로 8句의 5字는 本來 仄字여야 하는데 平字로 바꿔서, 卽 呑으로 바꿔서, 毁損된 平을 回復시켰다. 이로써 또한 合律이 된다. 그리고 中央四句의 下三字는 前聯과 後聯의 境遇에 文法構造를 다르게 配置하여 意味上 各各 濃厚(副詞) 映(動詞), 高興(副詞) 嚶(動詞), 眞(副詞) 不返(動詞), 實(副詞) 無成(動詞)으로 읽히게 되어 四言一法 忌避의 原則을 따라서 平板을 避하고 錯綜을 지켰다. 그리고 詩에서 韻을 달지 않은 仄聲字 곧 映, 返, 痛은 次例로 去聲, 上聲, 去聲이 되어 이른바 四聲遞用의 法則을 充實히 따랐다. 그리고 頷聯과 頸聯에 더하여 首聯에서도 對仗을 갖추었다.

〔작법감상〕

근자에, 韓國漢詩學堂에서는, 시인들이 祠堂과 무덤을 방문해서 憑弔하고 懷抱에 잠기어 글을 쓰는 경우가 종종 있었는데 우리도 따라나서기로 하였다. 杜甫의 "詠懷古迹 옛 자취에서 품은 생각을 읊는다"와 "蜀相 촉나라 승상"과 "別房太尉墓 방태위 묘지를 떠나며"가 있고, 劉禹錫의 "蜀先主廟 촉한 선주의 사당에서"가 있고, 鄭谷의 "經賈島墓 가도의 뫼를 찾아서"가 있고, 필자 黃山浦의 "訪先妣墓 돌아가신 어머니의 묘소를 찾아서"도 있었다. 위 본 詩에서 앞 네 句에서는 물굽이 津灣과 맞닿은 높은 구릉에 있는 뫼 山所의 위치를 지적하고 또한 주위 일원의 無心한 寂廖한 풍광을 묘사하였고, 뒤 네 구에서는 어머니와 나와의 단 한 번의 '영원한 이별' 새삼 절실히 깨닫게 되고 그리움에 구슬픔에 겨워 눈물을 삼키게 되는 바가 되었다: '언덕바지 산소에는 맑고 부드러운 바닷바람이 가까이 불어오고 봄 숲에서는 향기로운 기운이 다가와 가득하다 푸르른 빛깔 소나무 적막하게 짙게 되비치고 노란색 꾀꼬리 공연하게 흥에 겨워 지저귄다 한번 가신 瞬間 진정으로 되돌아오지 않으니 다시 뵈옴은 永遠無窮히 실제로 이뤄지지 못하는구나 不肖子 孤哀子 이별이 더욱 고통스럽다는 것을 비로소 깨달으니 비석을 쓰다듬으며 茫然自失하여 멍하니 정신이 나간 듯하여 홀로 울음소리 삼키는구나.' 마침, 杜甫가 "蜀相 촉나라 승상"에서 首聯에서 승상의 神主를 모신 祠堂의 위치를 지적하고 이어서 頷聯에서 시각과 청각을 동원하여 사당 일대의 쓸쓸한 풍경을 묘사하였다: '丞相祠堂何處尋 錦官城外柏森森 映階碧草自春色 隔葉黃鸝空好音 제갈승상의 사당을 어디서 찾을까 금관성 밖 잣나무 빽빽한 곳이라 섬돌에 되비치는 푸른 풀은 절로 봄빛이요 나뭇잎 속 노란 꾀꼬리는 부질없이 지저귄다.' 그래서 필자도 그와 같은 軌跡의 순서를 밟아가며 수련에서 祖先의 幽宅의 산야와 해변이 마주하는 위치를 말하고 함련에서는 푸른 소나무를 시각적으로 등장시키고 노란 꾀꼬리의 청각을 동원시켜서 적막하고 고독함을 고조시켰다. 그리고 두보가 후반 경련과 미련에서 제갈량의 안전한 천하통일을 꿈꾸는 계책이 실패함을 안타까워할 料量으로, 또 追慕하는 마음으로, 수련과 함련을 앞서 배치하였다면, 필자는, 보다 단도직입적으로, 후반에서 하늘아래 인생의 삶으로서는 어찌할 수 없는 운명적 영원한 別離의 아픔의 감정을 끄집어내려고 전반 4구를 전진 배치한 것일 것이다. 崔顥의 "黃鶴樓 황학루에서"에 一去不復返이 나온다: '黃鶴一去不復返 白雲千載空悠悠 누런 빛깔의 학은 한번 간 뒤 다시 돌아오지 않고 흰 구름만 천년토록 부질없이 아득히 떠도네.' 白居易의 "除夜寄微之 섣달 그믐날 밤에 미지 元稹에게 부치다"에 無成이 쓰인다: '鬢毛不覺白鬖鬖 一事無成百不堪 살쩍머리 희고 길어진 것도 모르다가 한 가지 일도 이루지 못하니 온갖 일들 견디기 어려워라.' 우리 朝鮮 燕山君이 1506년 燕山 12년 9월 23일 작시한 "人生 인생살이"에서 '人生如草露 會合不多時 인생은 풀잎 이슬과 같아서 만날 때가 많지 않은 것을'이라고 탄식하였다고 하는데 위 나의 시의 尾聯의 出句를 엮는데 기여하는 바가 있었다. 韓愈의 "石鼓歌 석고의 노래"에 摩挲가 보인다: '牧童敲火牛礪角 誰復著手爲摩挲 목동은 돌을 쳐 불을 켜고 소는 뿔을 비벼대니 누가 다시 이를 어루만져 사랑할까.' 필자 黃山浦의 "夕次心靈家園山浦凝思 저녁에 마음의 고향땅 산포에 묵으며 생각에 잠긴다"에 泣聲呑이 나온다: '初鼓鐘鳴客船到 依桅獨酌泣聲呑 어디선가 초저녁 종소리 나그네 뱃전에 들려오는데 돛대에 기대어 혼자 술 마시며 울음소리 삼키네.' 나의 어머니 비석은 물론 집안 조상님 산소에 함께 자리잡고 있는데 전남 강진 대구 남호 곶에 위치한다. 石城 성머리와 海灣 물굽이가 맞닿아 있는 마냥 평화로운 곳으로 거기서 고개 들어 바라보면 해안선을 따라서 십리쯤 떨어져 생전에 사셨던 고향마을이 훤히 보일 정도로 가깝다. 위로부터 고조할아버지 할머니, 증조할아버지 할머니, 할아버지 할머니, 그리고 아버지 어머니 순으로 내려오도록 조성되어있다. 대문안집 최전성기 증조부시절 주위 널따란 과수원과 함께 마련된 것으로 100년이 훌쩍 넘는 역사다. 훗날 내가 죽으면 우선 주검을 해부학실험실에서 쓰고 나머지는 화장하여 유골은 어버이 곁에 뿌려주기를 바라고 있다. 2024년 3월 23일 쓴다.

〔詩原文〕 43

傾城之貌蓮堂姑娘
경성지모연당고낭

丹脣悄悄開皓齒
得意丈夫能斷腸
婉轉蛾眉傾國女
賽過善化倚新妝
단순초초개호치
득의장부능단장
완전아미경국녀
새과선화의신장

〔시해석〕

성을 기울게 하는 미녀 연당아가씨

연지 바른 붉은 입술 살포시 흰 이를 드러내면
득의양양한 대장부 사내들 능히 애간장 끊어진다오
구르는 듯 가늘고 길게 굽어진 어여쁜 나방 눈썹을 가진 나라를 기울게 하는 절대가인이시여
새롭게 곱게 꾸민 선화공주님마저도 훌쩍 뛰어넘으시리라

〔平仄構成〕

詩의 平仄構成은 平平仄仄平仄仄 仄仄仄平平平 仄仄平平平仄仄 仄平仄仄仄平平으로 되어있다. 詩는 平起式 七言絶句다. 그리고 詩는 韻字는 下平聲 七 陽韻을 썼는데 韻脚은 腸과 妝이다. 그리고 1句와 2句에서는 雙拗가 쓰였는데 本來 1句의 下三字는 平平仄이어야 하는데 平仄仄으로 되어, 卽 開皓齒로 되어, 6字의 平字가 毀損되었다. 그러므로 2句의 5字는 本來 仄字여야 하는데 平字로 바꿔서, 卽 能으로 바꿔서, 毀損된 平을 回復시켰다. 이로써 合律이 된다.

〔작법감상〕

이 시는 한시학당 蓮堂 徐潤禮선생의 빼어난 傾城傾國之貌를 頌讚하고 있다. 연당선생은 어릴 적부터 務安의 어여쁜 柳寬順으로 칭찬이 자자하였고 지금은 詩書畵 三絶의 아름다운 문단여성으로 都城 往十里 일원을 뒤흔들고 있다. 그래서 나는 오늘 선생님을 대뜸, 한껏 자랑스럽게, '과거는 柳寬順 현재는 善花公主'에 빗대어 자유분방하게 품평하고 싶은 것이다. 善化(花)公主야 우리 한민족 반만년 역사에서 얼굴과 맵시가 곱디고운 여인으로 우뚝 선 분 아니신가!! 公主는 두 왕국 新羅와 百濟를 넘나들면서 시대를 풍미한 미인이셨으니 중국의 미녀군단 西施 貂蟬 王昭君 楊貴妃 趙飛燕 班婕妤와 마주한다더라도 정녕 莊子 "齊物論"의 沈魚落雁과 曹植의 "洛神賦"의 閉月羞花의 상황을 빚을 것이리라. 그런데 그런 공주께서 새롭게 곱게 단장하셨는데도 연당선생에게 압도되리라고 하였으니 이것은 분명 지상의 경계를 넘어선 하늘에서 내려온 神仙女 수준일 것임을 누가 감히 의심하랴!!: '붉은 입술 보시시 하얀 이를 드러내게 하면 得意揚揚한 모습의 대장부 사내들도 능히 애간장 갈기갈기 찢어지려네 구르는 듯 가늘고 길게 굽어진 어여쁜 누에나방 눈썹을 가진 경국지색이시여 새롭게 단장한 선화공주님마저도 휠 능가하시리라.' 王建의 시 "新嫁娘"이 있는데 嫁娘은 새색시 bride이고 姑娘은 아가씨 lassie이다. 丹脣皓齒나 脣紅齒皓는 아름다운 여자를 비유하는 말로 이미 膾炙人口하고 있는데, 중국 삼국시대 魏의 曹植의 "洛神賦"에는 '丹脣外朗 皓齒內鮮 빨간 입술은 밖으로 환히 낭랑하고 하얀 이는 안에서 곱고 깨끗하다'는 표현도 있어서 함께 쓰인다. 우리 朝鮮 燕山君은 "無題"에서 '朱脣開皓齒 能斷蕩夫腸 붉은 입술로 하얀 치아 드러내면 바람둥이 사내들 애간장 녹이리라'라고 노래하였는데 썩 마음에 들어 援用하였다. 劉希夷의 "代悲白頭翁"에 婉轉蛾眉가 나온다: '婉轉蛾眉能幾時 須臾鶴髮亂如絲 아리따운 여인은 얼마나 갈까 잠깐 사이에 하얗게 센 머리 실타래처럼 어지럽다오.' 白居易의 "長恨歌"에도 宛轉蛾眉가 보인다: '六軍不發無奈何 宛轉蛾眉馬前死 육군 근위병이 출발하지 않으니 어찌하지 못하고 아름다운 양귀비 병사들 말 앞에서 죽고 말았다.' 또한 白居易의 "長恨歌"의 첫머리에 傾國之色이 등장한다: '漢皇重色思傾國 御宇多年求不得 한나라 황제 女色을 중시해 경국지색을 사모하나 여러 해 天下를 다스렸어도 얻지 못하였더라.' 李白의 "淸平調"에 '借問漢宮誰得似 可憐飛燕倚新妝 묻건대 한나라 궁궐에서 누가 이와 같을까 가냘프고 사랑스런 趙飛燕이라도 丹粧 마친 뒤에나 이와 같으리라'라고 노래하였는데 썩 마음에 들어 또한 援用하였다. 李太白과 燕山君이, 시간과 공간을 뛰어넘어, 사랑노래에서는 伯仲之勢로 진짜 서로 우열을 가리기 힘든 기세라고 할 수 있을 것이다. 어쨌든 두 사람은 너무 일찍 태어나, 韓愈는 한때 "石鼓歌"에서 너무 늦게 태어난 것을 괴로워했는데, 훗날 海東盛國의 연당아가씨를 보지 못한 것을 못내 아쉬워하리라... 2024년 3월 21일 쓴다.

〔詩原文〕44

運動漢詩美術英語
운동한시미술영어

運動漢詩和美英
晚來四大保全衡
決心死命不辭苦
有始有終威莎聲
운동한시화미영
만래사대보전형
결심사명불사고
유시유종위사성

〔시해석〕

운동 한시 미술 영어

운동과 한시와 미술과 영어는
노년기 인생에서 내가 온전히 지켜야 할 네 가지 큰 준칙이다
나 이제 죽기 살기로 수고로움을 마다하지 않겠노라고 다짐하노라
한번 시작한 일은 끝까지 잘 마무리하라고 영국의 대시인 윌리엄 셰익스피어가 외치지 않던가

〔平仄構成〕

詩의 平仄構成은 仄仄仄平平仄平 仄平仄仄仄平平 仄平仄仄仄平仄 仄仄仄平平仄平으로 되어있다. 詩는 仄起式 七言絶句다. 그리고 詩는 韻字는 下平聲 八 庚韻을 썼는데 韻脚은 英과 衡과 聲이다. 그리고 3句와 4句에서는 孤平拗救가 쓰였는데 本來 3句의 下三字는 平平仄이어야 하는데 仄平仄으로 되어, 卽 不辭苦로 되어, 5字의 平字가 毁損되었다. 그러므로 4句의 5字는 本來 仄字여야 하는데 平字로 바꿔서, 卽 威로 바꿔서, 毁損된 平을 回復시켰다. 이로써 合律이 된다.

〔작법감상〕

올 2024년에 들어서 얼마 전부터 틈틈이 가슴에 메어 두었던 생각을 좀 더 구체화하여 삶의 指標로서 재구성하였는데 그것은 우선 늘그막에서 心身鍛鍊을 위한 것이었다: 'Repair & Resist!! (R^R!!) 몸과 맘을 보수 수리하고 病과 惡에 맞서 저항한다!!' 이를 바탕으로 해서 인생후반전을 성공적으로 이끌기 위해서, 곧 인생 후반에 진정 원하는 바를 이뤄내기 위해서, 내가 이제부터 무엇을 꼭 하여야 할 것인가를 조용히 정돈하여 보았더니 다음 4가지가 머리에 떠오르더라. 나 홀로 '山浦四强'이라고 부르고 있는데, 運動과 漢詩와 美術과 英語더라!! 누가 그랬던가, 후반 인생에서는 자신이 지금까지 不振했던 영역은 쾌히 포기하고 善戰을 펼친 것들을 모아 그것에 남은 힘을 쏟아부으라고... 음악은 신통하지 못하지만 운동은 어릴 적부터 인정받았다. 미국 유타대 유학 때 승마에서 기량을 인정받아서 Korean Cowboy로 주위에 명성을 날린 추억도 있다. 漢詩라면 스승 호정 하영섭선생님께서 언젠가 後生可畏라고 過讚해 주시면서 한시공부를 계속하라고 권면하셨다. 19c 개화기 미술품에서는 내 나름 괄목할만한 소장을 자랑하는 바인데 언론도 주목하였다. 그리고 외국어 영어와 불어는 한때 눈부심이 있었다고 자평한다. 그래서, 그래도, 위 4가지만은 끝까지 붙잡고 내 힘껏 향상시켜 보고 싶은 영역이라는 것을 늦게나마 깊이 깨닫게 된 것이다. 그러므로 R^R로써 4强으로 인생 후반을 빛내고 싶은 것이다. 토마스 카알라일(Thomas Carlye)이 '印度(天竺)하고도 Shakespeare를 바꾸지 않겠다'고 하였다는데, 그 유명 영국 시인 윌리엄 셰익스피어(威廉 莎士比亞)가 '끝이 좋으면 모든 것이 좋다 (All's well that ends well)'라고 하지 않았던가. 속담도 '맨 나중에 웃는 사람이 가장 잘 웃는 사람이다 (He who laughs last laughs best)'라고 말하는데 모두 有終之美의 소중함을 역설하고 있는 것일 것이다: '운동하기와 한시강의와 미술비지니스와 영어공부는 내가 늙바탕에 온전하게 보호해서 유지할 4가지 큰 준칙이다 맹세하건데 나는 죽기 살기로 고생스러움을 사양하지 않겠노라 끝이 좋으면 다 좋다고 대영국 대문호 윌리엄 셰익스피어가 소리치지 않았는가.' 헬스센터에 가면 소위 PT(personal trainers)들이 있어서 회원들의 건강증진을 돕는다. 그들은 물론 운동기량에 있어서, 다소들 차등이 있을지라도, 내로라하는 전문가들이다. 나는, 이 해 2024년이 끝나갈 즈음에서는, 그들과 진정 맞상대할 수 있는 수준까지 체력향상을 꾀하도록 노력하리라. 眞劍勝負를 펼칠 것이다!! 한시공부는 현재 4권까지 마친 시집 白沙漢詩白首를 10권까지 쭉 이어지도록 할 생각이다. 개화기미술품 수집은 지속적으로 질적 수준을 끌어올리도록 노력을 경주할 것이다. 그리고 영어도 많이 헤이해진 상태를 다시 바로잡아 미국 유학시절의 정상급 수준으로 끌어올리겠다는 다짐을 하는 바다. 그리하여 '운동, 한시, 미술, 영어'의 중흥의 역사를 새롭게 쓸 것이다. 2024년은 그 中興의 出發이 되리라. Let the best man win the race in the end!! 2024. 3. 30.

〔詩原文〕 45

構文規則難中難哉
구문규칙난중난재

戌狗犬獒全部同
何時何字使能公
擇良語彙難題目
構建文章無苦窮
술구견오전부동
하시하자사능공
택량어휘난제목
구건문장무고궁

〔시해석〕

문장을 구성하는 규칙은 어렵고도 어려워라

술자 구자 견자 오자 죄다 남김없이 개의 동의어가 되니
어느 때에 어느 글자를 올바르게 부려쓸 수 있을까보냐
어휘를 잘 골라쓰는 것은 어렵고도 어려운 문제려니
글의 갖춘 짜임새에는 사람들의 고통이 무궁구진할진저

〔平仄構成〕

詩의 平仄構成은 仄仄仄平平仄平 平平平仄仄平平 仄平仄仄平平仄 仄仄平平平仄平으로 되어있다. 詩는 仄起式 七言絶句다. 그리고 詩는 韻字는 上平聲 一 東韻을 썼는데 韻脚은 同과 公과 窮이다.

〔작법감상〕

필자가 처음 낸 시집 "白沙漢詩百首 1"에서 "獒德頌 개의 덕을 기림"이라는 시를 쓰면서 개(dog)를 지칭함에 있어서 戌이나 狗나 犬을 쓰지 않고 獒를 고집한 것은 獒의 사전적 의미가 '길이 잘 든 개, 키가 4尺인 큰 개, 사나운 개' 따위 때문이 아니라 단순히 戌, 狗, 犬에는 이미 사람들이 쏟아 놓은 '개새끼' '개자식' 따위의 욕지거리의 세속적 Connotation(內包, 含蓄)이 섞여있는 듯하여, 개의 德目을 칭찬하는 바에야, 애써 의도적으로 獒를 선택하여 사용한 것이었다. 그 시 "獒德頌"은 이렇다: '北極雪原牽雪橇 南邦巷陌導盲人 憑君莫忘利他犬 兎死狗烹成至仁 북극지방 눈 덮인 언덕에서 눈썰매 끌고 남쪽나라 길거리에서는 눈먼 사람을 인도하는구나 세상 사람들이여 부디 잊지마시라 견공들의 이타주의를 史記가 전하듯이 狡兎死走狗烹 되어서는 殺身成仁 하였으니.' (중국 西晉의 伯倫 劉伶이 "酒德頌"을 써서 술의 공덕을 칭송하였고, 해동성국 조선에서는 春園 李光洙가 "牛德頌"을 써서 소의 덕을 기리고 예찬하였기에, 나는 야심작으로 "獒德頌"을 써서 개의 덕목을 칭찬해마지 않으며 그에 더하여 개를 욕설에도 섞여 쓰지 말 것을 당시 공개적으로 제안하였다.) 詩語를 가져와 詩文章을 구성하는 것이 어찌 '개(dog)' 글자 하나에만 있겠느냐만 애로와 고초를 상징적으로 드러내려고 '개'로 예시한 것이다. 영어에도 'plate'라는 단어는 약 20개의 다른 의미가 섞여있어서 자주 성마르게 헷갈리게 한다는 말을 어느 논리학 책에서 본 기억이 있다: '술자 구자 견자 오자 죄다 모조리 개와 뜻이 같은 말이 되니 어느 때에 어느 글자를 바르고 공정하게 부려쓸 수 있을까나 보다 좋은 어휘를 가려 뽑아 쓰는 것은 難中難이려니 문장을 세움에 사람의 수고로움이 無窮無盡할 것이네.' 또한 詩作을 성가시게 하는 것 중에서는 시문 구성에서 시어의 手順이라는 것이 種種 논리적이지 않다는 점이다. 예를 들어, 곧잘, 꼭 그럴 필수불가결이 있는 것은 아니지만, 動詞나 名詞 사이에 副詞나 目的語가 놓이는 것을 볼 수 있는데 그것은 주로는 平仄 탓으로, 때로는 修辭의 高段數 技術을 펼치려는 의도로, 보인다. 위 본 시 轉結의 구 擇良語彙難題目 構建文章無苦窮의 '無苦窮 고통이 무궁무진하다'가 그러하다. 于武陵의 "勸酒 술을 권함"의 勸君金屈卮 滿酌不須辭의 '不須辭 모름지기 사양하지 마시라도 그러하다. 劉長卿의 "江州重別薛六柳八二員外 강주에서 설육 및 유팔 두 원외랑과 거듭 이별하며"의 今日龍鐘人共老 愧君猶遣愼風波의 '人共老 사람들 함께 늙어가는데'도 그러하다. 元稹의 "遣悲懷 슬픈 생각을 털어버리다"의 衣裳已施行看盡 針線猶存未忍開의 '未忍開 차마 열 수 없다'도 그러하다. 張祜의 "集靈臺 집령대"의 昨夜上皇新授籙 太眞含笑入簾來의 '入簾來 주렴 안으로 든다'도 그러하다. 그리고 杜牧의 "秋夕 가을밤에"의 天階夜色涼如水 左看牽牛織女星의 '涼如水 시원한 물 같다'도 또한 그러하다. 아아, 이래저래, 構文規則難中難哉!! 2024년 4월 4일 쓴다.

〔詩原文〕 46

杜甫聞官軍收河南河北讀後有感
두보문관군수하남하북독후유감

一氣呵成書跡眠
放聲痛哭竟然焉
使人永遠如目見
功力萬鈞神助篇
일기가성서적면
방성통곡경연언
사인영원여목견
공력만균신조편

〔시해석〕

두보의 관군이 하남과 하북을 수복했다는 소식을 듣고서를 읽고 난 후에 느끼는 바가 있었다

한목에 내치는 기운으로 쏟아 부어 글의 흔적마저 지각하지 못하였는데
마침내 나도 따라서 목을 놓아 섧게 울게 되는구나
사람으로 하여금 영원무궁토록 마치 목전에서 보는 것처럼 하게 하니
공들이고 애쓰는 힘이 삼십만근이라 천우신조의 작품이라 하겠노라

〔平仄構成〕

詩의 平仄構成은 仄仄平平平仄平 仄平仄仄仄平平 平平仄仄平平仄 平仄平平平仄平으로 되어있다. 詩는 仄起式 七言絶句다. 그리고 詩는 韻字는 下平聲 一 先韻을 썼는데 韻脚은 眠과 焉과 篇이다. 그리고 3句와 4句에서는 雙拗가 쓰였는데 本來 3句의 下三字는 平平仄이어야 하는데 平仄仄으로 되어, 卽 如目見으로 되어, 6字의 平字가 毁損되었다. 그러므로 4句의 5字는 本來 仄字여야 하는데 平字로 바꿔서, 卽 神으로 바꿔서, 毁損된 平을 回復시켰다. 이로써 合律이 된다.

〔작법감상〕

杜甫의 "聞官軍收河南河北 관군이 하남과 하북을 수복하였다는 소식을 듣고서" 시는, 제목이 전하고 있듯이, 安史之亂(755-763)이 평정된 것을 기뻐하여 그가 763년에 쓴 시이다. 두보가 사천성 동남부 梓州에서 가족과 함께 머물며 전쟁종식 소식을 듣고서 미칠 듯 기쁨에 넘치는 것과, 그래서, 이제는 바로 한 치의 주저함도 없이 고향에 돌아가리라고 외치고 있는 비교적 단순한 내용의 시편이다. 그렇지만, 나 필자의 생각으로는, 이 작품에 몇 가지 남다른 의미를 부여할 수 있을 것이라고 보고 싶다. 첫째, 전편 가득히 歡悅이 넘치니 두보의 시에서 좀처럼 찾아보기 힘든 경우가 된다. 게다가 기쁨의 표출이 굉장한 속도감으로 쏟아부어져서 독자는 시가 다 끝나도록 지각하기 힘든 수사기술을 발휘하고 있음이다. 淸의 沈德潛은 "唐詩別裁集 당나라 시를 특별하게 취사선택하여 모았다"에서 '一氣流注 一氣呵成 不見章法句法字法之跡 한 호흡이 흘러 쏟아내어져서 한 호흡이 불어서 이뤄내니 장법 구법 자법의 자취마저 보이지 않는다'라고 하였다. 둘째, 그의 시작품들이 지금까지 보여준 차분함과 차가움이 감춰지고, 자신도 모르는 사이에 (또는 매우 의도적으로), 흥분이 지나치고 무절제가 넘쳐난다. 그럼에도 우리 독자는 그의 시 구성을 나무라기보다는 차라리 같이 손잡고 또 껴안고 돌연 울고 싶은 상태가 되어버리는 것이다. 뛰어난 詩趣의 展開方法이 아닐 수 없다. 淸의 顧宸은 "律說 시의 율을 설명하다"에서 '杜詩之妙 有以命意勝者 有以篇法勝者 有以俚質勝者 有以倉卒造狀勝者 此詩之忽傳初聞 卻看漫卷卽從便下 于倉卒間寫出欲歌欲曲之狀 使人千載如見 두보의 시가 절묘한 것은, 함축하는 풍자적 취지가 훌륭한 것이 있고, 시편의 법이 훌륭한 것이 있고, 세속적이고 질박한 것이 훌륭한 것이 있고, 창졸간에 일의 형편을 만듦에 훌륭한 것이 있는데 이 시의 忽傳 初聞 卻看 漫卷 卽從 便下 등은 창졸간에 노래 부르고 통곡하고 싶은 정황을 베껴낸 것이니 사람들로 하여금 천년의 시간을 목전에 보는 것처럼 하였다'고 말하고 있다. 셋째, 사실 두보 시에서는 光復을 맞아 고향 洛陽으로 돌아가고자 하는 흥분된 희망에 길의 行程까지 구체적으로 밝히고 있지만 더 들여다보면 일종의 아픔이 도사린다. 사실 두보가 기 여타작품에서 한결같이 꿈꾸며 노래한 것은 長安의 朝堂으로의 회귀였다, 天子 곁에 돌아가는 것이었다, 門下省의 左拾遺로 다시 복직하는 것이었다. 결코 한 번도 還鄕을 꿈꾼다고 노래한 적이 없었다. 그러나 정작 난리가 수습되는 기쁨이 넘치는 순간에 그가 고백하는 것은 歸京이 아닌 歸鄕인 것이다. 아, 어찌 슬픔이 엉켜진 기쁨이 아니겠는가. 두보 자신이 정작 시에서는 그런 아픔은 가슴에 묻어두고 싶었을 수도 있어서 내 감히 들추어내지 못하고 격한 감개만을 토로하였다: '한목에 내치는 기운으로 쏟아 부어 글의 자취마저 모를 판에 마침내 목을 놓아 섧게 울게 되었구나 사람으로 하여금 永遠無窮토록 목전에서 보는 것처럼 하게 하고 있으니 공들이고 애쓰는 力量이 삼십만 근은 될 터 天佑神助의 작품이라 하리라.' 2024. 4. 6.

〔詩原文〕 47

讀杜甫七言律登高有懷
독두보칠언율등고유회

起始凄凉秋景申
結終哀樂世情論
寂廖氣勢江渚逝
凋落精靈山畔振
竭蹶伶俜恫掙扎
蹉跎潦倒慟吟呻
精光徹鐵尺千丈
功力拔山斤萬鈞

기 시 처 량 추 경 신
결 종 애 락 세 정 론
적 료 기 세 강 저 서
조 락 정 령 산 반 진
갈 궐 영 빙 통 쟁 찰
차 타 요 도 통 음 신
정 광 철 철 척 천 장
공 력 발 산 근 만 균

〔시해석〕

두보의 칠언율 등고를 읽고서 감회가 있었다

처량한 가을의 경치를 말하여 일으켜 시작하여
희비애락 세상의 인정의 사리를 헤아려 묶어서 끝맺었구나
적막한 기세가 강물가에 흐르고
쇠락한 신령은 산기슭에 떨친다
간난에 떠돌며 몸부림치며 가슴아파하고
덧없이 헛늙어 신음하며 서러워한다
정련된 빛은 쇠를 뚫을만하니 길이가 천장이요
공들인 힘은 산을 뽑을만하니 무게가 만균이라

〔平仄構成〕

詩의 平仄構成은 仄仄平平平仄平 仄平平仄仄平平 仄平平仄平仄仄 平仄平平平仄平 仄仄平平平仄仄 平仄仄仄平仄平 平平仄仄仄平仄 仄仄仄平平仄平으로 되어있다. 詩는 仄起式 七言律詩다. 그리고 詩의 韻字는 上平聲 十一 眞韻을 썼는데 韻脚은 申, 論, 振, 呻, 釣이다. 그리고 3句와 4句에서는 雙拗가 쓰였는데 本來 3句의 下三字는 平平仄이어야 하는데 平仄仄으로 되어, 即 江渚逝로 되어, 6字의 平字가 毁損되었다. 그러므로 4句의 5字는 本來 仄字여야 하는데 平字로 바꿔서, 即 山으로 바꿔서, 毁損된 平을 回復시켰다. 이로써 合律이 된다. 그리고 7句와 8句에서는 孤平拗救가 쓰였는데 本來 7句의 下三字는 平平仄이어야 하는데 仄平仄으로 되어, 即 尺千丈으로 되어, 5字의 平字가 毁損되었다. 그러므로 8句의 5字는 本來 仄字여야 하는데 平字로 바꿔서, 即 斥으로 바꿔서, 毁損된 平을 回復시켰다. 이로써 또한 合律이 된다. 그리고 中央四句의 下三字는 前聯과 後聯의 境遇에 文法構造를 다르게 配置하여 意味上 各各 江渚(名詞) 逝(動詞), 山畔(名詞) 振(動詞), 恫(動詞) 挣扎(動詞), 懣(動詞) 吟呻(動詞)으로 읽히게 되어 四言一法 忌避의 原則을 따라서 平板을 避하고 錯綜을 지켰다. 그리고 詩에서 韻을 달지 않은 仄聲字 곧 逝, 扎, 丈은 次例로 去聲, 入聲, 上聲이 되어 이른바 四聲遞用의 法則을 充實히 따랐다. 그리고 詩 全體 八句가 모두 서로서로 對仗을 이뤄서 全對格을 갖추었다.

〔작법감상〕

한시비평에서 칠언율시 중 최상품 시로 평가되는 것은 대체로 崔顥의 "黃鶴樓"와 杜甫의 "登高"의 두 작품으로만 의견이 모아지는 듯하다. 물론 황학루가 1등이라는 비평가보다는 등고가 1등이라는 비평가 수가 압도적으로 다수를 점하고 있는 것이 사실이지만 여전히 팽팽한 경쟁은 그렇다. 비교검토를 위해서, 黃鶴樓와 登高의 시는 다음과 같다: '昔人已乘黃鶴去 此地空餘黃鶴樓 黃鶴一去不復返 白雲千載空悠悠 晴川歷歷漢陽樹 芳草萋萋鸚鵡洲 日暮鄉關何處是 煙波江上使人愁,' '風急天高猿嘯哀 渚清沙白鳥飛迴 無邊落木蕭蕭下 不盡長江滾滾來 萬里悲秋常作客 百年多病獨登臺 艱難苦恨繁霜鬢 潦倒新停濁酒杯.' 그러나 필자가 보기에는 전자 최호 황학루 시는, 우선, 七律이 갖추어야하는 기본 平仄構成이 완벽히 무너져있어서, 특히 전반 4구가 破律이어서, 흠이 꽤 있어 보이고, 게다가, 보다 큰 문제는 통상 시 전체를 아우르며 매조지는 末聯에 놀랍게도(?) 不屬의 위험까지 있어서 불만이다. 왜 끝자락에서 졸지 弔古懷鄉의 그리움을 등장시키게 되었는가에 의문이 남게 된다... 차라리 나는 단연 杜甫의 登高를 古往今來에 壓卷하는 七律로 추숭하고 싶다. 무론 시문 비평의 권위자 南宋 嚴羽가 "滄浪詩話"에서 '唐人七言律詩 當以崔顥黃鶴樓爲第一 당나라 사람의 칠언율시 가운데 마땅히 최호의 황학루 시를 제일로 삼아야 한다'라고 하였고, 清 沈德潛이 "唐詩別裁集"에서 '遂擅千古之奇 마침내 千古의 奇才를 하고 싶은 대로 하였다'라고 일컬은 바가 있지만 말이다. 그러므로 어찌 杜甫의 登高를 향한 대다수의 넘치는 칭송을 잠시도 간과할 수 있을까. 明 胡應麟은 "詩藪"에서 '此章五十六字 如海底珊瑚 瘦勁難移 沈深莫測 而精光萬丈 力量萬鈞 通常 章法 句法 字法 前無昔人 後無來學 此當爲古今七言律 第一 不必爲 唐人七言律 第一 이 글 56자는 마치 바다 깊은 곳의 珊瑚樹 같아서 가늘고 힘이 있어 옮기기 어렵고 가라앉아 깊어 헤아릴 수가 없다 그래서 精光은 萬丈이요 力量은 萬鈞이라 통상 장법 구법 자법은 앞에는 옛사람이 없고 뒤에는 다가오는 배우는 자가 없으니 이는 마땅히 고금의 칠언율시의 제일이 되어야 하니 꼭 당나라 시인들의 칠언율시의 제일이 될 필요는 없을 것이다'라고 하였고, 清 楊倫은 "杜詩鏡銓"에서 '高渾一氣 古今獨步 當爲杜集七言律詩第一 숭고하면서도 혼연일체가 되어 고왕금래에 독보적이니 마땅히 두보시집의 칠언율시의 제일이 되어야 할 것이다'라고 하였고, 清 施均父는 "硯傭說詩"에서 '推爲古今七言律詩第一 定非過譽 고금의 칠언율시의 제일이 된다고 추앙함에 정히 지나친 칭찬이 아닐 것이다'라고 하였고, 또한 清 張謙宜는 "繭齋詩談"에서 '七言律詩 第一 칠언율시 중에서 제일'이라고 하였다. 위 胡應麟의 "詩藪"의 평가 精光萬丈 力量萬鈞 외에도 徹ㄴ 透ㄴ 穿의 쓰임은 唐 書家 顔眞卿의 "張長史十二意筆法記"에도 '其用鋒 常欲使其透過紙背 此成功之極也 그 筆鋒을 사용함은 항상 그 붓끝으로 하여금 종이의 뒷면까지 뚫어 통과하고자하는 바이며 이것이 성공의 頂點이 된다'가 있고, 大韓國 无涯 梁柱東의 "勉學의 書"에도 '多讀이냐 精讀이냐가 또한 물음의 對象이 된다 男兒須讀五車書는 전자의 주장이나 博而不精이 그 通弊요 眼光이 紙背를 徹함이 또한 그 弱點이다'가 있다. 李白의 "秋浦歌"에 三千丈이 나온다: '白髮三千丈 緣愁似箇長 하얀 머리카락 길이가 삼천 장 시름 때문에 마치 한 올 한 올 길게 자랐구나.' 前漢 司馬遷 "史記·項羽本紀·垓下歌"에 '力拔山兮氣蓋世 時不利兮騅不逝 騅不逝兮可奈何 虞兮虞兮奈若何 힘은 산을 뽑을 만하고 기개는 세상을 덮을만한데 시운이 불리하니 烏騅馬도 나아가지 않는구나 오추마가 나아가지 않으니 이를 어찌할 것인가 虞美人이여 우미인이여 그대를 어찌하란 말이냐.' 前漢 賈山의 "至言"에 萬鈞이 보인다: '萬鈞之所壓 無不滅者 만균의 무게가 누르는 바가 되었으니 문드러져 멸망하지 않은 자가 없으리라.' 그리고 필자 黃山浦의 "杜甫聞官軍收河南河北讀後有感 두보의 관군이 하남과 하북을 수복했다는 소식을 듣고서 시를 읽고 난 후에 느끼는 바가 있다"에도 功力萬鈞이 보인다: '使人永遠如目見 功力萬鈞神眖篇 사람으로 하여금 영원무궁토록 마치 목전에서 보는 것처럼 하게 하니 공들이고 애쓰는 힘이 삼십만근이나 되어 천우신조의 작품이라 하겠노라.' 2024. 4. 20. 聖亞맨션 管理團會議를 마치고 쓴다.

〔詩原文〕 48

放浪客
방 랑 객

天涯流落自疏親
人事多端消比鄰
尙客京華黃處士
是須輿地異邦人
천 애 유 락 자 소 친
인 사 다 단 소 비 린
상 객 경 화 황 처 사
시 수 여 지 이 방 인

〔시해석〕

방랑객

하늘 끝에서 타향을 떠도니 절로 일가친척 멀어지고
인생만사 복잡다단하여 이웃도 사라져간다
변화한 수도 서울에서 아직도 여전한 나그네 황처사
하기야 본시 지구촌의 이방인임에랴

〔平仄構成〕

詩의 平仄構成은 平平仄仄仄平平 平仄平平平仄平 仄仄平平平仄仄 仄平平仄仄平平으로 되어있다. 詩는 平起式 七言絕句다. 그리고 詩는 韻字는 上平聲 十一 眞韻을 썼는데 韻脚은 親과 鄰과 人이다.

〔작법감상〕

나의 미술품 소장 중에는 유명한 근현대 중국화가 白石 齊璜(1860년 庚申년 원숭이띠 해에 태어나 1957년 사망)의 작품이 둘 있다. 하나는 벗에게 선물한 것으로 보이는 海棠花에 앉은 잠자리를 부채에 그린 소위 草蟲圖이다. 다른 하나는 내 개화공정미술에 최근에 합류한 나무 아래 복숭아를 짊어진 원숭이를 그린 소위 樹下猿으로 表具(粧潢) 할 때 달아둔 이름으로는 猴桃라고 되어있다. 그런데 후자의 그림에는 물론 齊璜 자신이 쓴 畵題가 있는데 인상적이다. '湘潭齊白石八十六歲時尙客京華 상담 출신 제백석은 86세 때에도 여전히 화려한 서울 북경의 나그네였다'라고 적었다. 그리고 그 밑에 자신의 이름 齊白石이라는 圖署와 산에 의지하여 사는 노인이라는 借山翁이라는 도서가 단정히 押印되어있다. 그림은 누가 봐도 앙상한 나무 밑에서 아직도 수고롭게 복숭아를 나르는 늙은 원숭이가 인상적이다. 짐작컨대 호남성 지방 출신의 작자의 노년기 수도 북경에서의 방랑생활의 낯설음을 그린 일종의 삶의 自畵像으로 보인다. 바로 그의 尙客京華에 감개가 있어서 필자의 위 시는 비로소 태동하였다. 여기에다가 내 대학시절 크게 유행한 가수 박인희의 "放浪者 방랑자"도 태동에 한 몫 하였다: '방랑자여 방랑자여 기타를 울려라 방랑자여 방랑자여 노래를 불러라 오늘은 비록 눈물어린 혼자의 길이지만 먼 훗날에 우리 다시 만나리라.' 다만 나는 시골에서 태어나서 서울생활이 낯설다고 하면서도 애당초 우리들 사람이라는 존재가 지구에서 살게 된 것부터가 아예 이방인이었다고 고백하며 마음을 스스로 위로하여 自慰하거나 스스로 비웃으며 自嘲하는 빛을 띠는 심정을 펼치면서 매조지었다: '하늘 끝에서 타향을 떠도니 절로 一家眷屬은 멀어지고 사람 살아가는 데서 생기는 이러저러한 일들 複雜多端하여 이웃도 사라져간다 서울의 번화함 속에서 아직도 여전한 나그네 황처사 하기사 본시 地球村의 異邦人이었지.' 요사이 한시학당에서 읽었던 시 중에서 零落하여 他鄕을 떠도는, 곧 流落하는, 情況이 매우 잘 드러나는 작품은 杜甫의 "宿府 嚴武의 幕府에서 묵으며"가 아닐까 한다. 힘들고 외로운 방랑 속에서 겨우 몸 붙여 의지할 곳을 찾았으나 여전히 불안불안해 하는 심사를 전하고 있다: 風塵荏苒音書絶 關塞蕭條行路難 已忍伶俜十年事 强移棲息一枝安 세상 풍진을 겪으며 세월은 흘러가고 고향 소식도 끊어지고 변방은 적막해 고향으로 돌아가는 길 어렵기만하다 이미 10년 세월 세상사에 떠돌이 신세를 견뎌내었으니 강제로 옮겨와 작은 가지에 깃들어 살며 겨우 마음을 놓아 안도한다.' 王勃의 "送杜少府之任蜀州 임지 촉주로 가는 두소부를 송별하며"에 比鄰이 보인다: '海內存知己 天涯若比鄰 無爲在岐路 兒女共霑巾 나라 안 이 세상에 나를 알아주는 知己之友가 있다면 하늘 끝에 있더라도 이웃과 같으리라 이별의 갈림길에서 하지 말지라 아녀자같이 손수건을 적시는 일을.' 黃處士는 대학 때 집에서나 친구들이 나를 두루 불러주던 본디의 이름 외에 친밀하게 부르는 愛稱이었는데 그가 어찌 서울에서만이 낯설까 지구촌 어디에서도 늘 낯선 이방인일 것이리라. 輿地는 '수레처럼 萬物을 싣고 있는 땅이라는 뜻으로 地球나 대자연의 넓고 큰 땅 大地를 이르는 말이다. 그래서, 참고로, 우리 조선의 地理誌 "東國輿地勝覽 동국여지승람"은 조선의 大地理의 이름난 곳을 돌며 구경한다는 말이다. 2024. 4. 29. 쓴다.

〔詩原文〕 49

春日梨浦洑游望
춘일이포보유망

故人邀伲赴山廬
綠樹芬芳動燕居
白熟軟鷄齊盛饌
揮之書畵競文譽
桃源世外仙寰夢
閭巷東泉浪漫墟
春色驪州梨浦洑
淸新秀雅染坤與

고인요니부산려
녹수분방동연거
백숙연계제성찬
휘지서화경문예
도원세외선환몽
여항동천낭만허
춘색여주이포보
청신수아염곤여

〔시해석〕

봄날 이포보에서 놀며 멀리 바라보다

오래된 벗 우리를 맞아 산장에 다다르니
우거진 나무의 푸르름과 내뿜는 꽃의 향기가 한적한 삶의 공간에 진동하더라
차려낸 연계백숙은 진수성찬을 갖추었고
시서화의 일필휘지는 문장의 명예를 겨룬다
세상 밖의 무릉도원이 이상의 선경의 꿈이라면
동쪽 우물가의 여항이문은 현실의 낭만의 땅이리라
여주 땅 이포보 포구의 봄날의 곱디고운 빛깔이여
맑고 산뜻하게 수려하고 우아하게 온 세상 천지만물을 물들이는구나

〔平仄構成〕

詩의 平仄構成은 仄平平仄仄平平, 仄仄平平仄仄平, 仄仄平平平仄仄, 平平平仄仄平平, 平平仄仄平平仄, 平仄平平仄仄平, 仄仄平平平仄仄, 平仄平平仄仄平平으로 되어있다. 詩는 平起式 七言律詩다. 그리고 詩는 韻字는 上平聲 六 魚韻을 썼는데 韻脚은 廬, 居, 譽, 墟, 輿이다. 그리고 中央四句의 下三字는 前聯과 後聯의 境遇에 文法構造를 다르게 配置하여 意味上 各各 齊(動詞) 盛饌(名詞), 競(動詞) 文譽(名詞), 仙寰(名詞) 夢(名詞), 浪漫(名詞) 墟(名詞)로 읽히게 되어 四言一法 忌避의 原則을 따라서 平板을 避하고 錯綜을 지켰다. 그리고 詩에서 韻을 달지 않은 仄聲字 곧 饌, 夢, 洑는 次例로 上聲, 去聲, 入聲이 되어 이른바 四聲遞用의 法則을 充實히 따랐다.

〔작법감상〕

한국한시학당의 봄소풍은 2024년 4월 30일에 있었다. 그날 하루의 즐거웠던 여정의 감개를 시에 담아보았다. 또, 그러므로, 자연스럽게 5월의, 시 발표·강의·감상·비평을 도모하는, 詩會의 주제가 된 것이다. 이 시 태동의 사연이다: '오래된 벗들이 우리를 맞아 산장에 이르니 우거진 나무의 푸르름과 내뿜는 꽃의 향기가 한가한 삶의 터전 東泉齋에 진동하고 있더라 차려낸 軟鷄白熟은 풍성하게 잘 차린 음식으로 가히 珍羞盛饌을 갖추었고 詩書畵 三絶 시인들의 一筆揮之는 龍虎相搏 문장의 명예를 겨룬다 세상 밖의 武陵桃源이 仙境의 理想의 꿈이라면 동쪽 샘가의 閭巷里門은 現實의 浪漫의 땅이리라 여주 이포보 포구의 봄날의 아름다운 빛깔이여 맑고 산뜻하게 수려하고 우아하게 온 천지세상을 적시누나.' 孟浩然의 "過故人莊 친구의 농장에 들러서"에 邀我至田家가 나온다: '故人具鷄黍 邀我至田家 오래된 벗이 닭고기와 기장밥을 차려 놓고 나를 맞아 자신의 농가에 이른다.' 杜甫의 "詠懷古蹟 옛 유적에서 감회를 노래하다"에도 赴荊門이 나온다: '群山萬壑赴荊門 生長明妃尙有村 천산만학을 지나 형문에 이르니 명비가 낳고 자란 촌락이 있더라.' 荀子의 "荀子·榮辱 순자·영욕"에 芬芳이 있다: '口辨酸咸甘苦 鼻辨芬芳腥臊 입은 시고 짜고 달고 쓴 것을 분별하고 코는 방향과 분향과 비린 것과 누린 것을 분별한다.' 韓愈의 "重云李觀疾贈之 이관질에게 거듭 말하고 이를 드리다"에도 芬芳이 보인다: '窮冬百草死 幽桂乃芬芳 겨울 섣달에 온갖 풀 시들었는데 그윽한 계수나무는 정말로 향기롭네.' 李白의 "同王昌齡送族弟襄歸桂陽 왕창령과 함께 계양으로 돌아가는 친척 아우 양을 전송하며"에도 芳根이 보인다: '相期乃不淺 幽桂有芳根 깊지 않음이 아님을 그래서 서로 기약하자 그윽한 계수나무의 향기로운 뿌리가 있으니.' 杜甫의 "閣夜 서각의 밤"에 動搖가 보인다: '五更鼓角聲悲壯 三峽星河影動搖 五更에 북과 나팔소리 비장하고 三峽의 은하의 그림자 요동친다.' 우리 高麗國 鄭知常의 "送人 사람을 보내며"에도 動悲歌가 돋보인다: '雨歇長堤草色多 送君南浦動悲歌 비 갠 뒤에 기다란 둑에는 풀빛이 짙은데 그대 떠나보내는 남포에는 슬프고 애절한 노래가 진동하는구나.' 주로는 陶淵明의 "桃花源記 도화원기"에서 비롯하는 世外桃源≒桃花源≒桃溪는 현실을 뛰어넘는 동경의 理想鄕(Utopia)을 전설적으로 지칭하게 되었는데, 영문으로는 Wiktionary/The free dictionary에 따르면, 'The Peach Blossom Land; Shangri-La; Arcadia; lotus land; utopia, unexpectedly fantastic place off the beaten path, usually an unspoiled wilderness of great beauty; land of idyllic beauty; fictitious land of peace; heaven of peace and happiness; retreat away from the turmoil of the world; place for taking refuge' 정도다. 陶淵明의 "桃花源記 도화원기"의 재해석(Reinterpretation)이라고 말할 수 있는 王維의 "桃源行 이상 도원의 노래"에 현실 시골 閭巷이 나온다: '平明閭巷掃花開 薄暮漁樵乘水入 새벽녘 동네 골목에서는 꽃잎을 쓸어 길을 열고 해질녘 어부와 나무꾼은 물길을 따라서 들어오는구나.' 杜牧의 "漢江 한강"에 물들인다는, 염색한다는, 染이 돋보인다: '溶溶揚揚白鷗飛 綠淨春深好染衣 南去北來人自老 夕陽長送釣船歸 물결 넓게 출렁이고 흰 갈매기는 날아다니고 푸르르고 맑은 봄은 깊어 옷을 아름답게 물들인다 남과 북으로 오가는 사람들 절로 늙어가고 석양은 돌아가는 낚싯배 길이 전송한다.' 끝으로, 驪州에는 또한 조선 명성황후 민비의 本生家가 있어서 원래 들르려고 하였는데 소풍 끝자락에 시간에 쫓겨서 다음으로 미뤘는데 아쉬움이 남는다. 그녀의 역사적 무게로도 그렇지만 나는 개인적으로 閔玆暎의 肖像은 꼭 밝힐 계획도 있었던 탓이었던 것 같다. 2024. 5. 5.

〔詩原文〕50

爲老年健康生活必定補修修繕心身抵抗抗衡病惡
위노년건강생활필정보수수선심신저항항형병악

食餌攝生風儀丰
個人社會鬪疽癰
補修修理己心體
抵抗抗衡患與凶
식 이 섭 생 풍 의 봉
개 인 사 회 투 저 옹
보 수 수 리 기 심 체
저 항 항 형 환 여 흉

〔시해석〕

노년기 건강생활을 위하여 반드시 몸과 마음을 보수 수선하고 병과 악에 맞서서 저항하리라

식이요법으로 섭생하여 건강한 풍모를 갖추고서
개인과 사회의 병과 악과 싸우리라
몸과 맘을 보수하고 수리하며
나의 병약함과 세상의 부도덕에 맞서서 저항하리라

〔平仄構成〕

詩의 平仄構成은 仄仄仄平平仄平 仄平仄仄仄平平 仄平平仄仄平仄 仄仄仄平平仄平으로 되어있다. 詩는 仄起式 七言絶句다. 그리고 詩는 韻字는 上平聲 二 冬韻을 썼는데 韻脚은 丰과 癰과 凶이다. 그리고 3句와 4句에서는 孤平拗救가 쓰였는데 本來 3句의 下三字는 平平仄이어야 하는데 仄平仄으로 되어, 卽 己心體로 되어, 5字의 平字가 毁損되었다. 그러므로 4句의 5字는 本來 仄字여야 하는데 平字로 바꿔서, 卽 患으로 바꿔서, 毁損된 平을 回復시켰다. 이로써 合律이 된다.

〔작법감상〕

춘추시대 楚나라 철학자 老子(B.C. 571-471)가 남긴 유일한 저서인 "道德經 도와 덕의 經書" 제50장에는 소위 貴生論에 맞서는 攝生論이 등장하는데, 우리들 평범한 남녀 匹夫匹婦가 건강을 지키려는데, 가히 인상적 지침서이다: '蓋聞善攝生者 陸行不遇兕虎 入軍不被甲兵 兕無所投其角 虎無所措其爪 兵無所用其刃 夫何故 以其無死地... 貴生死地 대개 들건대 섭생자 삶을 잘 지켜 길러나가는 사람은 육지를 여행하여도 외뿔들소나 호랑이를 만나지 않고 군대에 들어가도 갑옷이 입혀지지 않는다고 한다 외뿔들소는 그 뿔을 들이밀 틈이 없고 호랑이도 그 손톱발톱을 들이댈 틈이 없으며 병사도 그 칼을 쓸 틈이 없다고 한다 대저 무슨 까닭인가 섭생자는 죽을 땅이 없는 것이다... 귀생자 곧 삶을 귀하게 여기는 사람은 죽을 땅이 있는 것이다.' 노자의 말인즉슨 사람은 자신의 생을 너무 귀히 하려 하면 생은 되레 위태롭게 되고, 자신의 생을 억누르고 괴롭히면 생이 되레 평화롭고 아름다워질 수 있다는 주장이다. 몸이란 편히 귀하게 여길수록 상태는 더욱 나빠지고, 수고스럽게 거칠게 다룰수록 상태는 더욱 좋아진다는 역설적인(?) 발상을 제안하고 있는 것이다. 그래서 그 후자 방식이, 곧 攝生≒養生≒保養 방식이, 우주 자연의 이치에 더 부합하는 순리적 삶의 방식일 것이라는 취지다. 北宋時代 唐宋八大家인 曾鞏(1019-1083)의 社會詩 古詩로서 "邊將太祖太宗能得人 변방의 장수·태조와 태종은 인재를 얻을 수 있었으니"가 있는데, 질적으로 저하된 국방력을 깊이 우려하면서, 疽癰이라는 표현이 등장한다: '當今羌夷久猖獗 兵如疽癰理須決 바로 지금 羌夷 오랑캐는 猖獗 침략한지가 오래 되었는데 병사들은 마치 쓸모없는 고치기 힘든 부스럼 惡瘡과 같아져서 모름지기 다스려 짜내야 할 것이외다.' 그럼 이제 아까 언급한 攝生에 대해서, 건강증진을 위해서 나의 애씀을 밝히기 위해서, 좀 더 보충하여 설명하고자 한다. 사람들이 60세를 넘어서면 대체로 일생을 한 바퀴 다 돌았다고 생각해서, 소위 六十甲子라고, 늙었다고 여기게 되고 또한 바야흐로 죽음이라는 것도 종종 동시에 가까이서 다가오는 것으로 떠올리게 되는 것 같다. 내가 이미 일흔 살 古稀에 이르렀으니... (정확히는 우리 전통적 나이세기로는 71세요 요즘 법률적 만나이로는 69세다.) 나는 그간 병을 모른 채로 살았고 따라서 병원에도 잘 다니지 않았다. 화장품은 평생 써 본 적이 없다. 치과에서는 치아가 좋다는 칭찬을 여러 나라에서 쏟아지게 들을 수 있었다. 그러나 근자에는 상황은 많이 달라졌음을 감지하게 된다. 시시각각 여러 상황들이 만만치 않은 것으로 판단된다는 뜻이다. 몸과 맘이 구석구석 別無神通이다. 그래서 지금부터는 내가 나의 건강을 보다 적극적으로 챙기지 않으면 안 되겠다는 절실함이 생겨났다. 노년을 맞아서 그래서 슬로건(slogan)으로서 'Repair & Resist (R&R) 몸과 맘을 보수 수리하고 병과 악에 맞서 저항한다'를 내걸고 주위의 벗들에게도 제안하였다. Hand in hand together!! 그리고 보수한다는, 수선한다는, 생각은 바로 무엇보다도 우선 잘 먹고 그리고 잘 운동하여야 한다고 믿는 바다. 우리가 자연으로부터 와서, 우리가 우선적으로 또 절대적으로 자연계에 의존하여 사는 존재이기 때문에, 자연치유의 방법론을 주창하는 食餌療法을 바탕으로 하는 섭생이 좋겠다는 판단을 하게 되었고 마침 老子의 攝生論이 눈에 띄게 되었다. 그리고 현대에서는 이 생각을 일본 니시(西式)의사가 썩 잘 대변하고 있는 것으로 보인다. 무병장수의 비법을 소개하는, 약에 의존하지 않고 만병을 고치는, 자연치유의 니시건강법(西式健康法)으로 정평이 나있다. 나는 노자와 니시의 전통건강법에 현대의 과학의학이라는 것도 동시에 적극 활용한다는 차이를 두고 있다. 우리인간은 이미 현대의 달라진 환경을 살아가기 때문에 현대생활에 가장 적실한 과학인 의학을 적극적으로, 다만 최소한으로, 활용할 필요가 반드시 있다는 것이다. 그래서 나름대로 대략 75% 노자니시의 건강법에다가 현대의학 25%가 상호 섞이는 계산법으로 먹고 운동하는 방식을 적용하고자 한다. 왜? 섭생을 통한 자연치유와 현대과학을 응용한 의학적 해결은 결코 배타적이지 않아서, 결코 배타적일 수가 없어서, 서로 긴밀히 연관되고interrelated 상보적으로collaborated 공존공영하고 있어서다. We are [all] collaborators in creation a la Pierre Teilhard de Chardin!! 굳이 말하자면 이것이 攝生醫學을 추구하는 白沙健康法이라면 건강법의 요체다. 며칠 전 한남동 聖亞맨숀에 거주하는 운동하는 상남자 김용남사장님과 점심내기 팔씨름을 하였는데 내가 이겼다. 몇 시간 후 '천하장사 황필홍님'이라는 칭찬의 문자가 그분에게서 왔다. 나는 그 이후 지금까지 너무 충격적으로 고무되어있다. 멋진 찬사를 들으니 실로 감개무량하다. 이 사건을 기화로 나는 더욱 섭생과 운동을 강화하여 이 2024년 해가 끝날 즈음에서는 자메이카 트레이너선생님들과 기량을 겨루려는 목표를 세웠다. 그들을 능가하려고 하지는 않겠지만 그들의 높은 수준의 운동기량에 바짝 近接할 계획인 것이다. 攝生의 純度를 더 純하게, 運動의 强度를 더 强하게, 美術의 熟度를 더 熟하게, 그리고 漢詩의 精度를 더 精하게 하리라. 2024. 5. 15.

〔詩原文〕 51

淪落人
윤락인

天涯流落老詩人
事到如今何定循
無故無親甘寂寞
楚歌四面耐千辛
천애유락노시인
사도여금하정순
무고무친감적막
초가사면내천신

〔시해석〕

윤락인

하늘 끝 아득히 멀리 떨어진 낯선 곳에서 떠도는 영락한 노시인이여
이제 와서 도대체 무엇을 추구할 수 있겠는가
친척도 벗들도 없는 적막강산도 달게 받아들이고
사면초가의 천 가지 고생도 만 가지 고통도 견뎌야만 하리라

〔平仄構成〕

詩의 平仄構成은 平平平仄仄平平 仄仄平平平仄平 平仄平平平仄仄 仄平仄仄仄平平으로 되어있다. 詩는 平起式 七言絶句다. 그리고 詩는 韻字는 上平聲 十一 眞韻을 썼는데 韻脚은 人과 循과 辛이다. 그리고 3, 4句 轉, 結句는 서로 對仗이다.

〔작법감상〕

요사이 杜甫(712-770)의 칠언율시 여러 편을 읽어가면서 그의 늘그막의 정처 없이, 아예 의지와 상관없이 또는 의지에 반하여, 떠도는 삶에 불현듯이 어려운 처지의 사람끼리 서로 동정하고 돕는다는 同病相憐이라는 성어가 오롯이 떠올라 感慨가 觸發됨이 있어서 베끼는 바가 되었다. 두보는 安史之亂(755-763)이 일어나자 장안에 붙잡혀 있다가 숙종이 금군의 추대로 영무에서 즉위하자 그곳으로 향하여 장안을 탈출한다. 조정이 장안을 수복한 후에는 그의 상관 房琯의 무죄를 주장하다가 죄를 얻어 섬서성 화주 사공참군으로 좌천되었다. 얼마 후 그 벼슬을 그만두고 지인 승려의 권유로 감숙성 진주와 동곡을 떠돌다 이내 다 버리고 결국 촉 땅으로 가서 성도에 초당을 짓고 정착하게 된다. 그러나 온갖 世事와 人事에 견디지 못하고 성도를 떠나서 재주 낭주 운안을 거치면서 돌다가 마침내 夔州에 이르는데 고을의 西閣을 빌려서 비로소 정착한 것이다. 대력 원년(766) 그의 나이 55세였다. 그 이후로는 삼협을 지나 동정호를 거쳐 호남성 일대를 방랑하다가 59세에 波瀾萬丈한 일생을 마감한다: '하늘 끝 아득히 멀리 떨어진 낯선 곳에서 떠돌아다니는 몰락한 노시인이여 이제 와서 무엇을 대관절 추구할 수 있으랴 親戚도 朋友도 없는 束手無策의 괴괴한 寂寞風景도 달게 받아들이고 외롭고 곤란한 지경 四面楚歌에서 천 가지 어려움 만 가지 고생함 千辛萬苦도 감내하고 수용해야 하리라.' 두보의 시를 읽는 비평가들은 그의 삶을 지적하면서 정처 없이 떠돌다, 유랑하다, 객지살이하다, drift about 따위의 의미로 간단없이 流落이나 漂迫이라는 시어를 자주 등장시킨다. 몇 개 봐보자: '元 方回 "瀛奎律髓 영주의 규성의 율시의 정수"에서 子美流落劍南 杜子美(杜甫)는 검남지방을 떠도니..., 淸 仇兆鰲 "杜詩詳注 두보의 시에 상세히 주석을 달다"에 流落多年 떠돌기를 여러 해라..., 淸 浦起龍 "讀杜心解 두보의 마음을 읽고 해석하다"에 正詠漂迫 진실로 표류함을 읊으니..., 淸 仇兆鰲 "杜詩詳注 두보의 시에 상세히 주석을 달다" 漂迫感懷 표류함에 감회가 있어서...'가 있다. 孔子의 "禮記 예법의 이론과 실제" 第四十六篇에 좇는다, 따르다, 지키다는 뜻으로 循이 쓰이고 있다: '卿大夫以循法爲節 士以不失職爲節 경 대부는 법을 따르는 것을 가지고 절도로 삼으며 선비는 직책수행을 잘못하지 않음을 가지고 절도로 삼는다.' 韓愈의 "謁衡岳廟遂宿岳寺題門樓 형악묘에 배알하고 곧 산사에 잔 뒤에 문루에 시를 지어 붙이다"에 甘이 보인다: '竄逐蠻荒行不死 衣食才足甘長終 侯王將相望久絶 神縱欲福難爲功 황량한 남방 땅으로 쫓겨나도 죽지 않으니 다행이요 옷과 밥이 겨우나마 넉넉하다면 이처럼 오래 살다가 생을 마친다 해도 달갑게 여기리라 王侯將相이 되는 꿈은 끊어진 지 오래되었고 신령이 설령 복을 주고자 할지라도 공을 이루기는 어려우리라.' 杜甫의 "兵車行 전쟁에 쓰는 수레의 노래"에 耐가 보인다: '況復秦兵耐苦戰 被驅不異犬與鷄 관중 땅 병사들처럼 힘든 싸움 잘 견딘다지만 내몰리는 것이 개와 닭과 다르지 않다고 하더라.' 荀子의 "荀子" 第七 仲尼篇에도 耐가 보인다: '能耐任之 則慎行此道也 능히 임무를 견뎌내어 곧 이 道를 삼가 행하여야하리라.' 2024년 5월 18일 쓴다.

〔詩原文〕 52

金剛山
금강산

金剛一萬二千峯
秀麗神奇百看穠
皆骨蓬萊與楓嶽
命名字字古來宗
금강일만이천봉
수려신기백간농
개골봉래여풍악
명명자자고래종

〔시해석〕

금강산

금강산 일만 이천 봉우리
보고 또 봐도 빼어나고 우아함 신비하고 기이함 빼곡히 들어차 있구나
개골산 봉래산 그리고 풍악산
이름을 지어 붙이는 솜씨도 한 자 한 자 예로부터 지금까지 가히 으뜸이로다

〔平仄構成〕

詩의 平仄構成은 平平仄仄仄平平 仄仄平平仄仄平 平仄平平仄平仄 仄平仄仄仄平平으로 되어있다. 詩는 平起式 七言絶句다. 그리고 詩는 韻字는 上平聲 二 冬韻을 썼는데 韻脚은 峯과 穠과 宗이다. 그리고 3句의 下三字에서는 單拗가 쓰였다. 本來 3句의 下三字의 平仄의 構成은 平仄仄인데 仄平仄이 되어, 卽 與楓嶽으로 되어, 5字에서 毀損된 平字를 6字에서 바로 回復한 것이다. 이는, 下三字에 孤平現象이 發生하였으나 挾平格으로 肯定的으로 看做하며, 本句 自救의 方法으로 또한 合律이 된다.

〔작법감상〕

금강산은 두 말할 나위 없이 우리 한민족 사람들이 사랑하는, 또 자랑스러워하는, 산 중의 산이다. 소위 천하제일가는 名山이라고 한다. 금강산의 姿態가 세상천지에 제일간다는 칭찬은 시인묵객을 비롯해 하늘 아래 만민들에게 이미 낯설지 않으리라. 일찍이 신라 麻衣太子가 나라가 망하자 바로 이름난 산 개골산(금강산)에 들어가 바위 아래에 집을 짓고 삼베옷을 지어 입으며 초식으로 연명하다 삶을 마쳤다고 전해지고 있다. 조선 松江 鄭澈은 그의 "關東別曲 관동별곡"에서 '만일 [당나라] 李太白이 지금 있어 다시 의논하게 된다면 [그가 천하절경이라고 극찬해 마지않은] 廬山폭포가 여기보다 낫다는 말은 못하리라'고 금강산의 십이폭포의 장관을 격찬한 바 있었다. 현대에 들어서는 1941년의 정비석의 금강산 유람기 "山情無限 산에서 느끼는 정취에 한계가 없어라"는 시대에, 지금까지도, 膾炙人口하는 애독서가 되었다. 뒤늦게 깨달았는데 작금에는 나 필자도 금강산의 장관을 칭송하는 시를 어느새 10편 가까이 쓰고 있더라. 어서 빨리 남북이 통일이 되어 벗들과 함께 손에 손잡고 금강산 일만이천봉을 샅샅이 찾아가야지... 시를 쓰려함에 어릴 적부터 입가에 밴 강소천 작사 나운영 작곡의 동요 "금강산"이 먼저 벌써 떠오른다: '금강산 찾아가자 일만이천봉 볼수록 아름답고 신기하구나 철 따라 고운 옷 갈아입는 산 이름도 아름다워 금강이라네 금강이라네.' (그런데, 흥미롭게도, 李白은 黃鶴樓에 올랐으나 崔顥의 "黃鶴樓" 시가 자꾸 생각나 시를 짓지 못했다고 전해진다. 그래서 훗날 鳳凰臺에 가서 "登金陵鳳凰臺 금릉의 봉황대에 올라서"를 짓고서야 가슴속에 눌리지 않고 맺혀있던 아쉬움을 달랬다고 한다. '眼前有景道不得 崔顥題詩在上頭 눈앞에 景色이 있으나 말하지 못하였으니 崔顥가 지은 시가 머리끝에 있어서다.') 필자 黃白沙의 "登金剛山佛頂臺 금강산 불정대에 올라서"에서 이미 金剛山은 한껏 예찬되고 있다: '登頂金剛佛頂臺 六方祕景賞欣哉 금강산 불정대에 높이 올라서서 동서남북상하 육방으로 신비스럽게 빼어난 풍경에 감탄해 마지않는 바라.' 또 황백사의 "麻衣太子 마의태자"에서도 皆骨山(金剛山의 겨울동안의 달리 부르는 이름)을 노래하고 있다: '遠尋皆骨早寒威 高臥深山且掩扉 멀리서 금강산 개골산 찾으니 이른 추위가 매서운데 깊숙하고 고요한 산과 골짜기에 높이 누우려고 사립문을 닫고자 하시네.' 또 황백사의 '春日南北相逢 봄날에 남과 북이 만나다"에도 皆骨山을 노래하고 있다: '天下名山皆骨山 早春再會散民間 하늘 아래 이름난 명산 금강산에서 흩어진 이산가족들 이른 봄날 다시 만나는구나.' 또한 황백사의 "天下名山金剛山 하늘 아래 이름난 산 금강산이여"에서도 蓬萊山(여름철의 金剛山의 별칭)을 노래하고 있다: '蓬萊一萬二千峯 樹海森林積翠重 쑥풀 여름산 봉래산 금강산 일만 이천 봉우리 숲의 바다를 이룬 울창한 삼림은 겹겹이 포개어진 짙푸름이니.' 또한 황백사의 "晚秋金剛山下詠懷 늦가을에 금강산자락에서 느낌을 읊어보다"에서도 楓嶽山(가을의 금강산을 이르는 말)을 노래하고 있다: '楓嶽西風渺暮雲 秋深客舍葉紛紛 가을의 금강산 풍악산에 갈바람이 불고 저녁구름은 아득히 펼쳐져있는데 가을이 깊어가는 나그네 머무는 객사에는 나뭇잎만 우수수 흩날린다.' 또한 황백사의 "登金剛山佛頂臺 금강산 불정대에 올라서"에서 一萬二千峯을 세상만사 초연하게 노래하고 있다: '紅塵利養關念外 一萬二千終古徊 번거롭고 속된 세상에서 명예와 이익의 추구는 나의 관심과 걱정의 밖이려니 그대 금강산 일만 이천 봉우리 아래서 영원무궁히 살어리랏다.' 또한 황백사의 "秋日一覽金剛山下 가을날에 금강산 산하를 굽어보다"에서도 一萬二千峯을 여전히 노래하고 있다: '萬二千峰溪谷間 多兮名字巧和嫺 금강산 일만 이천 봉 계곡 사이사이 공교롭고도 아름다운 이름자 많기도 하여라.' 2024년 5월 25일 쓴다.

〔詩原文〕53

開化工程美術韓國漢詩學堂
개화공정미술한국한시학당

海士行書愛日堂
獻身祖國白凡章
忠孝思想是民氣
美術漢詩當所昌
해사행서애일당
헌신조국백범장
충효사상시민기
미술한시당소창

〔시해석〕

개화공정미술사무실 한국한시학당사무실

해사 김성근선생이 쓴 행서 애일당이 있고
백범 김구선생이 쓴 글 헌신조국이 걸려 있다
나라에 대한 충성과 부모에 대한 효도는 곧 민족의 얼이 깃들인 바르고 큰 기운이려니
개화기 미술이여 대한국의 한시여 바로 이곳에서 창성할진저

〔平仄構成〕

詩의 平仄構成은 仄仄平平仄仄平 仄平仄仄仄平平 平平仄仄仄平仄 仄仄仄平平仄平으로 되어있다. 詩는 仄起式 七言絶句다. 그리고 詩는 韻字는 下平聲 七 陽韻을 썼는데 韻脚은 堂과 章과 昌이다. 그리고 3句와 4句에서는 孤平拗救가 쓰였는데 本來 3句의 下三字는 平平仄이어야 하는데 仄平仄으로 되어, 卽 是民氣로 되어, 5字의 平字가 毀損되었다. 그러므로 4句의 5字는 本來 仄字여야 하는데 平字로 바꿔서, 卽 當으로 바꿔서, 毀損된 平을 回復시켰다. 이로써 合律이 된다.

〔작법감상〕

大韓國 서울시 종로구 운현궁sk허브에 위치한 필자의 오피스텔은 개화공정미술사무실로 쓰고 또한 한국한시학당사무실로도 쓰고 있다. 대학에서 정년으로 퇴직하고서는 두 가지 일 곧 개화기미술비지니스와 한시강의에 집중하고 있는데 그 두 가지가 바로 이곳에서 이뤄지고 있다는 점에서 나의 인생 후반전의 활동의 거의 전부가 이곳에서 펼쳐지고 있는 셈이다. 내가 그간 수집한 19세기 개화기 미술품 중에서 특별하게 근현대 독립운동가이자 정치인인 백범 김구(1876-1949)의 현판 글씨 獻身祖國이 사무실 입구 벽면에 걸려져 있고, 방안으로 더 들어오면 정면 벽에 또한 조선 관료이자 서예가인 해사 김성근(1835-1919)의 현판 행서 愛日堂이 걸려 있다. 그들의 나라사랑과 부모사랑이 한편 존경스럽고 한편 자랑스러워서 마련하였는데 이 방에 들어서서는, 세상의 번거로운 俗事에 정신이 팔렸다가도, 다시 조용히 자신에게 침잠하는 시간을 갖게 되는, 갖고자 하는, 마음에서 나온 것일 터다. 위 시는 그 공간과 시간을 생각하면서 써 본 것이다: '海士 金聲根이 쓴 行書로 부모가 늙어가는 것을 아쉬워하며 하루하루를 사랑한다는 뜻의 愛日堂이 있고, 白凡 金九가 쓴 글로 나라를 위하여 몸과 마음을 바쳐 있는 힘을 다한다는 獻身祖國이 걸려 있다. 나라에 대한 충성과 부모에 대한 효도는 곧 民族精氣이려니 개화미술이여 한국의 한시여 바로 이곳에서 번창하여라.' 忠孝思想이야말로 우리 한국민에게는 거의 유전자 수준으로 골수에 박혀있는 정신운명요소가 되었다. 짐작컨대 우리의 반만년 역사의 끊이지 않았던 외침과 저항과 발전을 향하는 에너지 욕망와 깊은 관련이 있을 터다. 그런 민족의 사상을 난 사랑하고 존경한다. 충성과 효도라면 우리들 모두에게 얼른 떠오르는 노래는 梁柱東 박사의 "어머니 마음"이요, 趙芝薰 선생의 "현충일 노래"가 아닐까? 전자 "어머니 마음"은 이렇다: '나실 제 괴로움 다 잊으시고 기를 제 밤낮으로 애쓰는 마음 진자리 마른자리 갈아 뉘시며 손발이 다 닳도록 고생하시네 하늘 아래 그 무엇이 넓다 하리오 어머님의 희생은 가이없어라. 어려선 안고 업고 얼려 주시고 자라선 문 기대어 기다리는 마음 앓을사 그릇될사 자식 생각에 고우시던 이마 위에 주름이 가득 땅 위에 그 무엇이 높다 하리오 어머님의 정성은 지극하여라. 사람의 마음속엔 온 가지 소원 어머님의 마음 속엔 오직 한 가지 아낌없이 일생을 자식 위하여 살과 뼈를 깎아서 바치는 마음 이 땅에 그 무엇이 거룩하리오 어머님의 사랑은 그지없어라.' 자라선 문 기대어 기다리는 마음... 이 부분이 가장 마음에 와 닿는다. 그리고 후자 "현충일의 노래"는 이렇다: '겨레와 나라 위해 목숨을 바치니 그 정성 영원히 조국을 지키네 조국의 산하여 용사를 잠재우소서 충혼은 영원히 겨레 가슴에 임들은 불변하는 민족혼의 상징 날이 갈수록 아아 그 충성 새로워라.' 조국의 산하여 용사를 잠재우소서... 이 부분이 가장 애달프다. 2024년 6월 1일 나라를 위해 목숨을 바쳐 충성한 사람들을 기리는 날 顯忠日을 손꼽아 기다리며 쓴다.

[詩原文] 54

讀後詠懷古跡五首深知益知少陵流落生平
독후영회고적오수심지익지소릉유락생평

同病相憐天際虞
懷才不遇久長吁
蘋蘩蘊藻浮萍菜
孤子明朝何處趨
동병상련천제우
회재불우구장우
빈번온조부평채
고자명조하처추

[시해석]

영회고적 다섯 편을 읽고 나서 두보의 평생의 정처 없이 떠돌아다님을 더 깊이 알게 되었노라

동병상련으로 하늘 끝에서 걱정하고
회재불우를 오래도록 탄식하는 바라
빈번온조의 부평초 신세려니
이 고애자 내일 아침이면 어디로 향하여 갈까

〔平仄構成〕

詩의 平仄構成은 平仄平平平仄平 平平仄仄仄平平 平平仄仄平平仄 平仄平平平仄平으로 되어있다. 詩는 仄起式 七言絶句다. 그리고 詩는 韻字는 上平聲 七 虞韻을 썼는데 韻脚은 虞와 吁와 趨이다. 그리고 1, 2句 起, 承句는 서로 對仗이다.

〔작법감상〕

杜甫의 連作 五首 "詠懷古跡 옛 고적에서 감회를 읊는다"를 읽으며, 굳이 이뿐만이 아니지만, 그의 流落의 일생을 깊이 알고 더욱 알게 되었다. 시대를 아파하고 자신을 슬퍼하는 忠情을 토해내었으니 가히 그의 시를 일컬어 '시로 쓴 역사' 詩史라 할 것이다. 그래서, 말하자면, 두보의 凋落의 시사에 依託≒借託≒寄託≒稱託하여 나의 조락을 슬피 노래해 본 것이다: '同病相憐으로 하늘 끝에서 杜甫의 처지를 걱정하고 杜甫가 겪는 懷才不遇를 오래도록 탄식하는 바라. 蘋蘩薀藻의 개구리밥 浮萍草 신세려니 이 孤哀子 내일 아침이면 어디로 향하여 갈까.' 水中의 水草에 통상 蘋≒蘩≒薀≒藻≒萍≒茶 따위가 있는데, 孔子의 "春秋 춘추"를 魯나라 左丘明이 해석한 책 "左傳 춘추좌씨전"에 蘋蘩薀藻가 나온다: '蘋蘩薀藻之菜 可薦於鬼神 可饒於王公 빈번온조의 수초 푸성귀 가히 귀신께 바치고 가히 왕과 공께 바쳐드리리.' 晩唐 劉滄의 "長洲懷古 장주에서 옛 자취를 돌이켜 생각하다"에도 蘋藻가 나온다: '停車日晚薦蘋藻 風靜寒塘花正開 해는 저물어 수레를 멈추고 수중 수초 빈조를 묘 앞에 바치니 바람은 잦고 못물은 차가운데 꽃이 한창 피었더라.' 杜甫의 祖父 初唐 杜審言의 "和晉陵陸丞早春游望 진릉 육승의 조춘유망 시에 화답하다"에 綠蘋이 나온다: '淑氣催黃鳥 晴光轉綠蘋 이른 봄날의 맑은 기운은 꾀꼬리 울음소리 재촉하고 개인 햇빛은 초록빛 네가래 위를 구르네.' 南朝 江淹의 "咏美人春游詩 미인이 봄날의 정취를 즐기며 놂을 읊은 시"에도 綠萍이 나온다: '江南二月春 東風轉綠萍 강남의 2월은 봄이 되어 동풍은 초록빛 부평초 위를 구른다.' 盛唐 李白의 "宣州謝朓樓餞別校書叔雲 선주 사조루에서 교서랑 이운 아재비를 전별하며"에 明朝가 보인다: '人生在世不稱意 明朝散髮弄片舟 한평생 살아가는 게 마음먹은 대로 되지 않으니 내일 아침 머리를 풀어 헤치고 조각배 저어 떠나리라.' 盛唐 杜甫의 "春宿左省 봄날 좌성에서 묵다"에도 明朝가 보인다: '明朝有封事 數問夜如何 내일 아침이면 임금님께 올리는 글이 있으니 밤이 얼마나 깊어졌는가 자주 묻는다.' 두보의 "영회고적" 시는 5편의 連作詩로, 蜀 땅으로 들어간 후 근 10년을 지내는데 특히 기주와 강릉과 귀주 일원을 유랑하며 유적과 관련된 인물들에 대한 감회를 읊은 것으로, 등장하는 인물은 편당 1인 곧 5인이다. 남북조 양나라 시인 庚信, 전국시대 말기 초나라 辭賦家 宋玉, 전한 원제의 여인 明妃 王昭君, 삼국시대 촉한의 先主 劉備, 그리고 유비와 水魚之交의 군신관계에 있는, 그래서 두보에게 늘 귀감이 되었던, 諸葛亮이다. 두보의 "영회고적" 시를 淸나라 浦起龍은 "讀杜心解 두보의 마음을 읽고 풀다"에서 다음과 같이 비평하였다: '此下四首 分詠峽口古跡也 俱就各人時事寄慨 益知因懷感古 因古抒懷之說 俱爲臆語 이 시와 아래 4수는 산골짜기의 고적을 나누어 노래한 것으로 모두 각 사람의 때의 일을 드러내어 감개를 부쳤는데 감개한 탓으로 옛 것에 대한 느낌을 더욱 알겠고 옛 것 때문에 감회를 폄을 더욱 알게 되니 모두 가슴의 말이 되었다.' 2024. 6. 6. 끝으로 趙芝薰 작사 "顯忠日의 노래"다: '겨레와 나라 위해 목숨을 바치니 그 정성 영원히 조국을 지키네 조국의 산하여 용사를 잠재우소서 충혼은 영원히 겨레 가슴에 임들은 불변하는 민족혼의 상징 날이 갈수록 아아 그 충성 새로워라.'

〔詩原文〕 55

弔麻衣太子和劉諶
조마의태자화유심

太子麻衣敬順王
劉諶劉禪究何忘
窩囊後主忠正允
自決隱藏堂又慷
태자마의경순왕
유심유선구하망
와낭후주충정윤
자결은장당우강

〔시해석〕

마의태자와 유심을 조상하다

마의태자와 경순왕을 생각하면
유심과 유선을 어찌 도대체 잊으랴
무능하여 나라를 말아먹은 아버지 군주들의 충직하고 바른 아들들
한 분은 자결하고 한 분은 종적을 감추었으니 한편 장하고 한편 슬프네

〔平仄構成〕

詩의 平仄構成은 仄仄平平仄仄平 平平平仄仄平平 平平仄平仄仄仄 仄仄仄平平仄平으로 되어있다. 詩는 仄起式 七言絶句다. 그리고 詩는 韻字는 下平聲 八 陽韻을 썼는데 韻脚은 王과 忘과 慷이다. 그리고 3句와 4句에서는 雙拗가 쓰였는데 本來 3句의 下三字는 平平仄이어야 하는데 平仄仄으로 되어, 卽 忠正允으로 되어, 6字의 平字가 毁損되었다. 그러므로 4句의 5字는 本來 仄字여야 하는데 平字로 바꿔서, 卽 堂으로 바꿔서, 毁損된 平을 回復시켰다. 이로써 合律이 된다

〔작법감상〕

중국 三國志(A.D. 220-280)에 蜀漢이 등장한다. 삼국 시대에 先主 劉備가 세운 나라로 그의 아들 後主 劉禪에 와서 魏에게 멸망하였다. 항복하려는 유선을 간곡히 말리면서 남의 나라에 항복하는 天子가 세상에 어디 있느냐고 저항한 사람이 있었으니 그의 아들 劉諶이다. 결국 유심은 아버지 유선의 항복의사를 꺾지 못하고 종내 자기 손으로 처자식을 죽인 후 할아버지 유비의 능 앞에서 자결하였다. 北地王으로서 나라와 백성에게 부끄럽고 죄송스런 마음이 一抹이라도 있었으리라. 역사는 반복된다고 하였던가! 아주 비슷한 상황이 한반도 신라(B.C. 57-A.D. 936)에서도 일어난다. 떠오르는 고려에 신라 천년 사직을 바치려는 아버지 경순왕의 항복 의지를 막지 못하자 마의태자는 삼베로 된 옷을 입고 개골산(금강산의 겨울 이름)에 들어가 草根木皮로 연명하다가 생을 마감하였다. '태자의 몸으로 麻衣를 걸치고 이 險山에 들어온 것은, 천 년 社稷을 망쳐 버린 비통을 한몸에 짊어진 苦行이었으리라…'라고 정비석은 "山情無限 산의 情景에 끝이 없어라"에서 애도하며 노래하고 있다. 그러므로 위 시에서는 두 후주의 아들로서 망국의 현장을 지켜보면서 자살과 은둔으로서 저항하고 최후를 맞은 두 젊은 지도자를 숭앙의 마음으로 조상하고 애달파한 것이다: '마의태자와 경순왕을 생각하니 유심과 유선을 도대체 어찌 잊으랴 무능으로 나라를 잃은 아버지 군주들의 충직하고 바른 아들들이네 한 분은 자결하고 한 분은 자신을 감추었으니 또한 당당하고 또한 서글프네.' 평상시에 지도자 군왕으로서 무한 권력과 온갖 부귀영화를 누리다가 나라가 위기에 처하면 쉽게 항복하고, 백성들을 내팽개치고, 정복국가의 귀족으로 편입되어 편히 산다는 것이 도대체 말이 되는가. 아니, 평시에 호사를 다 부리도록 特權을 주는 것은 난시에 국민의 생명과 재산을 지켜주라는 特務가 또한 주어지는 것이 아닐까. 임진왜란이 일어나자 백성을 놔두고 신의주로 도망치는 선조나 병자호란이 발생하자 백성을 버리고 강화도로 또 남한산성으로 도망친 인조를 우리들 민초는 어떻게 생각했겠는가. 게다가 전쟁이 끝나자 돌아와서는 다시 임금노릇을 하였다니… 제대로 싸워보지도 못하고 조선 5백년 역사를 침략군에게 합방 당한 군주 고종과 순종은 또 어떤가. 그들도 經筵을 통해서 유선과 유심의 역사를 공부하고 또 경순왕과 마의태자의 역사를 공부했을 텐데 어째서 自決도 아니고 隱藏도 아니고 일본 천황 아래 조선 귀족으로 편입되어 덕수궁과 창덕궁에서 여생을 보냈단 말인가. 왜, 적어도, 흰 삼베옷 입고 지팡이에 의지하여 금강산에 들어갈 수가 없었던 말인가. 필자는 "白沙漢詩百首 4"에서 일찍이 마의태자를 우리민족 반만년역사에서 10대 위인으로 꼽은 바 있다: '고구려의 미천왕, 광개토대왕, 을지문덕장군과 백제의 계백장군과 신라의 마의태자와 발해의 선왕과 고려의 최영장군과 조선의 세종대왕, 이순신장군, 안중근의사다.' 평상시 국리민복에 최선을 다하고 전란시 국민의 생명과 재산을 지키려 애태우는 지도자를 우리는 원한다. 2024. 6. 8.

〔詩原文〕 56

漢詩作法定石
한시작법정석

行雲流水自然尋
一氣呵成煩想箴
異口同音千古計
漢詩作法指南針
행운유수자연심
일기가성번상잠
이구동음천고계
한시작법지남침

〔시해석〕

한시 작법의 정석

떠도는 구름처럼 흐르는 냇물처럼 꾸밈이 없이 자연스러워야 함을 찾아서 구하고
한 기운으로 불어나가서 이루어야 하니 번거로운 생각들을 경계하여야 하리라
이구동성으로 한결같이 이르기를 천고불후의 방책이라고
한시 작법의 지침서요 나침반이라

〔平仄構成〕

詩의 平仄構成은 平平平仄仄平平 仄仄平平平仄平 仄仄平平平仄仄 仄平仄仄仄平平으로 되어있다. 詩는 平起式 七言絶句다. 그리고 詩는 韻字는 下平聲 十二 侵韻을 썼는데 韻脚은 尋과 箴과 針이다.

〔작법감상〕

여러 해 전 고 하영섭선생님과 함께 "漢詩作法의 定石"을 출판하게 되었을 때 애당초 책 제목은 "漢詩作法講話 한시 짓는 법을 강의하듯이 풀어서 말하다"였다. 좋지만 현대인들에게 講話는 낯설고 어려우니 定石으로 하자고 나는 제안을 드렸다. 마침 어렸을 때 홍성대선생의 베스트셀러 수학참고서 "수학의 정석"의 홍행도 머릿속을 맴돌고 있었다. 우리가 사전에 의지하여 이해하듯이, 定石은 사물을 처리함에 정하여진 일정한 방식 Standard Practice (or Procedure or Guide)이다. 표준이 되는, 모범이 되는, 관습법이자 방법론이다. 그럼 단 4문장으로, 또는 8문장으로, 한시를 짓는데 표준 되는 관습적 방법론을 어떻게 요약할 수 있을까? 한시를 이제 20년 공부하면서 터득한 것은 크게, 서로 相關的이고 相補的인 것으로 판단되지만, 2가지로 요약할 수 있더라. (내가 특별히 이에 銳敏한 것은, 유감스럽게도, 그간 주위의 詩作에서 이 2가지를 소홀히 하거나 이 2가지의 중요함을 미처 깨닫지 못하는 것을 종종 볼 수 있었던 탓이다.) 첫째는, 시에서는 작자 자신의 감흥을 쉽게, 간단히, 명료하게 - simplicity! - 써내려가야 한다는 것이다. 어려워서는, 복잡해서는, 불분명해서는 곤란하다. 그래서는 독자의 共感을 불러일으키기는 사실상 어렵다. 둘째는, 실제 더욱 중요한 바인데, 시에서 작자의 詩情은 논리적으로 일사분란하게 속도감 있게 - logicality! - 전개되어야 한다는 것이다. 단 한 가지 주제를 가지고 단 한 방향을 향해서 일관되게 전개되어야 한다는 말이다. 그래서 역사와 전통의 권위를 자랑하는 소위 起承轉結이라는 짜임새 있게 글을 짓는 형식이 바로 널리 통용되는 실정이다. 첫째의 정석, 지남철, 나침반이 필자로서는 行雲流水가 될 것이고, 둘째의 정석, 지남침, 가이드가 一氣呵成이 될 것 같다. 좀 더 구체적 작시 예를 들어서 더 쉽게 설명해보고자 한다. 晚唐 鄭谷의 시에 "江際 강변"이 있다: '杳杳魚舟破溪煙 疎疎蘆葦舊江天 那堪流落逢搖落 可得澘然是偶然 萬頃白波迷宿鷺 一林黃葉送秋蟬 兵車未息年華促 早晚閑吟向瀁川 아득히 魚舟는 海煙을 헤쳐서 나오고 듬성듬성 갈대는 강 위 하늘에 예전과 같구나 流落한 신세 搖落하는 가을을 만나니 어찌 견디랴 줄줄 흐르는 눈물 어째서 우연일까 만경창파는 깃들려는 해오라기 헤매게 하고 온 숲 누런 잎사귀는 가을매미를 보내누나 兵亂은 아직 그치지 않았는데 세월을 재촉하고 언제나 瀁川에서 한가로이 시를 읊조릴까.' 그런데, 만일, 위 시 一林黃葉을 당시 천하를 소란케 한 大亂 黃巢之亂을 가리킨다고 해석하면 한편 괜히 내용적으로 뜬금없고 한편 괜히 흐름이 끊기지 않겠는가? 그렇다면 萬頃蒼波도 황소지란을 상징적으로 표현하고 있다고 말 못할 이유가 굳이 뭘까? 아무래도 牽強附會의 흠결이 있다는 지적을 면키 어려울 게다. 中唐 劉長卿의 시에 "長沙過賈誼宅 장사의 가의 옛집에 들러서"가 있다: '三年謫宦此棲遲 萬古惟留楚客悲 秋草獨尋人去後 寒林空見日斜時 漢文有道恩猶薄 湘水無情弔豈知 寂寂江山搖落處 憐君何事到天涯 3년 유배된 벼슬아치 이곳에서 지내서 만고에 楚 땅의 나그네의 슬픔만 남았구나 가을 풀에 홀로 찾으니 사람은 가버린 후요 차가운 숲에 쓸쓸히 보이는 것은 해가 지는 때다 道義가 있는 漢 文帝 劉恒 오히려 恩惠는 박정한데 무정한 상강수는 弔喪함을 어찌 알랴 여기는 적막강산 낙엽 지는 곳 可憐한 그대 어찌하여 이곳 하늘 끝까지 오시었나.' 그런데, 만일, 위 시 楚客을 작자 유장경이 同病相憐하는 漢나라 賈誼(賈生)이 아니고 더 올라가서 전국시대 楚나라 屈原으로 이해한다면 어떻겠는가? 그런데 위의 시는 가의 집을 방문하여 그곳에 유배되었던 가의를 생각하고 그를 위로하면서 동시에 相憐과 得意不成의 자신의 괴로운 심정을 아울러 노래하고 있어서 그러므로 시에서 謫宦도, 楚客도, 人去後도, 憐君도 죄다 한결같이 가의를 지칭한다고 봐야한다. 왜 느닷없이 새삼스럽게 굴원인가? 갑자기 시취가 끊기거나 시취의 흐름이 요동치지는 않겠는가? 물론 굴원과 가의가, 유장경의 뇌리에서는, 유능한 사대부가 동료의 시기질투의 모함을 받아서 潭州 長沙縣으로 귀양와서 자살하고 3년을 머문 것이 떠올랐을 것은 이해가 된다지만, 갑작스럽게 굴원이 나와서 시의 전개를 불필요하게 확장시키고 번잡스럽게 할 이유는 없는 것이다. 一言以蔽之하고, 시는 行雲流水하고 一氣呵成하는 것을 충실히 따를 뿐이다. 2024. 6. 29.

〔詩原文〕 57

後半生
후반생

龜甲四星稱讚紛
古稀後半別無殷
人生在世眞未盡
大器晩成聲援聞
귀 갑 사 성 칭 찬 분
고 희 후 반 별 무 은
인 생 재 세 진 미 진
대 기 만 성 성 원 문

〔시해석〕

후반인생

어릴 적 귀갑사주라고 칭찬이 자자하였는데
칠십 고희가 되도록 인생후반이 되었건만 달리 크게 번성함이 없구나
세상 살아가는 인생살이 진정 아직 끝나지 않았으니
대기만성이라 큰 그릇을 만드는 데는 시간이 오래 걸린다고 힘차게 응원하는 소리 들려온다

〔平仄構成〕

詩의 平仄構成은 平仄仄平平仄平 仄平仄仄仄平平 平平仄仄平仄仄 仄仄仄平平仄平으로 되어있다. 詩는 仄起式 七言絶句다. 그리고 詩는 韻字는 上平聲 十二 文韻을 썼는데 韻脚은 紛과 殷과 聞이다. 그리고 3句와 4句에서는 雙拗가 쓰였는데 本來 3句의 下三字는 平平仄이어야 하는데 平仄仄으로 되어, 卽 眞未盡으로 되어, 6字의 平字가 毁損되었다. 그러므로 4句의 5字는 本來 仄字여야 하는데 平字로 바꿔서, 卽 聲으로 바꿔서, 毁損된 平을 回復시켰다. 이로써 合律이 된다

〔작법감상〕

2024. 8. 4. 어릴 때 부모님과 주위 어른들로부터 '우리 마코(어린 시절 동네에서 통하던 나를 부르는 愛稱)는 龜甲四柱여'라고 부추기시던 말씀을 많이 들었다. 내용인즉 四柱八字가 좋아서 앞으로 잘 살 것이라는 따위의 칭찬인데 그분들의 사랑의 마음씀씀이가 지금도 늘 도탑다. 이어서 꼭 덧붙이셨던 大器晚成 型(type)이라는 말씀도 기억에 많이 남아있다. 물론 인생 후반전 뒤늦게야 비로소 크게 이루어진다는 뜻일 것이다. 그러므로 전체적으로 인생의 運勢를 보니 참 좋은 귀갑사주인데 그 운세가 제대로 피는 것은 전반인생에서가 아니고 후반인생에 가서야 돋보일 것이라는 것일 게다. 그러나 이제 필자의 나이가 실제로 인생 칠십 곧 古稀를 맞는 시간이 되었는데도 별무소식이라 궁금하기도 하고 초조하기도 해서, 게다가 날씨까지 무덥기도 해서, 天地神明께 하소연하는 심정으로 재미삼아 베껴본 것이니 마음이 넓으신 독자여러분께서는 부디 海量해주시리라 믿는다. 역시 어릴 적의 기억에만 의존하자면, 龜甲≒龜殼≒龜板≒龜背는 거북의 등딱지 껍데기로 전통적으로 귀한 藥材로 쓰이고 또한 귀한 금전 貨幣로 쓰였다고 하는데 어떻게 인간 사주팔자와 연관을 갖게 되었는지는 잘 모르겠으나, 귀갑사주는, 인생이 가야하는 길이 대체로 8방향으로 나뉘어지는데 그리고 각각의 자신은 자기가 가야할 방향으로 나아가야 성공할 수 있는데, 8방향 중 아무 방향으로 나가도 성공한다는 아주 신통한 운세로 풀이된다고 들었다. Wheresoever you go, you are going to be successful!! 물론 대기만성이라 뒤늦게 성공이 드러난다지만 좀 늦은 것이야 어찌하랴. 盛唐 杜甫의 "曲江 굽어서 흐르는 강"에, 아마 당시의 俗談(proverb)이었던 것으로 판단되는데, 古來稀가 등장한다: '朝回日日典春衣 每日江頭盡醉歸 酒債尋常行處有 人生七十古來稀 조회를 마치고 돌아와 날마다 봄옷을 저당 잡히고 매일 강가에 나가 잔뜩 술에 취해서 돌아온다 술값으로 진 빚은 가는 곳마다 있지만 인생 칠십은 예로부터 드물다 하지 않았던가.' 그리고 春秋時代 楚나라 老子의 "道德經 도와 덕을 설파하는 경전"에 大器晚成이 등장한다: '大器晚成 大音希聲 大象無形 道隱無名 큰 그릇은 늦게 만들어지고 큰 소리는 적게 성기어 들린다 큰 모양에는 형체가 없고 큰 도는 숨겨져 있어서 이름을 붙일 수 없다.' 그래서 결국 필자는 개인의 운명을 어차피 긍정적으로 보려고 노력하는 차원에서 시를 써보았다. 큰 그릇을 만드는 데는 시간이 오래 걸린다는, 그래서 크게 될 사람은 늦게 성공한다는, 또 그래서 큰 인물이 되려면 많은 시간과 노력이 필요하다는, 평범한 진리의 뜻을 새기며, 동시에 위안으로 삼으며, 기다림의 시간도 감수하고 싶다는 것이다: '어릴 적 龜甲四星이라고 칭찬이 자자하였는데 칠십 古稀가 되도록 後半生이 되었건만 달리 크게 殷盛하지 못하구나 세상 살아가는 인생살이 진정 아직 끝나지 않았으니 大器晚成이라, 큰 그릇을 만드는 데는 시간이 오래 걸린다고, 힘차게 응원하는 소리 들려오네.' 대기만성의 교훈을 생각하면 나는 얼른 연세대 김형석 교수와 방송인 이상용이 생각난다. 김교수는 태어나 너무 병약해서 어머니께서 늘 成人이 된 그의 모습을 보고 죽는 것이 소원이라고 했단다. 그래서 매사 몸조심 몸조심 몸단속하면서 살아서 지금은 건강한 105세의 전설적 철학자가 되었다. 뽀빠이 이상용도 미숙아로 태어나 병약해 제대로 살아갈 수 없다고 판단한 부모님이 땅에 묻어버리려 했다고 한다. 초등시절 책가방조차 들 힘이 없어서 아버지께서 학교까지 가방을 들어다주었다는 것이다. 그렇지만 이후 특별히 조심조심 건강을 관리하여 나름의 튼튼함을 유지할 수 있었고 고교시절에는 체육부에 들어갔고 고려대에 진학해서는 응원단장까지 하면서 체육활동의 상징이 되었다고 한다. 지금은 81세의 건강전도사가 되었다는 것이다. 모두 무르고 약함을 딛고 일어서 노력하여 강하고 튼튼함을 일군 대기만성의 인생승리가 아니겠는가.

[詩原文] 58

詠懷古蹟 其一
영회고적 기일

梁甫之吟平穩遨
草廬三顧亂爭遭
鞠躬盡瘁欻然逝
志決身殲投命鏖
上下君臣水魚篤
兩朝一片赤心高
古今將相無限數
諸葛出群單羽毛

양보지음평온오
초려삼고난쟁조
국궁진췌훌연서
지결신섬투명오
상하군신수어독
양조일편적심고
고금장상무한수
제갈출군단우모

[시해석]

고적에서 회포를 읊다 그 첫 번째

양보음 노래하며 평온히 노닐다가
초당을 세 번 찾음에 세상에 나와 난리를 운명적으로 맞닥뜨리게 된 것이다
몸과 맘을 다하여 나랏일에 이바지하다 뜻하지 않는 사이에 갑자기 떠나가시니
결연한 의지로 순직하였느니 아낌없이 목숨 바쳐 싸워서 적을 무찌르신 것이다
위아래 군신간의 물과 물고기의 사귐과 같은 친밀함 돈독하였고
두 임금을 섬김에 한 조각의 거짓 없는 참된 마음 숭고하였더라
동서고금을 통하여 장수와 재상의 수효가 무한할 것이로되
제갈공명!! 무리에서 우뚝 서서 하늘 높이 홀로 나는 난새이리요 봉새이리라!!

〔平仄構成〕

詩의 平仄構成은 仄仄平平平仄平 平仄平平仄仄平 仄仄仄平平仄仄 平仄平平平仄平 仄仄平平平仄仄 仄平仄仄仄平平 仄平仄仄平仄仄 平仄仄平平仄平으로 되어있다. 詩는 仄起式 七言律詩다. 그리고 詩는 韻字는 下平聲 四 豪韻을 썼는데 韻脚은 遨, 遭, 鼇, 高, 毛이다. 그리고 3句와 4句에서는 孤平拗救가 쓰였는데 本來 3句의 下三字는 平平仄이어야 하는데 仄平仄으로 되어, 卽 欻然逝로 되어, 5字의 平字가 毀損되었다. 그러므로 4句의 5字는 本來 仄字여야 하는데 平字로 바꿔서, 卽 投로 바꿔서, 毀損된 平을 回復시켰다. 이로써 合律이 된다. 그리고 5句의 下三字에서는 單拗가 쓰였다. 本來 5句의 下三字의 平仄의 構成은 平仄仄인데 仄平仄이 되어, 卽 水魚篤으로 되어, 5字에서 毀損된 平字를 6字에서 바로 回復한 것이다. 이는, 下三字에 孤平現象이 發生하였으나 挾平格으로 肯定的으로 看做하며, 本句 自救의 方法으로 또한 合律이 된다. 그리고 7句와 8句에서는 雙拗가 쓰였는데 本來 7句의 下三字는 平平仄이어야 하는데 平仄仄으로 되어, 卽 無限數로 되어, 6字의 平字가 毀損되었다. 그러므로 8句의 5字는 本來 仄字여야 하는데 平字로 바꿔서, 卽 單으로 바꿔서, 毀損된 平을 回復시켰다. 이로써 또한 合律이 된다. 그리고 中央四句의 下三字는 前聯과 後聯의 境遇에 文法構造를 다르게 配置하여 意味上 各各 欻然(副詞) 逝(動詞), 투命(副詞) 鼇(動詞), 水魚(名詞) 篤(動詞), 赤心(名詞) 高(動詞)로 읽히게 되어 四言一法 忌避의 原則을 따라서 平板을 避하고 錯綜을 지켰다. 그리고 詩에서 韻을 달지 않은 仄聲字 곧 逝, 篤, 數는 次例로 去聲, 入聲, 上聲이 되어 이른바 四聲遞用의 法則을 充實히 따랐다. 그리고 首聯 兩句도 서로서로 對仗을 갖추었다.

〔작법감상〕

5수 시 "詠懷古蹟 고적에서 회포를 읊다"는 杜甫가 759년 蜀 땅으로 들어가 近 10년 동안 지내면서, 夔州, 江陵, 歸州를 유랑하면서, 지역과 관련된 역사적 다섯 인물들의 흔적에 감개함을 읊은 것이다. 그래서 言必稱 시로 쓴 역사 '詩史'가 되었다. 庾信, 宋玉, 王昭君, 劉備, 諸葛亮이 등장하는데, 필자의 생각으로는, 諸葛亮에 관한 시에 두보는 특별히 심혈을 더욱 쏟아 神來之筆을 뽐내는 것으로 보인다. 우선 역사의 인물을 빌어, 比擬하여, 자신의 懷才不遇를 슬퍼하고 得意不成에 괴로워하는 방식이 諸葛孔明을 통해서 가장 효과적으로 펼쳐진 탓이라고 판단한다. 그래서 위 시에서는 필자는 두보가 된 심정으로 제갈공명의 일대기의 起承轉結을 나름대로 베껴 본 것이다: '제갈량이 隆中에서 梁甫(父)吟을 노래하며 평안히 노닐다가 유비가 草家를 세 번 찾아가서야 비로소 세상 난리를 운명적으로 맞닥뜨리게 된 것이다 몸과 맘을 다하여 나랏일에 이바지하다 홀연히 떠나가신 것이니 결연한 의지로 殉職하였으니 아낌없이 목숨 바쳐 싸워서 적을 무찌르신 것이다 상하 군신간의 물과 물고기의 사귐 敦篤하였고 두 군주 섬김에 한 조각의 거짓 없는 붉은 마음 崇高하였다 고금을 통하여 王侯將相의 숫자 무한히 많을 것이로되 아아 諸葛亮 무리에서 우뚝 서서 하늘 높이 나는 한 마리 난새요 봉새로다.' 제갈공명이 젊은 날 隆中에서 晴耕雨讀하며 노래했다는 梁甫吟을 시의 출발로 삼았다: '力能排南山 文能絶地紀 힘은 능히 남산을 밀칠만하고 문장은 능히 땅의 벼리를 끊을만하네.' 제갈공명의 "出師表 출병 시 임금에게 올린 글"에 三顧草廬가 나온다: '先帝不以臣卑鄙 猥自枉屈 三顧臣於草廬之中 咨臣以當世之事 선제께서 신을 미천한 사람으로 여기지 않으시고 외람스럽게도 스스로 몸을 굽혀 세 번이나 초가집 가운데서 신을 찾아주시고 당세의 여러 가지 일들을 신에게 물으셨습니다.' 제갈공명의 "出師表"에 鞠躬盡瘁가 또한 나온다: '鞠躬盡瘁 死而後已 몸 굽혀 나랏일에 힘을 다하고 죽은 뒤에야 그치렵니다.' 孟郊의 "列仙文金母飛空歌"에 欻然이 보인다: '駕我八景輿 欻然入玉淸 팔방의 경관이 트인 수레에 나를 태우고 갑자기 玉淸으로 드네.' 두보의 시 "詠懷古蹟"에 志決身殲이 보인다: '運移漢祚終難復 志決身殲軍務勞 운이 옮겨가서 한나라 왕조 끝끝내 회복하기 어려웠으니 결연한 의지로 순직하니 군사 사무에 수고로웠더라.' 西晉 潘岳의 "西征賦 서쪽을 정벌하는 노래"에 投命이 있다: '臨危而智勇奮 投命而高節亮 위기에 臨迫하여 지혜와 용기 드날리고 목숨을 바쳐서 높은 절개 밝히네.' 西晉 陳壽 "三國志" 諸葛亮傳에서 劉備가 자신과 제갈량의 관계를 水魚之交라고 말한다: '孤之有孔明 猶魚之有水也 願諸君勿復言 寡人이 공명을 얻은 것은 물고기가 물을 얻은 것과 같다 원컨대 그대들[關羽, 張飛]은 다시 더 공명에 대한 불평의 말을 하지 말아주오.' 두보의 "蜀相 촉나라 승상"에 兩朝가 등장한다: '三顧頻煩天下計 兩朝開濟老臣心 三顧茅廬하자 천하의 계책으로 번민하고 두 군주 섬기며 개국하며 구제하는 늙은 신하의 충성심이더라.' '一片丹心'은 北宋의 蘇東坡도 南宋의 陸游도 사용하였으나 보다 인상적인 것은 大高麗 鄭夢周의 "丹心歌"에서다: '이 몸이 죽고 죽어 일백 번 고쳐죽어 백골이 진토 되어 넋이라도 있고 없고 임 향한 一片丹心이야 가실 줄이 있으랴.' '王侯將相 寧有種乎'도 秦의 陳勝이 사용하였다지만 보다 피부에 와닿는 것은 大高麗 萬積의 '王侯將相이 어찌 씨가 따로 있겠는가'다. 高蟾의 "金陵晚眺 금릉에서 저녁때 바라보다"에 無限이 있다: '世間無限丹靑手 一段傷心畵不成 세간에 丹靑手 무한히 많으나 한 토막 슬픈 마음 그리지는 못하리.' 필자 黃白沙의 "慰撫西藏敍利亞悲運 티베트와 시리아의 슬픈 운명을 위로하며"에는 何限이 있다: '古來何限丹靑手 世上傷心摸不成 자고이래로 유명난 화가들 많다더라만 세상사 가슴아파하는 이내 마음을 그리지는 못하리.' 두보의 시 "詠懷古蹟"에 一毛羽가 보인다: '三分割據紆籌策 萬古雲霄一毛羽 三國鼎立의 계책에 분주하였으니 만고에 하늘을 나는 한 마리 봉황새라.' 2024년 6월 22일 쓴다. .

〔詩原文〕 59

詠懷古蹟 其二
영회고적 기이

狐死首丘靑塚墦
傾城傾國淚珠吞
出行落雁同音頌
醜怪畵圖千古原
未有强移胡妾婦
無窮怨恨漢宮媛
昭君美色春風面
月下殊方歸蜀魂

호사수구청총번
경성경국누주탄
출행낙안동음송
추괴화도천고원
미유강이호첩부
무궁원한한궁원
소군미색춘풍면
월하수방귀촉혼

〔시해석〕

고적에서 회포를 읊다 그 두 번째

죽어서도 고향을 그리워하며 푸른 무덤에 묻혀서
한 번 돌아보면 성을 기울게 하고 두 번 돌아보면 나라를 기울게 하였다는 어여쁜
여인 구슬 같은 눈물방울 삼키고 있네
변방으로 나갈 때 그녀의 미모를 보고서 놀라서 기러기가 날갯짓을 잊고 가라앉았
다고 사람들이 이구동성으로 아름다움을 칭송하였다지만
궁중 화원이 추하고 괴이하게 그린 것이 그 영원한 이별을 낳은 원인이 된 것이라네
강제로 옮겨져 오랑캐 땅의 첩실이 된 것은 미증유의 일이라
한나라 궁녀의 가히 영원무궁한 원한이 되었으리라
봄바람처럼 따사한 아리따운 얼굴의 왕소군이시여
이역만리 타국 땅 달빛 아래 헤매는 귀촉혼이 되셨습니다

〔平仄構成〕

詩의 平仄構成은 平仄仄平平仄平 平平平仄仄平平 仄平仄仄平平仄 仄仄平平平仄仄 仄仄平平平仄仄 平平仄仄仄平平 平平仄仄平平仄 仄仄平平平仄平으로 되어있다. 詩는 仄起式 七言律詩다. 그리고 詩는 韻字는 上平聲 十三 元韻을 썼는데 韻脚은 墦, 呑, 原, 媛, 魂이다. 그리고 中央四句의 下三字는 前聯과 後聯의 境遇에 文法構造를 다르게 配置하여 意味上 各各 同音(名詞) 頌(動詞), 千古(名詞) 原(動詞), 胡(名詞) 妾婦(名詞), 漢(名詞) 宮媛(名詞)으로 읽히게 되어 四言一法 忌避의 原則을 따라서 平板을 避하고 錯綜을 지켰다. 그리고 詩에서 韻을 달지 않은 仄聲字 곧 頌, 婦, 面은 次例로 去聲, 上聲, 去聲이 되어 이른바 四聲遞用의 法則을 充實히 따랐다. 그리고 尾聯 兩句도 서로서로 對仗을 갖추었다.

〔작법감상〕

시는 필자가 王昭君의 묘 青冢에 들러서 그 감회를 써 본 것으로 상정하였다. 무엇보다도 그녀의 넋이 있어서 지금도 여전히 고향을, 한나라 황실을, 그리고 元帝의 사랑을 그리워하는 마음으로 이국땅에서 떠도는 것으로 베껴 본 것이다. 그래서 시의 시작에서 故事成語 狐死首丘('狐死首丘 人死歸土 여우는 죽을 때 살던 언덕 쪽으로 머리를 향하고 사람은 죽으면 흙으로 돌아간다')를 쓰고 시의 끝에서 故事 歸蜀魂('蜀國曾聞子規鳥 宣城還見杜鵑花 一叫一回腸一斷 三春三月憶三巴 일찍이 촉 땅에서 자규새소리 듣더니 선성에서 다시 두견화를 본다 한 번 울면 애간장 한 번 끊나니 三春 三月에 三巴를 돌이켜 생각한다')으로 호응시켰다: '죽어서도 고향을 그리워하며 푸른 무덤에 묻혀서 한 번 돌아보면 성을 기울게 하고 두 번 돌아보면 나라를 기울게 하였다는 어여쁜 여인 구슬 같은 눈물방울 삼키고 있네 변방으로 나갈 때 그녀의 미모를 보고서 놀라서 기러기가 날갯짓을 잊고 가라앉았다고, 落雁이라고, 사람들이 이구동성으로 아름다움을 稱頌하였다지만 궁중화원이 추하고 괴이하게 그린 것이, 醜色畵圖가, 그 영원한 이별을 낳은 原因이 된 것이라네 강제로 옮겨져 오랑캐 땅의 첩실이 된 것은 未曾有의 일이라 가히 한나라 궁녀의 永遠無窮한 원한이 되었으리라 봄바람처럼 따사한 아리따운 얼굴의 王昭君이시여 이역만리 타국 땅 달빛 아래 헤매는 歸蜀魂이 되셨습니다.' 青冢은, 漢代 王昭君의 묘로 지금은 내몽고 자치구 호화호특시에 있는데, 指漢朝王昭君墓 在今內蒙古自治區呼和浩特市, 杜甫의 "詠懷古蹟 고적에서 회포를 읊다"에서도 보인다: '一去紫臺連朔漠 獨留青冢向黃昏 궁궐 한 번 떠난 뒤 북방 사막으로 이어지니 푸른 무덤 홀로 남아 황혼녘을 바라본다.' 白居易의 "長恨歌 긴 한의 노래"는 傾國傾城으로 말문을 연다: '漢皇重色思傾國 御宇多年求不得 한나라 황제 여색을 중히 여겨 傾國之色을 사모하나 임금이 다년간 나라를 다스리는 동안 구하려하나 얻지 못하였다.' 필자 黃白沙의 "怨而不怨 원망하나 분노하지 않음"에 原因이 보인다: '怨而不怨輕輕敍 徵聖原根諷諫原 원망하나 분노하지 않으며 담담히 써 내려가니 성인으로부터 규범을 구하는 徵聖의 본디의 근본이요 완곡한 표현으로 잘못을 고치도록 말하는 諷諫의 본디의 근본이라.' 杜甫의 "宿府 장군막부에서 숙박하며"에 強移가 나온다: '已忍伶俜十年事 強移棲息一枝安 외롭게 떠도는 삶의 일들 10년이나 여태껏 견뎌왔는데 이제 억지로 옮겨와 작은 나뭇가지에 앉아 편히 쉰다.' 李白의 "王昭君 왕소군" 시에 胡地妾 漢宮人이 나온다: '今日漢宮人 明朝胡地妾 오늘은 한나라의 궁녀요 내일 아침이면 오랑캐 땅의 첩이라.' 杜甫의 "詠懷古蹟 고적에서 회포를 읊다"에 畵圖가 보인다: '畵圖省識春風面 環佩空歸月下魂 그림으로 알아 본 봄바람처럼 따사한 아리따운 왕소군의 얼굴은 패옥과 함께 쓸쓸히 달빛 비치는 아래서 넋이 되었다.' 杜甫의 "詠懷古蹟 고적에서 회포를 읊다"에 怨恨이 보인다: '千年琵琶作胡語 分明怨恨曲中論 천 년 간 비파곡 오랑캐 말로 지으니 분명히 곡중에서 원한을 말하리라.' 杜甫의 "奉待嚴大夫 엄대부를 받들어 기다리다"에 殊方이 쓰인다: '殊方又喜故人來 重鎮還須濟世才 이역만리 먼 땅에서 고인이 오신다니 너무나 기쁘구나 지도적 역량을 가진 이가 돌아와 필히 세상의 인재를 구제하시리라.' 杜甫의 "詠懷古蹟 고적에서 회포를 읊다"에 春風面 月下魂이 보인다: '畵圖省識春風面 環佩空歸月下魂 그림으로 알아 본 봄바람처럼 따사한 아리따운 왕소군의 얼굴은 패옥과 함께 쓸쓸히 달빛 비치는 아래 혼이 되었다.' 이제 未堂 徐廷柱의 "歸蜀途 귀촉도"를 보자: '눈물 아롱아롱 피리 불고 가신 임의 밟으신 길은 진달래 꽃비 오는 西域 삼만리 흰 옷깃 여며 여며 가옵신 임의 다시 오진 못하는 巴蜀 삼만리...' 2024. 7. 13. 쓴다.

〔詩原文〕 60

陶朱公范蠡
도주공범려

利他主義實長伸
出仕隱居趨舍彬
命赴黃泉范蠡見
對傳愛重地球民
이 타 주 의 실 장 신
출 사 은 거 추 사 빈
명 부 황 천 범 려 견
대 전 애 중 지 구 민

〔시해석〕

도주공 범려

이타주의를 진실로 크게 길이 펼치신 도주공 범려 선생은
벼슬길에 나아감과 세상을 피해 숨어사는 진퇴의 극명한 실천도 빛났었노라
훗날 명을 받아 황천길에 가다가 범려 선생 만나면
지구 인민들의 사랑과 존경을 마주 뵈옵고 전하리라

〔平仄構成〕

詩의 平仄構成은 仄平仄仄仄平平 仄仄仄平平仄平 仄仄平平仄平仄 平仄仄仄仄平平으로 되어있다. 詩는 平起式 七言絶句다. 그리고 詩는 韻字는 上平聲 十一 眞韻을 썼는데 韻脚은 伸과 彬과 民이다. 그리고 3句의 下三字에서는 單拗가 쓰였다. 本來 3句의 下三字의 平仄의 構成은 平仄仄인데 仄平仄이 되어, 卽 范蠡見으로 되어, 5字에서 毁損된 平字를 6字에서 바로 回復한 것이다. 이는, 下三字에 孤平現象이 發生하였으나 挾平格으로 肯定的으로 看做하며, 本句 自救의 方法으로 또한 合律이 된다.

〔작법감상〕

나의 姓名을 대자면 응당 黃必洪인데 雅號(penname/nom de plume)로는 白沙, 山浦, 漢陽, 范蠡를 쓰고 있다. 白沙는 내가 태어난 곳에서 가져온 이름이요, 山浦는 내가 소년기를 보낸 땅에서 가져온 이름이며, 漢陽은 성년이 된 이후 내가 줄곧 세상을 살아가는 신성하고 아름다운 수도 서울의 무대에서 가져온 이름이고, 范蠡는 춘추전국시대 越나라의 經世家 정치인이자 군사가이며 경제학자에서 가져온 이름이다. 필홍을 비롯해서 백사, 산포, 한양, 범려 공히 글자에 물기(水分)가 들어간 것이 특징인데 처음에는 나 자신도 모르다가 한참 시간이 흐른 후에야 깨닫게 되었다. 그런데, 특별히, 范蠡를 나의 別號로 불러 쓰게 된 것은, 무엇보다도, 월왕 구천을 도와 오나라를 멸망시키고 구천을 春秋五覇에 설 수 있게 하였으며 이어 월나라를 떠나 성공한 상업경영에서 보여준, 曾到越國助勾踐滅吳 後離開越國經商, 그의 빼어난 出處進退의 탈출감각(exodus sense)과 위대한 인민사랑의 나눔의 利他主義(altruistic discipline) 탓일 것이다. 탈출과 관련하여, 범려가 토끼가 죽으면 개를 삶는다는 兎死狗烹을 언급하며 월 왕은 고난은 같이할 수 있어도 영광은 함께 나눌 수 없는 觀相이라며 순식간의 탈출을 감행한 것은 지혜로운 것을 넘어 참으로 위대한 결정이다. 서양의 鼻祖 철학자 플라톤(Platon/Plato)이 한때 국왕으로부터 노예시장에 팔려가는 과정에서 극적으로 탈출한 奇智와 勇敢無雙이 또한 연상된다. 나도 항상 탈출을 노린다!! 그리고, 이타주의와 관련하여, 이어지는 그의 富饒의 나눔을 한번 보라. 齊나라로 趙나라로 넘어가 이름을 바꾸고 장사해서 막대한 재산을 일구었는데 재산을 형성하는데 더불어 기여한 사람들에게 모두 나누어주고 세상에서 은퇴한 후 悠悠自適하였다는 것이다. 참 어려운 일이지만 나누는 것은 참 멋진 일이다... 'To share is to care, 나누는 것이 사랑하는 것이다.' 우리 한시학당의 명품 시인 木覓布衣 선생이 '평생 모은 미술품을 기증한 사람이 나는 세상에서 가장 존경스럽더라'라고 언젠가 인상적으로 말하더라. 나도 항상 이타주의를 꿈꾼다!! 조선 許蘭雪軒 시인이 좋아한, 나도 좋아하는, 晚唐의 杜牧 시인도 어지간히 범려선생을 마음에 두었던 모양이다. 그의 시 "題宣州開元寺水閣 선주 개원사 물가 정자에 시를 지어 붙이다"에 범려에 대한 憧憬이 가득 묻어난다: '惆悵無因見范蠡 參差煙樹五湖東 범려를 볼 까닭이 없으니 슬프고 원망스러운데 그가 사라졌다는 五湖의 동쪽에는 들쭉날쭉 안개 낀 나무숲이 우거져있구나.' 내가 좋아하는 범려선생을 내가 좋아하는 만당의 대 시인 두목이 이미 사랑하였다니 뿌듯하다. 마치 내가 가장 좋아하는 과일 수박을 내가 좋아하는 미국 문학의 아버지로 추앙받는 대 소설가 마크 트웨인이 이미 수박을 천사들이 먹는 과일이라고 칭송하여서 또한 뿌듯하듯이... 'When one has tasted it[watermelon], a la Mark Twain, he knows what the angels eat. 사람들이 수박을 맛보고 나서 천사들이 무엇을 먹고사는지 알게 되었다.' 2024년 7월 27일 쓴다.

〔詩原文〕61

氣候變化 其一
기 후 변 화 기 일

兩極氷河融化當
大韓生態氣溫昂
三寒四暖不淸楚
下午二時非最陽
明太察加徒去去
烏魚北海卻昌昌
自然毁損自然變
利己招災繩縛殃
양 극 빙 하 융 화 당
대 한 생 태 기 온 앙
삼 한 사 난 불 청 초
하 오 이 시 비 최 양
명 태 찰 가 도 거 거
오 어 북 해 각 창 창
자 연 훼 손 자 연 변
이 기 초 재 승 박 앙

〔시해석〕

기후변화 그 첫 번째

남극과 북극에서 빙하가 녹아내리는 일이 눈앞에서 닥치게 되었고
대한국 한반도에서는 생태계의 대기의 온도가 높이 올라가고 있는 중이다
사흘 춥고 나흘 따뜻하다는 기후현상을 이르는 삼한사온은 이제는 불분명하게 되었고
오후 두 시가 하루 중 최고로 더운 시간이라는 것도 이제 더 이상 사실이기 어렵다
명태는 러시아 캄차카반도로 부질없이 저멀리 가버리고
오징어는 일본국 홋카이도에서 되레 풍성한 모양새다
인간이 자연을 훼손하여 자연이 변질된 탓이니
인간의 이기주의가 부른 재난이요 자승자박의 재앙이라

〔平仄構成〕

詩의 平仄構成은 仄仄平平平仄平, 仄平平仄仄平平, 平平仄仄仄平仄, 仄仄仄仄平平平, 平仄仄平平仄平, 平平仄仄仄平平, 仄平仄仄仄平仄, 仄仄平平平仄平으로 되어있다. 詩는 仄起式 七言律詩다. 그리고 詩는 韻字는 下平聲 七 陽韻을 썼는데 韻脚은 當, 昻, 陽, 昌, 殃이다. 그리고 3句와 4句에서는 孤平拗救가 쓰였는데 本來 3句의 下三字는 平平仄이어야 하는데 仄平仄으로 되어, 卽 不淸楚로 되어, 5字의 平字가 毁損되었다. 그러므로 4句의 5字는 本來 仄字여야 하는데 平字로 바꿔서, 卽 非로 바꿔서, 毁損된 平을 回復시켰다. 이로써 合律이 된다. 그리고 7句와 8句에서도 孤平拗救가 쓰였는데 本來 7句의 下三字는 平平仄이어야 하는데 仄平仄으로 되어, 卽 自然變으로 되어, 5字의 平字가 毁損되었다. 그러므로 8句의 5字는 本來 仄字여야 하는데 平字로 바꿔서, 卽 繩으로 바꿔서, 毁損된 平을 回復시켰다. 이로써 또한 合律이 된다. 그리고 中央四句의 下三字는 前聯과 後聯의 境遇에 文法構造를 다르게 配置하여 意味上 各各 不(副詞) 淸楚(名詞), 非(副詞) 最陽(名詞), 徒(副詞) 去去(動詞), 却(副詞) 昌昌(動詞)로 읽히게 되어 四言一法 忌避의 原則을 따라서 平板을 避하고 錯綜을 지켰다. 그리고 詩에서 韻을 달지 않은 仄聲字 곧 楚, 去, 變은 次例로 上聲, 去聲, 上聲이 되어 이른바 四聲遞用의 法則을 充實히 따랐다. 그리고 首聯 兩句도 서로서로 對仗을 갖추었다.

〔작법감상〕

언제부턴가 '기후변화'니 '기후위기'니 하더니 이제 와서는 時時刻刻 도처에서 지구생태계가 奇想天外하게 변질되어 인간의 삶을 궁지로 몰아가는 조짐들이 속속 노정되고 있는 실정이다. 그래서 필자는 두 편에 걸쳐서 氣候變化라는 제목 아래 밖 實狀과 우리 안 心態를 살펴보고자 한다. 其一에서는 기후의 폭동과 반란의 원인에 주안점을 두고, 其二에서는 자연의 이상기후 현상에 대한 인간의 제안과 처방을 생각해보고자 한다. 나는 첫째 인간의 자연에 맞서는 극단적 배타적 利己主義를 꾸짖으려 하며, 둘째 그러므로 종내에는 인간과 자연이 渾然一體가 되어 相扶相助하여야 한다는 충심을 제안하려는 바다. 그래서 위 시는 지구전체의 기후변화를 상징하는 것으로 멀리 極地方에서 빙하가 녹아내리는 것을 우선 지적하고 이어서 가까이서 대한민국 한반도에서 다방면에서 불편을 초래하는 기온의 상승을 들추어내고 있다. 더 이어서 中聯 四句에서는 韓半島 내 육지의 기후가 서서히 변모하고 있다고 말하고, 바다에서의 온도상승이 가져온 동해 물고기의 갑작스런 이동을 구체적으로 지적하고 있다. 그리고 끝에 가서 맺는말로서 이 모든 것이 자연을 도외시하고 인간만 살겠다는 지나친 利己主義가 부른 自業自得의 慘狀이 아니겠느냐고 반성을 촉구하고 있는 것이다. '남극 북극에서 빙하가 녹아내리는 일이 바로 눈앞에서 닥치게 되었고 大韓民國 韓半島에서는 생태계의 대기의 온도가 높이 올라가고 있다고 한다 일컫건대 주기적 기후현상 三寒四溫은 불투명하게 되었고 오후 두 시가 하루 중 최고로 더운 시간이라는 것도 더 이상 사실이 아닐 것이다 명태는 러시아 극동부 勘察加半島(Kamchatka Peninsula)로 헛되이 저멀리 가버리고 오징어는 일본국 최북단 北海道에서 오히려 풍성한 모양새가 되었다 이것은 인간이 자연을 훼손하여 자연이 변질된 탓이니 인간의 배타적 배척적 利己主義가 부른 災難(disaster)이요 自繩自縛 自業自得의 災殃이리라.' 이제 身邊雜記 畫蛇添足: 요사이 우리나라 대한민국 사회가 이제는 선진국사회라고 자타가 많이들 얘기한다. 여러 가지를 살펴 둘러보면서 기꺼이 동의하고 싶다. 특별히 물질문명에서는 선진사회가 되기에 별 부족함이 없을 것이다. 그러나 동시에 우리가 아직도 더 개선해야할 비선진적, 심하게는 비문명적, 행동양식이 있다는 것을 나는 한 사람 시민으로서 한 사람 시인으로서 애써 지적하고 같이 문제의 해결책을 마련하자고 감히 주장하고 싶다. 첫째 물질적 이기주의다. 아직도 공공장소에서, 특히 집단 행사가 있는 곳에서는, 침 뱉기가 심심찮고 쓰레기도 꽤 놀랄 정도로 즐비하게 쌓인다. 한강변이나 광화문일대나 시내 곳곳 버스정류장 등에서 흔하게 보인다. 내게 당장 쓸모가 없는 것을 생각 없이 그냥 버리는 것이다. 우리들 개개인의 집에서는 결코 그렇게 하지 않을 것이 아닌가. 전형적 극단적 이기주의적 행위다. 또 다른 물질적 이기주의에 도절표절(plagiarism)이라는 것이 있다. 논문표절, 노래곡조가사도절, 학력위조 따위다. 학교에서도, 연예계에서도, 정치판에서도 만연한다. 이제 어디서 표절시비가 등장하더라도 결코 놀라지도 않으리라. 남의 쓸모가 있는 것을 훔쳐서 생각 없이 그냥 쓰는 것이다. 어느 정치인은 얼마 전 자신의 학위논문표절이 들통나자 학위를 곧장 반납하면 되지 않겠느냐고 당당하게 말하더라... 둘째 정신적 이기주의다. 남에 대한 친절과 존중이 부족하다. (不足이라는 단어보다는 全無하다는 쪽에 가깝다.) 극단적 배타적 이기주의(exclusive selfishness)를 자유주의(liberalism)나 개인주의(individualism)와 동일시하는 것은 큰 착각이다. 각자 나름의 삶을 사는 것 즉 '내가 살고 네가 살게 하는 것'은 필수다. To live and let live!! 자신의 생명과 자산에 대한 권리를 존중하고 사랑하는 것과 동시에 또한 상대의 생명과 자산에 대한 권리를 존중하고 사랑하는 것이 진정한 자유주의와 개인주의가 설 존재이유(raison d'etre)다. 그렇다면 함부로 타인에게 불편을 저지르는 것은 필시 죄악에 가깝다. 자연을 학대하는 것도 마찬가지다. 우리들 정신세계의 극단적 이기적 行動擧止에 지나지 않는다. 필자는 그래서 우리 세계인민들에게 건의하고 싶다. 우리 다함께 자연 앞에 무릎 꿇고서 가슴을 치며 자연에게 저지른 과거 잘못을 百拜謝罪하자고 그리고 앞으로 진실되게 함께 나가자고... 是日也放聲大哭!! Hand in hand!! 2024. 7. 28.

〔詩原文〕 62

氣候變化 其二
기후변화 기이

利己人間繩縛災
請君爲問孰忙催
炭排縮減恒實踐
廢棄再生常展開
氣候機關天下督
自然運動萬民培
地球當代不垂者
後裔暫時租借垓

이 기 인 간 승 박 재
청 군 위 문 숙 망 최
탄 배 축 감 항 실 천
폐 기 재 생 상 전 개
기 후 기 관 천 하 독
자 연 운 동 만 민 배
지 구 당 대 불 수 자
후 예 잠 시 조 차 해

〔시해석〕

기후변화 그 두 번째

기후변화는 이기주의 인간의 자업자득의 재앙이려니
때문에 그대에게 청컨대 묻노니 이제 무엇을 서두르고 무엇을 재촉하여야 하겠습니까
탄소배출을 덜고 줄여서 적게 함을 항상 실천하고
폐기물자를 다시 살려서 쓰게 만듦을 항상 전개합시다
기후연구기관을 우리 천하만민이 독려하며 채찍질하고
자연보호운동을 우리 천하만민이 배양하며 북돋웁시다
지구는 지금 우리들 당대가 후손들에게 물려주는 것이 아니요
미래 후손들에게서 우리들이 잠깐 빌려 쓰는 하늘 아래 땅 세상이라오

〔平仄構成〕

詩의 平仄構成은 仄仄平平平仄平 仄仄平仄仄平平 仄平仄平平仄仄 仄仄平仄平平平 仄平仄平平仄平 仄仄平仄仄平平 仄平平仄仄平仄 仄仄仄平平仄平으로 되어있다. 詩는 仄起式 七言律詩다. 그리고 詩는 韻字는 上平聲 十灰韻을 썼는데 韻脚은 災, 催, 開, 培, 垓이다. 그리고 3句와 4句에서는 雙拗가 쓰였는데 本來 3句의 下三字는 平平仄이어야 하는데 平仄仄으로 되어, 卽 恒實踐으로 되어, 6字의 平字가 毁損되었다. 그러므로 4句의 5字는 本來 仄字여야 하는데 平字로 바꿔서, 卽 常으로 바꿔서, 毁損된 平을 回復시켰다. 이로써 合律이 된다. 그리고 7句와 8句에서는 孤平拗救가 쓰였는데 本來 7句의 下三字는 平平仄이어야 하는데 仄平仄으로 되어, 卽 不垂者로 되어, 5字의 平字가 毁損되었다. 그러므로 8句의 5字는 本來 仄字여야 하는데 平字로 바꿔서, 租로 바꿔서, 毁損된 平을 回復시켰다. 이로써 또한 合律이 된다. 그리고 中央四句의 下三字는 前聯과 後聯의 境遇에 文法構造를 다르게 配置하여 意味上 各各 恒(副詞) 實踐(動詞), 常(副詞) 展開(動詞), 天下(名詞) 督(動詞), 萬民(名詞) 培(動詞)로 읽히게 되어 四言一法 忌避의 原則을 따라서 平板을 避하고 錯綜을 지켰다. 그리고 詩에서 韻을 달지 않은 仄聲字 곧 踐, 督, 者는 次例로 去聲, 入聲, 上聲이 되어 이른바 四聲遞用의 法則을 充實히 따랐다.

〔작법감상〕

앞의 氣候變化 其一에서는 놀랍고 두려운 자연 기후변화의 原因에 주안점을 두었고, 여기 氣候變化 其二에서는 자연의 이상기후 현상에 대한 우리 인간들의 解決方案을 생각해보았다. 前者는 기후변화는 인간의 이기주의가 자연을 해친 것이라고 고발하였고, 後者는 그러므로 결국 인간과 자연이 하나가 되어야 한다는, 渾然一體가 되어야 한다는, 相扶相助하여야 된다는 깨우침을 상정한다. 나는 '人類自然同一體 時時刻刻總銘心 인간과 자연은 같은 한 몸인 것을 자나깨나 우리 다 마음에 새기자'는 심정으로 동시대를 살아가는 존경하는 이웃에 陳情하는 바다. 미국 Utah대학에서 유학하면서 장보러 가면 식품을 담아주는 종이봉투에 다음과 같은 미국 인디언들의 인상적 자연사랑의 同行을 전하는 格言(Proverbs)을 엿볼 수 있었다: 'Treat the earth well: it was not given to you by your parents, it was loaned to you by your children. We no not inherit the Earth from our Ancestors, we borrow it from our Children.' 'The earth does not belong to man, man belongs to the earth.' 'The world doesn't want to be saved, it wants to be loved.' ('지구를 잘 대하라: 지구는 당신의 부모가 당신에게 준 것이 아니라 당신의 아이들에게서 빌린 것이다. 우리는 지구를 우리의 조상들로부터 물려받은 것이 아니요 우리가 우리의 아이들로부터 빌려온 것이다. 지구는 인간에게 속하는 것이 아니고 인간이 지구에 속하는 것이다. 지구는 보호받기를 원하는 것이 아니라 지구는 사랑받기를 원한다.') 그래서 시의 首聯에서 오늘날의 기후변화가 가져오는 우리의 삶에 재앙이 되는 고통은 인간의 利己主義와 排他主義의 탓이라며 이제 그렇다면 우리가 어떻게 대처하여야 하겠느냐고 반문하고 있는 것이다. 인간의 이기심을 꾸짖는 것은 石濤 林春峰의 "氣候變化"에 보이고, '人心朝夕幾回變 山鳥地球離散忘 기후가 변하니 사람들 마음 조석으로 몇 번이나 바뀌던 산새들도 지구를 떠나버리는구나,' 平士 洪炯彬의 "氣候變化"에도 보이고, '慾利求便無限定 何時甘露自降望 지금처럼 무한정으로 이익만을 욕심내고 편리함만을 추구한다면 언제나 자연의 감미로운 이슬이 스스로 내려오기를 바랄 수 있을 것인가,' 필자 白沙 黃必洪의 "氣候變化 其一"에도 보인다, '自然毁損自然變 利己招災繩縛殃 인간이 자연을 훼손하여 자연이 변질된 탓이니 인간의 이기주의가 부른 재난이요 자승자박의 재앙이라.' 또한 그래서 줄곧 이어지는 頷聯에서는 기후변화에 맞서서 국내에서 우리가 할 일에 대해서 쓰고, 頸聯에서는 국제적으로 함께 할 일에 대해서 써 보았다. 우선 우리나라 안에서라도 탄소배출을 덜고 줄여서 적게 함을 항상 실천하자고 그리고 폐기물자를 다시 살려서 쓰게 만듦을 항상 전개하자고 제안하고, 한편 나라 밖 세계적으로도 기후연구기관을 우리 천하만민이 채찍질하고 또 자연보호운동을 우리 천하만민이 북돋우자고 제안하고 있는 것이다. 그리고 끝으로 尾聯에서는, 위에서 지적하였듯이, 미국 원주민들의 오랜 세월의 경고성 자연보호선언의 멋진 金言을 인용하면서 자연의 사랑과 자연과의 일체감을 强勸하고 있는 것이다: '기후변화는 利己主義의 인간의 自業自得의 災殃이려니 때문에 그대에게 청컨대 묻노니 이제 무엇을 서두르고 재촉하여야 하겠습니까 炭素排出을 덜고 줄여서 적게 함을 항시 實踐하고 廢棄物資를 다시 살려서 쓰게 만듦을 항시 展開합시다 또 기후연구기관들을 우리 천하만민이 督勵하고 자연보호운동들을 우리 천하만민이 培壅합시다 지구는 지금 우리들 당대가 후손에게 물려주는 것이 아니요 미래 후손에게서 우리들이 暫時 빌려 쓰는 하늘 아래 地境 세상이라오.' 끝으로 餘談 한마디 띄운다. 역시 미국 유타대에서 대학원공부를 하던 중에 나는 어느 학기에 강의조교(Teaching Assistant)가 되어 자연주의자 철학자 Kirk Robinson교수의 한 학기 강의를 돕게 되었다. 언젠가 그가 서부 자연파운동가모임이 있어서 참석하게 되었다면서 내게 그의 강의를 1회 대신해달라고 부탁하였다. 그런데 얘기 말미에 그 모임은 유명 영화배우 Robert Redford가 주도한다고 하더라. 그래서 자연파운동가 배우 레드포드에게 안부를 전하였고 훗날 기회가 되면 한번 만나고 싶다고 말했던 기억이 있다. 그 뒤로 나는 학위공부가 끝나서 귀국하면서 그런 기회는 갖지 못하게 되어 로빈슨과 레드포드와 나 三人이 만나서 自然保護를 얘기할 신박한 시간은 영원히 갖지 못하게 되었다. 2024. 8. 10.

〔詩原文〕63

立秋有感
입추유감

氣候變遷持續由
三冬愈短夏長留
天高節爽期望早
蟋蟀淸聲聞聽悠
掩卷煩忙擬徒步
想炎驚怯動心憂
漢陽相月無涼納
正是秋來不似秋

기후변천지속유
삼동유단하장류
천고절상기망조
실솔청성문청유
엄권번망의도보
상염경겁동심우
한양상월무량납
정시추래불사추

〔시해석〕

입추에 느끼는 바가 있어

지구의 기후변화가 계속된 탓으로 말미암아
우리 반도의 겨울철은 점점 더 짧아지고 여름은 오래도록 머문다고 한다
하늘이 높고 날씨가 서늘함을 기대하기는 아직 이르고
귀뚜라미 청량한 울음소리 듣기는 여전히 멀기만 하는가
읽던 책 덮고 번거로이 서둘러 보행길에 나서려니
찌는 무더위가 연상되어 놀라 겁나 마음근심이 생동하는구나
수도 서울 한양땅에 음력 7월에도 시원한 기운이 도대체 감돌지 않으니
정말 가을이 왔다지만 가을 같지 않음이로다

〔平仄構成〕

詩의 平仄構成은 仄仄仄平平仄平 平平仄仄仄平平 平平仄平仄仄仄 仄仄平平平仄仄 仄仄平平仄仄平 仄平仄仄平仄仄 平仄仄仄平仄仄 仄仄平平仄仄平으로 되어있다. 詩는 仄起式 七言律詩다. 그리고 詩는 韻字는 下平聲 十一 尤韻을 썼는데 韻脚은 由, 留, 悠, 憂, 秋이다. 그리고 3句와 4句에서는 雙拗가 쓰였는데 本來 3句의 下三字는 平平仄이어야 하는데 平仄仄으로 되어, 卽 期望早로 되어, 6字의 平字가 毀損되었다. 그러므로 4句의 5字는 本來 仄字여야 하는데 平字로 바뀌서, 卽 聞으로 바뀌서, 毀損된 平을 回復시켰다. 이로써 合律이 된다. 그리고 5句의 下三字에서는 單拗가 쓰였다. 本來 5句의 下三字의 平仄의 構成은 平仄仄인데 仄平仄이 되어, 卽 擬徒步로 되어, 5字에서 毀損된 平字를 6字에서 바로 回復한 것이다. 이는, 下三字에 孤平現象이 發生하였으나 挾平格으로 肯定的으로 看做하며, 本句 自救의 方法으로 또한 合律이 된다. 그리고 中央四句의 下三字는 前聯과 後聯의 境遇에 文法構造를 다르게 配置하여 意味上 各各 期望(名詞) 早(動詞), 聞聽(名詞) 悠(動詞), 擬(動詞) 徒步(名詞), 動(動詞) 心憂(名詞)로 읽히게 되어 四言一法 忌避의 原則을 따라서 平板을 避하고 錯綜을 지켰다. 그리고 詩에서 韻을 달지 않은 仄聲字 곧 早, 步, 納은 次例로 上聲, 去聲, 入聲이 되어 이른바 四聲遞用의 法則을 充實히 따랐다.

〔작법감상〕

사실 月曆으로 보자면 양력 8월은 음력 7월로서 時令으로서는 바야흐로 가을철에 들어선 것이다. 작금의 8월 7일은 가을이 시작한다는 立秋이고 그로부터 보름날이 지나서는, 무더위를 물리친다는 그래서 이때부터 더위가 수그러지기 시작한다는, 處暑가 된다. 그런데도 여전한 찌는 더위는 도대체 어찌된 영문인가 하는 놀람과 불안의 탄식을 위 시는 베껴본 것이다. 지구 일원이 기후변화(Climate Change)를 겪으면서, 더워지면서, 특별히 우리 한반도에서의 영향은 추운 겨울은 짧아지고 灼熱하는 여름이 길어진다는 예측이 있다. 올 여름은 정말로, 甲男乙女가 공감하겠지만, 내가 지금까지 겪었던 여름 중에서 가장 더운 여름이라고 서슴없이 말할 수 있을 것 같다. 뉴스에서도 연일 '올해 7월이 지구 기상관측 이래 가장 더운 달이었다, 입추가 지난 지 열흘이 됐는데도 찜통더위가 이어지고 있다, 서울!! 118년 만에 최장 열대야...' 등등 폭염기후를 시시각각 전하고 있는 실정이다. 그도 그런 것이 과거에는 여러 날 덥다가도 더운 기운이 조금 누그러지기도 하고 다시 더워지곤 하였는데 이번 여름은 무려 한 달이 넘도록 쉼 없이 덥고 게다가 熱帶夜가 계속되어 놀랍기 그지없는, 가공스런, 여름더위가 아닐 수 없다. (미국 유학을 Iowa로 갔었는데 겨울기온이 서울날씨에 비해서 조금 낮았는데 그것보다는 한번 추우면 2주씩 3주씩 추운 것은 정말로 견디기 어려웠다. 그래도 우리는 이름하여 三寒四溫이 있어서 겨울나기가 그런대로 견딜 만하지 않았던가.) 시에서는 首聯에서, 입추를 맞아서, 기후변화가 지구를 뒤덮고 있는데 우리 반도의 영향은 무엇보다도 여름이 길어진다는 憂慮가 짙게 드리우고 있다. 頷聯에서는 묻노니, 가을에 들어서면서도 天高馬肥 계절은 어디갔는가 또 淸涼한 귀뚜라미 울음소리는 언제 들을 수 있는가. 頸聯에서는 결국 더운 날씨를 견디지 못해서 避暑 삼아 책 덮고 보행에 나서려고 하는데 밖의 찌는 무더위가 연상되면서 심신 주위에 걱정근심이 진동하는 것을 느낀다. 그래서, 참담한 심정으로, 가을이 도래하였다지만 가을이 온 것 같지 않다고 외친다. 봄이 왔지만 봄 같지 않다는 말은 들어봤지만 가을이 왔지만 가을이 온 것 같지 않다는 말은 처음 경험하게 되었다고 내심 넋두리를 펴고 있는 것이리라: '氣候變化가 계속된 탓으로 겨울은 더욱 짧아지고 여름은 오래도록 머문다고 한다 하늘이 높고 기상이 시원함을 기대하기는 이르고 맑은 귀뚜라미 울음소리는 멀기만 하는가 읽던 책 덮고 번거로이 서둘러 보행길 나서려는데 찌는 무더위가 떠올라 놀라서 겁이나 마음근심이 생겨난다 수도 한성 음력 7월에도 시원한 기운이 감돌지 않으니 참으로 가을이 왔다지만 가을 같지 않음이라.' 孟郊의 "遊子吟 나그네의 노래"에 三春/春三을 노래해서 三冬/冬三을 여기 끌어왔다: '誰言寸草心 報得三春輝 누가 말하는가 한 치 밖에 안 되는 풀과 같은 마음이, 자식의 보잘 것 없는 효심이, 봄 석 달 동안 비추는 햇빛과 같은 마음에, 어머니의 따뜻한 사랑에, 보답할 수 있다고...' 杜甫의 "立秋雨院中有作 입추에 비가 내리는데 막부관사에서 짓다"에 節爽이 보인다: '禮寬心有適 節爽病微療 막부 사람들의 예의와 관대함이 마음에 들고 계절이 시원해지니 병세도 조금은 나아지는구나.' 大朝鮮國 黃玹의 "絶命詩 목숨을 끊으면서 남긴 시"에 掩卷이 있다: '秋燈掩卷懷千古 難作人間識字人 가을 등불 아래 책 덮고 아주 먼 옛적 역사 생각하니 세상에서 글자 아는 사람 노릇 하기 어렵구나.' 李頻의 "渡漢江 한강을 건너며"에 怯이 있다: '近鄕情更怯 不敢問來人 고향이 가까워지니 마음 더욱 두려워져 고향에서 온 사람에게 감히 안부를 묻지 못한다.' 趙嘏의 "長安秋夕 장안에서 가을밤에"에 動이 돋보인다: '雲物凄涼拂曙流 漢家宮闕動高秋 구름은 처량하게 새벽을 스쳐 지나면서 흐르고 한나라 궁전 부근에는 하늘 높은 가을철의 기미가 감돌고 있구나.' 大高麗國 鄭知常의 "送人 사람을 보내며"에도 動이 돋보인다: '雨歇長堤草色多 送君南浦動悲歌 비 그친 긴 언덕에 풀빛 가득한데 그대 떠나보내는 남쪽 포구에는 슬프고 애절한 노래 진동하는구나.' 杜甫의 "江南逢李龜年 강남에서 이구년을 만나다"에 正是가 나온다: '正是江南好風景 落花時節又逢君 강남의 풍광이 정말 좋은데 꽃이 지는 시절에 그대를 또 만났습니다.' 東方虬의 "昭君怨 왕소군의 원망"에서 春來不似春을 노래해서 秋來不似秋를 끌어온 것이다: '胡地無花草 春來不似春 오랑캐 땅에는 꽃과 풀이 없으니 봄이 와도 봄 같지 않구나.' 秋來不似秋!! 2024. 8. 21.

〔詩原文〕 64

范蠡和石崇
범려화석숭

范蠡石崇相剋鄰
利他利己象徵人
作腔作勢化身者
千古垂芳師表民
범려석숭상극린
이타이기상징인
작강작세화신자
천고수방사표민

〔시해석〕

범려 그리고 석숭

범려와 석숭은 상극의 이웃이 되려니
이타주의와 이기주의의 상징적 인물들이라서다
이기주의자 석숭은 허장성세의 화신자요
이타주의자 범려는 천고에 고운 이름 남기는 사표가 되는 인민이라

〔平仄構成〕

詩의 平仄構成은 仄仄仄平平仄平 仄平仄仄仄平平 仄平仄仄仄平仄 平仄平平平仄平으로 되어있다. 詩는 仄起式 七言絶句다. 그리고 詩는 韻字는 上平聲 十一 眞韻을 썼는데 韻脚은 鄰과 人과 民이다. 그리고 3句와 4句에서는 孤平拗救가 쓰였는데 本來 3句의 下三字는 平平仄이어야 하는데 仄平仄으로 되어, 卽 化身者로 되어, 5字의 平字가 毁損되었다. 그러므로 4句의 5字는 本來 仄字여야 하는데 平字로 바꿔서, 卽 師로 바꿔서, 毁損된 平을 回復시켰다. 이로써 合律이 된다.

〔작법감상〕

위 시는 石崇(249-300)과 范蠡(BC536-BC448?)를 단도직입적으로 대조시켜서 전자는 이기주의의 화신으로 후자는 이타주의의 전형으로 삼아 훗날 사람들에게 어느 때와 어느 장소에서 피하고 취할 교훈으로 삼고자하였다. 필자는 일찍이 "石崇 석숭" 시를 쓴 일이 있어서 마침 그때의 작법감상을 잠깐 인용하고자한다: '역사에서는 가장 驕奢함으로 세상에 드러난 부자권력자가 西晉의 石崇이라는 작자다. 그도 젊어서는 성실하고 글도 능숙해서 세상에서 올곧게 乘勝長驅하였다지만 나중에는 타락하여 不正腐敗와 貪婪暴虐을 저지르고 또 [利己的] 巨富가 되어서는 驕慢과 奢侈를 일삼게 되었다는 것이다. 西晉을 건국한 武帝 司馬炎의 외삼촌인 王愷를 임금이 고위 관원에 대하여 일컫던 말인 '자네 卿'으로 석숭이 호칭하며 그의 사치스러움을 조롱한 것은 위험하기조차 한 교사의 극치다. 또 석숭에게는 노래 잘하고 춤 잘 추는 기녀 綠珠가 있었는데 그녀를 기쁘게 해주기 위해서 자신의 부와 권력을 상징하는 별장 金谷園 내에 무려 300m(?) 높이의 누각을 세워 命名하기를 苑綺樓라고 하였다. 그런데 그 이름도 심상찮다. 왕조역사에서는 苑은 나라동산으로 오직 임금이 거처하는 왕궁의 정원을 지칭하는 것으로 일반사람의 정원이나 동산은 園을 쓰게끔 되어있어서 이도 위험하기 짝이 없는 짓으로 교사의 극치가 또한 아닐 수가 없으리라... 그런데 정작 더 큰 문제는 석숭과 정치적 대척에 있는 旭日昇天의 기세인 趙王 司馬倫의 부하 장수 孫秀가 기생 녹주를 바라서 달라고 했는데 석숭은 이내 비웃고 무시한 것이다. 결국 손수가 대군을 이끌고 금곡원에 쳐들어가서, 녹주는 스스로 다락에서 뛰어내려 죽고, 석숭의 삼족은 멸하고 100여명의 여자들과 1000여명의 일꾼들을 포함하여 모든 재산이 몰수된 것으로 비극적 최후를 맞게 된 것이다... 혹 석숭이 왕개의 珊瑚樹를 뽐내는 豪奢를 웃어 받아줄 수는 없었을까? 혹 석숭이 손수의 强要를 작전상 들어줄 수는 없었을까? 그렇게 해서 자신도 살고 정인 녹주도 살고 식구도 살고 여인들도 살리고 집사들도 살게 할 수 있었지 않았겠느냐는 쓴소리다... Still time!!' 黃白沙의 "石崇 석숭" 尾聯에 보인다: '綠珠苑綺何容棄 後日謀求未可知 사랑하는 여인 녹주와 금곡원에 세운 원기누각을 어찌 그리 쉽게 자포자기 하였는가 장차 후일을 도모하였다면 어떻게 되었을지 모르는 일 아닌가.' 利己主義者!! 또한 필자는 일찍이 "憶范蠡公 범려공을 생각하다"를 쓴 일이 있어서 마침 그때의 작법감상을 여기 잠깐 역시 인용하고자한다: '水雲 崔濟愚가 敎祖인 天道敎의 宗旨는 人乃天의 天人合一의 事人如天이다. 우리시대 유행하는 自由主義(Liberalism)의 표현으로는 나 아닌 이웃 사람에 대한 사랑과 존경(Love and Respect) 정도일 것이다. 많이 거슬러 올라가면 國祖 檀君王儉의 弘益人間과도 상당량 맞닿는다. 내가 事人如天이라는 宣言을 좋아하고 宣言에 자랑스러워하는 이유다. 詩史에서는 이를 실천한 사람으로서, 사람이 여럿 있을 것이나 기중, 春秋戰國時代 越나라에서 句踐을 도운 范蠡라는 인물이 얼른 떠오른다. 나는 무엇보다도 그를 利他主義의 전형이요 共存共榮의 실천가로 평가하고 있어서다. 그의 삶의 一代記를 진심으로 존경한다... 利他主義 (altruism)가 最高善(summum bonum)이니 이를 실천한 춘추시대 월나라 將軍이자 宰相이자 巨商인 범려공의 共存共榮(the principle of live-and-let-live)의 정신을 공경하고 존경한다.' 黃白沙의 "憶范蠡公 범려공을 생각하다" 尾聯에 보인다: '利他主義最高善 范蠡共榮無盡祇 이타주의가 최고선이려니 월나라 범려공의 공존공영의 정신을 무궁무진히 존경하노라.' 利他主義者!! 그러므로 위 시는 읊노라: '범려와 석숭은 상극의 이웃이 되려니 이타주의와 이기주의의 상징적 인물들이라서다 利己主義者 石崇은 虛張聲勢의 化身이 되는 사람이며 利他主義者 范蠡는 천고에 고운 이름을 남기는 師表가 되는 인민이라.' 2024년 9월 7일 쓴다.

〔詩原文〕 65

陸游和元稹
육유화원진

元稹蕙叢書悼亡
陸游唐琬作釵鳳
男爲知己者當死
奔命因緣長不忘
원진혜총서도망
육유당완작채봉
남위지기자당사
분명인연장불망

〔시해석〕

육유 그리고 원진

원진은 위혜총을 위하여 도망가를 썼고
육유는 당완에게 채두봉 시를 지어 주었다
남자는 자기를 알아주는 여자를 위하여 마땅히 죽는다고 하였던가
아름다운 짝이 되는 인연을 죽을 힘을 다하도록 길이 잊지 못하였구나

〔平仄構成〕

詩의 平仄構成은 平仄仄平平仄平 仄平平仄仄平平 平平平仄仄平仄 平仄平平平仄平으로 되어있다. 詩는 仄起式 七言絶句다. 그리고 詩는 韻字는 下平聲 七 陽韻을 썼는데 韻脚은 亡과 鳳과 忘이다. 그리고 3句와 4句에서는 孤平拗救가 쓰였는데 本來 3句의 下三字는 平平仄이어야 하는데 仄平仄으로 되어, 卽 者當死로 되어, 5字의 平字가 毁損되었다. 그러므로 4句의 5字는 本來 仄字여야 하는데 平字로 바꿔서, 卽 長으로 바꿔서, 毁損된 平을 回復시켰다. 이로써 合律이 된다.

〔작법감상〕

中唐을 대표하는 시인 元稹(779-831)은 弱冠의 나이로 과거에 급제하고 工部尙書 韋夏卿의 딸 韋蕙叢과 결혼하였다. 위혜총은 溫靜하고 賢淑하며 才思가 있는 여성으로 그래서 당시 세상 사람들은 아름다운 짝 곧 佳偶라고 불렀다고 한다. 불행하게도 그녀가 일찍 세상을 떠나니, 20세에 시집와서 27세에 사망하니, 그는 크게 상심하여 구구절절 애절하게 悼亡歌 "遣悲懷 슬픈 마음을 떨쳐버림" 3편을 지어 哀悼하였다. 당대에는 처나 벗의 죽음에 도망시를 보통 3수의 연작으로 썼는데 원진의 견비회는 西晉의 潘岳이 지은 "悼亡詩" 3수와 도망시사의 雙璧을 이루게 된다. (元稹은 白居易와 함께 詩文學의 通俗化와 大衆化를 提唱하여 詩歌의 元和體와 長慶體를 具現한 것으로도 評價된다.) 원진의 "견비회" 其一의 尾聯에서 아내를 잃고 제사하며 비통해하는 모습을 봐보자: '今日俸錢過十萬 與君營奠復營齋 오늘은 봉급이 십만 냥을 넘는데도 홀로 그대 위하여 제사음식을 상에 올리고 거듭 精進潔齋하며 몸과 마음을 단정히 할 뿐입니다.' 晩唐의 范攄가 "雲溪友議"에서 견비회 시를 다음과 같이 평가하고 있다: '元公初娶京兆韋氏 字蕙叢 官未達而苦貧 繼室河東裵氏 字柔之 二夫人俱有才思 時彦以爲佳偶 初韋蕙叢卒 不勝其悲 爲詩悼之 원진 公爵은 처음 경조 위씨에게 장가들었는데 자 이름이 혜총이었으며 관직이 아직 현달하지 못하여 고생하고 가난하였다. 再娶는 하동 배씨로 자 이름은 유지였다. 두 부인은 모두 재주있는 사고력을 갖추어 때문에 당시의 선비들은 아름다운 짝꿍이라고 불렀다. 일찍 위혜총이 세상을 떠나니 그 슬픔을 이기지 못하여 시를 써서 애도하였다.' 現代 喩守眞도 "唐詩三百首詳析"에서 인용하여 평가하고 있다: '蘅塘退仕曰 古今悼亡詩充棟 無能出此三首范圍者 勿以淺近忽之 형당퇴사가 말하기를, 고금에 도망시는 집채를 충분히 채울 것이로되 이 3수의 범위를 넘는 자가 될 수는 없을 것이다. 淺近한 것으로 이를 소홀히 하지 말라.' 그리고 南宋을 대표하는 시인 陸游(1125-1210)는 외사촌 누이 唐琬과 결혼하였으나 어머니에 의하여 이혼을 강요당하고 말았다. 그러나 사랑하는 아내를 평생토록 그리며 시를 써내려갔으니 그 대표시가 육유와 당완이 서로 주고받은 "釵頭鳳 비녀머리의 봉황새"와 그녀 사망 후 홀로남아 쓴 "沈園 심원 정원에서"다. 육유가 86세의 나이에, 먼저 세상을 떠난 唐琬 곁으로 가기 전에, 沈園을 찾아서 남긴 싯구는 古往今來의 명구가 되어 오늘 우리들의 가슴에도 여전히 애달프다: '也信美人終作土 不堪幽夢太悤悤 아름다운 사람도 끝내 흙이 되리라는 것을 또한 믿는 바지만 너무도 총총히 떠나버렸기에 그리운 마음 차마 견디기 어려웠다오…' 필자도 일찍이 2편의 시를 써서 육유와 당완의 아름다운 사랑을 읊조렸으니 "陸游與唐琬의 悲戀 육유와 당완의 슬픈 사랑" 其一과 其二가 그것이다. 그 其一의 尾聯을 다시금 읽어본다: '至高至潔愛情事 又美又悲令客號 지극히 고귀하고 지극히 순결한 남녀 사랑의 이야기여 한편 아름답고 한편 슬퍼서 나그네로 하여금 엉엉 소리 내 울며 탄식하게 하는구나.' 그 其二의 尾聯도 또한 다시금 읽어본다: '紅酥手及黃藤酒 千載一時長不忘 붉고 고운 손으로 황등주 술을 따르던 심원 정원의 천재일우의 시간 영원토록 잊지 못하리.' 한시사에서 사랑하는 여인을 일찍 여의고 이렇게 슬프고 서럽게 노래한 것이 흔치 않아서 두 사람 원진과 육유의 시를 칭송하면서 후학으로서, 한시시인으로서, 베껴본 것이다: '元稹은 韋蕙叢을 위하여 바로 悼亡歌를 썼고 陸游는 唐琬에게 釵頭鳳 시를 애써 지어 주었다 남자는 자기를 알아주는 여자를 위하여 마땅히 죽는다고 하였던가 죽을 힘을 다해서 아름다운 짝이 되는 인연을 길이 잊지 못하였구나.' 2024. 9. 8.

〔詩原文〕 66

斷髮文身僧侶
단발문신승려

善男善女喜遊積
鍾路寬閑運壁宸
湯內文身一僧侶
驚天桑海視傳親
선남선녀희유진
종로관한운벽신
탕내문신일승려
경천상해시전친

〔시해석〕

머리 짧게 깎고 몸에 문신 새긴 승려

착한 남자들 여자들 즐거이 떼 지어 모이는 곳은
수도 서울 종로통에 넓고 큼지막한 체력단련장 자메이카라
샤워실 탕내에 머리털 짧게 자르고 몸에 문신 한 승려 한 분이 계셔서
천지간에 놀랄만한 상전벽해의 변화를 친히 몸소 가시적으로 알려주시네

〔平仄構成〕

詩의 平仄構成은 仄平仄仄仄平平 平仄平平仄仄平 平仄平平仄平仄 平平平仄仄平平으로 되어있다. 詩는 平起式 七言絶句다. 그리고 詩는 韻字는 上平聲 十一 眞韻을 썼는데 韻脚은 績과 宸과 親이다. 그리고 3句의 下三字에서는 單拗가 쓰였다. 本來 3句의 下三字의 平仄의 構成은 平仄仄인데 仄平仄이 되어, 卽 一僧侶로 되어, 5字에서 毁損된 平字를 6字에서 바로 回復한 것이다. 이는, 下三字에 孤平現象이 發生하였으나 挾平格으로 肯定的으로 看做하며, 本句 自救의 方法으로 合律이 된다.

〔작법감상〕

서울 종로에 필자가 오래전부터 다니던 체력단련장이, 요즘 말로 치자면 짐이 또는 헬스센터가, 있는데 과거에는 이름이 르미에르였다가 지금은 자메이카다. 자메이카 체력단련장은 우선 크고 널찍한 것이 마음에 들고, 건전한 신체에 건전한 정신이 깃든다('Sound body, sound mind')는 몸과 맘의 건강철학의 추구에 즐거운 마음으로 공감하는 선남선녀(善男善女)들이 북적거리니 더불어 흥이 나는 곳이며, 게다가 나의 한시강의와 미술비지니스의 활동무대인 인사동 일원과도 가까운 거리에 위치하여 금상첨화(錦上添花)의 명당이다. I love it!! 최근에는, 그래서, 과거 국군정보장교로서 큰 족적을 남기신 지인 신성도 자명대사님을 자메이카 운동장에 초대하여 손에 손잡고 동행(同行)을 실천하고 있다. 그런데 얼마 전 자메이카 짐에서 가히 충격적(?)한 장면을 목격하게 된 사건이 생겨나 그 놀란 감개(感慨)를 위 시로 옮기게 되었다. 운동을 마치고 샤워실에 가서 몸을 씻고 탕(湯)에 들어가려는 순간 탕 안에서 휴식을 취하는 단발문신(斷髮文身 cut one's hair short and tattoo one's body)한 한 승려를 목격하게 된 것이다. 아니, 그럼, 단정하게 삭발하고 큼지막하게 문신한 근처 조계사(曹溪寺)의 스님일까? 아니, 그럼, 스님이 문신을 하였다면 이것은 경천동지(驚天動地)할 상전벽해(桑田碧海)의 사건이 아니겠는가! 물론 단발하고 문신하는 것은 야만인(野蠻人)의 풍습이라는 것이야 마땅히 1천 년 전의, 2천 년 전의, 생각일 터이지만, 지금으로서야 시대에 유행하는 기호(嗜好)이거나 취향(趣向)이 아닐까 생각하고 있었지만, 단발 당사자가 불교 승려 수도자(修道者 celibate monk)다보니 일순간 나도 모르게 충격에 휩싸인 것이다. 사실 나는, 일찍이 매료되어, 자유주의(Liberalism)를 오랫동안 공부하는 정치철학도로서 여러 가지 사회 윤리적 이슈에 대해서 비교적 자유분방과 관용주의를 유지하는 것으로 생각했는데 왜 하필 여기 문신 문제에서는 이럴까... 예를 들어, 포르노그라피, 인간복제, 낙태, 뇌사, 안락사, 게이, 레스비언, 동성결혼, 트랜스젠더 등등의 주제에 대해서도 능히 찬성(pro)의 입장을 줄곧 견지해 온 터라 어째서 스님의 개인적 멋과 재미일 수 있는 문신행위에 내가 특별히 공감과 동정을 표명하지 못하는 것일까, 스님의 문신 사이즈가 좀 별나게 컸던 탓일까, 너무 노골적인 벌거벗은 상태에서의 문신이라서 나의 평상시의 뇌를 더욱 혼란스럽게 한 것일까, 불교계 내에서도 스님들의 자유로운 취향과 애호는 본인들 개인 각자 자유의사에 맡기는 것도 정녕 중요한 것이 아니겠는가... (실제로 필자는 소박한 카톨릭교인이면서도 교회 안에서 신부와 수녀의 차별적 지위와 활동에는, 비록 2천 년의 오랜 카톨릭 전통이라지만, 동감하지 못한다. 주지하다시피 신부는 신앙활동에 있어서 막중한 사제권(司祭權)을 가지고 있지만 수녀에게는 사제권이 허락되지 않는다. 반복하건대, 교회의 관례와 전통도 중시되겠지만 오늘날의 자유민주주의 시대에 썩 동이 닿지 않는 남녀차별 같아서 나름 유감이다. 과거 미국 유학 시절 미국인 수녀님과 이 문제로 길게 토론한 적이 있는데 그 수녀님께서 '이 교황님에게서는 어렵고 훗날 새 교황시대에는 한 번 기대할 수도 있겠지요?'라고 말씀하시며 아쉬워하던 모습이 뇌리에 머물러 있다.) 그러나 그 문신사건 이후로, 자유주의자로서, 나는 겪은 충격과 파장을 어지간히 진정시키고, 나의 과거의 틀에 박힌 뻔한 상투적 고정관념(cliche)을 털어버리고, 순식간 지녔던 놀람과 실망의 마음에 애써 미안해하면서, 이 시를 써내려가고 있는 바다. 'There's nothing worse than being obvious 뻔한 것보다 나쁜 것은 세상에 없다'고 하지 않던가. 이 시대의 자유주의/개인주의를 신봉하면서, 나는 문신에 더 다정하게 더 기꺼이 다가가리라. 앞으로는 문신한 남녀노소 이웃을 보면 마음속 깊이 찬성과 응원을 보낼 것이다. 마침 자메이카에 트레이너(PT)로 보이는 여성분이 문신을 했더라. 이제부터 나는 속으로 그녀를 문신미녀(文身美女)라고, 줄여서 문미(文美)라고, 부르고 역시 응원과 지지를 보낸다. 그러므로 스님의 문신장면은 지금 생각해보니까 더 이상 충격적(?)이지 않고 바야흐로 즐거움을 가져다주는 낭만적(!) 장면이 되었다. 참고로, 영어 tattoo는 문신(文身) 외에도 parade 행진(行進)이라는 뜻으로도 쓰인다. 여러 해전에 영국 스코틀랜드에 한 학기 연구년을 갔었는데 학교식당에서 한인 목사님 한분을 만났다. 자신이 티켓을 구할 테니 곧 있을 'Edinburgh Tattoo' 축제에 같이 가자고 하였다. 마침 그 행사장에 엘리자베스 2세 여왕님도 오신다는 것이다. 나는 행사 하루전날 세계 각국에서 참여할 수많은 각양각색의 신기하기 그지없을 문신들의 경쟁을 실컷 구경하게 되리라는 별별 상상을 다하였는데 알고 보니 그것은 각국 전통 의상과 놀이를 소개하며 쏘다니는 군악대의 퍼레이드에 불과한 것이었다. 행사 후 여왕님이 가시는데 내가 손을 번쩍 들어 인사했더니 여왕님께서 밝게 웃으면서 답례로 손을 흔드신 것이 기억에 남아있다. 그 여왕님은 이태 전에 돌아가셨다. 끝으로, 績은 上平聲 十一 眞韻이며 동시에 上聲 十一 軫韻이고, 또 患은 上平聲 十五 刪韻이며 동시에 去聲 十六 諫韻이다. 2024년 8월 31일 쓴다.

〔詩原文〕67

中華料理萬里長城 其一
중화요리만리장성 기일

萬里長城中食堂
朝鮮第一可能嘗
憑君莫語其全部
壽福康寧祈賜坊
만리장성중식당
조선제일가능상
빙군막어기전부
수복강녕기사방

〔시해석〕

중화요리 만리장성 그 첫 번째

수도 서울 종로통 중국 음식 전문 식당 만리장성은
조선팔도에서 제일가는 음식을 능히 맛볼 수 있는 곳이다
청컨대 그대여 부디 그것만이 전부라고 말하지 마오
손님에게 또한 수복강녕을 기원하고 선사하는 맛집 가겟집이라오

〔平仄構成〕

詩의 平仄構成은 仄仄平平平仄平 平平仄仄仄平平 平平仄仄平平仄 仄仄平平平仄平으로 되어있다. 詩는 仄起式 七言絶句다. 그리고 詩는 韻字는 下平聲 七 陽韻을 썼는데 韻脚은 堂과 甞과 坊이다.

〔작법감상〕

만리장성(萬里長城)이라고 하면 우리는 (1) 얼른 중국 북쪽에 있는, 동서로 가로놓여있는, 긴 성을 생각하겠지만, 비유적으로 (2) 서로 넘나들지 못하게 가로막는 긴 큰 장벽을 이르기도 하고, (3) 창창한 열린 앞날을 이르기도 하며, (4) 하룻밤에 만리장성을 쌓는다고 하여 남녀간의 깊은 인연을 이르기도 하며, (5) 또한 나라를 지키는 영웅적인 인물이나 시대에 걸출한 시인(詩人)을 지칭하는 경우도 종종 있다. 중당의 시인 유장경(劉長卿)을 가리켜, 그의 정련된 시품을 높이 평가하여, 당대 재상 권덕여(權德輿)가 그를 오언장성(五言長城)이라 칭하였다. 필자도 우리 한시학당의 목멱포의 홍기원선생의 시격을 높이 사 해동성국의 오언의 장성이라고 일컬은 바가 있다. 그런데 어찌 만리장성이 가리키기를 그것뿐이겠는가. (6) 대한민국 수도 서울 종로에 바로 중국 음식 맛집 가게 만리장성도 있는 것이려니!! 우선 이 중식당의 음식 맛을 평가하자면 기실 명불허전(名不虛傳)이요 척오(요즘은 웬일인지 '최고'를 '척오'라고 하더라)다. 물론 서울 한양 나의 명문 맛집에도 들어가 있다. (참고로 나의 10대 맛집은 Big ten epicures라고도 부르는데 양대화, 조금솥밥, 하누소, 안동국시, 명동교자, 조선횟집, 평양냉면, 을밀대, 평안도족발, 만리장성이며, 그 아래 5후보군으로는 곧 Five backup candidates로는 웨스턴차이나, 곤드레솥밥, 막썰이회서대문, 일식삼원, 부산식당 등이다.) 만리장성을 좀 더 소개하자면 금상첨화(錦上添花)란 표현이 얼른 떠오른다. (1) 미국 유학을 시작으로 해외 각국을 꽤 많이 방문하였지만, 그래도 내가 지구상에서 가장 좋아하는 땅덩이가 있으니 바로 서울이요 종로통이다. 나의 마음속에는 늘 '사랑하는 서울, 사랑하는 종로!!'가 간직되어 있다. 만리장성은 바로 그 종로 한복판에 위치해 있는 것이다. (2) 게다가 맛은 무엇보다도 담백하면서 음식의 본질의 추구에 소홀함이 없다. 어릴 적부터 맛보았던 중식 취향이 여전히 지배적이지만 시대유행의 엷은 미각도 일정부분 가미하여 시대와 세대를 넘어서 남녀노소 모든 고객을 아우를 수 있는, 맛의 공존공영을 추구하는, 신비가 숨어있다. 중식의 입문서로는 우동과 짜장과 짬뽕이 있겠고 이 맛을 보면 그집의 실력을 능히 가늠할 수 있는데 이집의 입문서 삼총사는 다 맛있다. 개인적으로는 우동이 압권(壓卷)이라고 상찬해 마지않는 바이다. (3) 또한 게다가 만리장성에 들어서면 붉은 색종이로 마련된 손님의 장수와 행복과 건강과 안녕을 비는 수복강녕(壽福康寧)이 눈길을 끈다. 고객을 향한 아름다운 상인의 마음이 아니겠는가!! 우리 집은 대대로 남도 천석꾼으로 명성이 있었는데 특별히 조부모님 부모님 2대에 걸친 양조장집안이다. 어릴 적 가끔 들었던 아버지와 어머니의 대화는 '손님을 위해서라면 해야지…'였다. 미국 바이든 대통령이 처음 취임하면서 백악관 직원들과, 코로나19 탓으로, 화상으로 통화하면서 국민들은 자신들의 빵과 버터(bread'n butter)가 되니 그들을 위해서 최선을 다해야한다고 신신당부하더라. Your wish is my command!! 며칠 전 나의 개화공정미술 경영에 자문을 주시는 신성도님과 체력단련장 자메이카의 수석 트레이너 아이비 고미님과 함께 만리장성을 찾았으나 마침 추석연휴여서 아쉽게 발길을 돌렸다. 미구에 우리 3인은 다시 만리장성의 식도락과 수복강녕의 대장정에 나설 것이다. 2024년 9월 23일 쓴다.

〔詩原文〕 68

中華料理萬里長城 其二
중화요리만리장성 기이

古美紫明和白沙
方三銃士訪中華
珍羞盛饌連情話
含哺揚揚鼓腹夸
고미자명화백사
방삼총사방중화
진수성찬연정화
함포양양고복과

〔시해석〕

중화요리 만리장성 그 두 번째

고미님 자명님 그리고 백사님
식도락가 삼총사 바야흐로 중화요리식당 만리장성을 찾으셨구나
맛있는 음식 푸짐하게 차려지고 갖가지 정겨운 이야기 이어지니
마음껏 먹고 불룩해진 배를 두드리며 자랑스러워 뽐내시네

〔平仄構成〕

詩의 平仄構成은 仄仄仄平平仄平 平平仄仄仄平平 平平仄仄平平仄 仄仄平平仄仄平으로 되어있다. 詩는 仄起式 七言絶句다. 그리고 詩의 韻字는 下平聲 六 麻韻을 썼는데 韻脚은 沙와 華와 夸이다.

〔작법감상〕

우리 식도락가 삼총사(trio)는, 고미 아이비선생님과 자명 신성도선생님과 필자 백사 황필홍은, 이윽고 종로통에 있는 맛집 중의 맛집 중식당 만리장성을 찾았다. 지난번 방문하였으나 추석연휴로 쉬어서 아쉽게 발길을 돌렸었는데 맛난 중화요리를 이제 와서 맛보게 된 것이다. 게다가 그간의 미뤄둔 만단의 정화가 이어져 꽃피우니 錦上添花의 아름다운 시간이 흐르게 된 것이었다. 그 끝날 즈음의 우리들의 한결같은 표정은 가득히 별맛에 취하여 행복감이 넘쳐났었더라. 멋진 시간, 멋진 공간, 멋진 인간!!: '고미선생 자명선생 그리고 백사선생 食道樂家이자 壽福康寧에 감사하는 三銃士 바야흐로 중화요리식당 萬里長城을 찾으셨구나 珍羞盛饌 맛있는 음식 푸짐하게 차려지고 萬端情話 갖가지 정겨운 이야기 이어지니 含哺鼓腹이라던가 잔뜩 먹고 배를 두드리며 夸矜이런가 자랑스러워 흐뭇이 뽐내시네.' 珍羞盛饌≒山珍海味≒佳肴美饌≒大酒大肉≒八碟八碗≒豐餐美食≒水陸珍味≒食前方丈. 中唐 李紳의 "晏安寺 안안사"에 잇닿는다는, 이어진다는, 連≒接이 보인다: '丘隴漸平連茂草 九原何處不心傷 흙을 담아 올린 묘지는 황폐하여 점점 편편해져서 우거진 풀숲에 이어지는데 구원 묘지를 바라보면 어디나 가슴 아프게 하지 않는 곳이 없구나.' 역시 李紳 "晏安寺 안안사"에 接이 보인다: '寺深松桂無塵事 地接荒郊帶夕陽 寺刹은 소나무 계수나무 우거진 숲에 깊이 박혀 속세의 어지러운 일들과 멀리 떨어져 있고 땅덩이는 황폐한 田野에 잇닿아 석양빛을 띠하고 있구나.' (여기서 띠를 한다든지 띠로 두른다든지 허리에 찬다라는 표현이 좀 낯설 수 있음을 저어하여 여기 몇 가지 사용 예를 더 들어 적어보고자 한다. 盛唐 杜甫의 "哀江頭 강가에서 슬퍼하다"의 '輦前才人帶弓箭 白馬嚼齧黃金勒 활과 화살 둘러찬 수레 앞 才人이 황금 재갈 문 백마를 타고서'에 帶가 보이고, 필자 黃白沙의 "晩秋金剛山下詠懷 늦가을에 금강산자락에서 느낌을 읊어보다"의 '楓嶽西風渺暮雲 秋深客舍葉紛紛 千年佛刹長安寺 夜半鐘聲帶雨聞 가을의 금강산 풍악산에 갈바람이 불고 저녁구름은 아득히 펼쳐져있는데 가을이 깊어가는 나그네 머무는 객사에는 나뭇잎만 우수수 흩날린다 천년 역사의 불교 사찰 장안사에서 한밤중에 치는 종소리 빗줄기 띠하고 들려온다'에도 帶가 보인다.) 元나라 曾先之의 "古今歷代十八史略 帝堯篇 고금역대십팔사략 제요편"에 含哺鼓腹이 나온다: '有老人 含哺鼓腹 擊壤而歌曰 日出而作 日入而息 鑿井而飮 耕田而食 帝力何有於我哉 어떤 노인이 있어서 무언가 잔뜩 먹고서 배를 두드리며 擊壤歌를 부르면서 말하더라 해가 뜨면 경작하고 해가 지면 휴식한다 우물을 파서 물을 마시고 밭을 갈아서 밥을 해먹는다 그러니 帝王의 힘이 내게 무슨 필요가 있으랴.' 南朝 梁나라 劉勰의 "文心雕龍 詩飾第三十七"에 '莫不因夸以成狀 沿飾而得奇也 이러한 표현들은 과장함으로써 그 형상을 이루지 않는 것이 없고 충분한 수식으로써 그 기이함을 얻게 된 것이다라고 말하고 있다. 2024년 10월 9일 우리의 한글날에 써본다.

〔詩原文〕69

時間空間人間
시간공간인간

時空間以及人間
相互丁寧不可頒
共伴物陰風氣逝
一齊性命水流湲
朝朝群象轉新景
歲歲含靈遷變顏
三者限量皆瞬息
千年何究萬年患

시공간이급인간
상호정녕불가반
공반물음풍기서
일제성명수류원
조조군상전신경
세세함령천변안
삼자한량개순식
천년하구만년환

〔시해석〕

시간 공간 인간

시간과 공간과 인간은
상호간에 정녕코 나누어질 수 없는 바다
함께 시간의 광음과 공간의 만물은 바람의 기운같이 지나가고
동시에 인간의 인성과 천명은 강물의 물살처럼 흘러가나니
아침마다 시간 공간 삼라만상은 새롭게 달라지는 풍경 모습이고
해마다 인간 중생은 변하여 달라지는 얼굴 모습이지 않는가
시간 공간 인간 삼자간은 한계가 있어서 모조리 순식간인데
세상 사람들아 어찌하여서 천년을 강구하고 만년을 근심하는가

[平仄構成]

詩의 平仄構成은 平平平仄仄平平, 平仄平平仄仄平, 仄仄仄平平仄仄, 仄平仄仄仄平平, 平平平仄仄平仄, 仄仄平平平仄仄平, 平仄仄平平仄仄, 平平仄仄仄平平으로 되어있다. 詩는 平起式 七言律詩다. 그리고 詩는 韻字는 上平聲 十五 刪韻을 썼는데 韻脚은 間, 頒, 湲, 顔, 患이다. 그리고 5句와 6句에서는 孤平拗救가 쓰였는데 本來 5句의 下三字는 平平仄이어야 하는데 仄平仄으로 되어, 卽 轉新景으로 되어, 5字의 平字가 毁損되었다. 그러므로 6句의 5字는 本來 仄字여야 하는데 平字로 바꿔서, 卽 遷으로 바꿔서, 毁損된 平을 回復시켰다. 이로써 合律이 된다. 그리고 中央四句의 下三字는 前聯과 後聯의 境遇에 文法構造를 다르게 配置하여 意味上 各各 風氣(名詞) 逝(動詞), 水流(名詞) 湲(動詞), 轉新(名詞) 景(名詞), 遷變(名詞) 顔(名詞)으로 읽히게 되어 四言一法 忌避의 原則을 따라서 平板을 避하고 錯綜을 지켰다. 그리고 詩에서 韻을 달지 않은 仄聲字 곧 逝, 景, 息은 次例로 去聲, 上聲, 入聲이 되어 이른바 四聲遞用의 法則을 充實히 따랐다.

[작법감상]

위 시는 時間과 空間과 人間을 노래하였다. 時와 空과 人의 '間' 곧 '사이'를, 본질에서 성찰하고, 노래하였다. 時間, 空間, 人間, 相互間, 瞬息間, 三者間 따위의 間이 나름 돋보이지 않는가. 시간 공간 인간 三位가 결단코 서로 떼어 놓을 수 없는 불가분의(indivisible) 관계이면서도 어느 것도 다 같이 짧디짧은 유한적(limited) 존재라는 것을 우선 언급하고, 그런 한계적 상황임에도, 인간들은 왜 천년만년을 계획하고 괴로워하는가고 유감스러워하는 복잡하고 어수선한 심사의 분위기를 노래한 것이다. 곧 起承 전반 4구에서는 시간 공간 인간의 상호간 구분이 불가한 관련성을 밝히고, 이어지는 후반의 앞 2구 轉에서는 시간 공간 인간의 각각의 유한적 한계 한도 한정 한량을 지적하고 후반의 뒤 2구 結에서는 논리적으로 비약적이고 심정적으로 모순적인 사람들의 면모를 자괴심으로 노정시키고 있는 바다. 고로 주제가 주제인 만큼 다소 철학적 시가 되었다: '시간과 공간과 인간은 상호간에 정녕코 떼어 나누어질 수 없는 바다 함께 시간의 光陰과 공간의 萬物은 바람의 기운같이 지나가고 나란히 인간의 人性과 天命은 강물의 물살처럼 흘러간다 아침마다 시간 공간 森羅萬象은 새롭게 달라지는 모습의 풍경이고 해마다 인간 衆生은 변하여 달라지는 모습의 얼굴이지 않더냐 시간 공간 인간 삼자간은 한계가 있어서 모조리 순식간인데 세상 사람들아 어찌하여서 천년을 도모하고 만년을 근심하는가.' 뗄 수도, 나눌 수도, 구분할 수도 없다는 표현으로는 不可頒이나, 不可班이나, 不可分이 있는데, 分은 杜甫의 "詠懷古蹟 고적에서 회포를 읊다"에 보이고: '三分割據紆籌策 萬古雲霄一羽毛 삼국의 정립을 위한 계책을 세웠으니 만고에 높은 하늘을 나는 한 마리 봉황새라,' 班은 李白의 "送友人 벗을 보내며"에 보이며: '揮手自玆去 蕭蕭班馬鳴 손을 흔들며 여기서 작별하고 떠나가니 쓸쓸히 나뉘어 헤어지는 말도 울음 하네,' 頒은 孔子의 "禮記 祭義 예기 제의"에 보인다. '古之道 五十不爲甸徒 頒禽隆諸長者 옛사람의 도리에는 나이 오십에는 사냥하는 무리가 되지 않으며 잡은 짐승을 나눔에 있어서는 어르신들을 융숭히 해드려야 한다고 하였다.' 李白의 "春夜宴桃李園序 복사꽃 오얏꽃 만발한 봄밤의 정원 잔치의 서문"에 시간의 光陰, 공간의 萬物, 인간의 浮生이 나온다: '夫天地者 萬物之逆旅 光陰者 百代之過客 而浮生若夢 爲歡 幾何 대저 천지는 만물이 묵어가는 여관이요 세월은 영원히 지나가는 나그네라 그래서 덧없는 인생 마치 꿈과 같으니 기쁨이 얼마나 되랴.' 王勃의 "藤王閣序 등왕각 서문"에 逝가 나온다: '東隅已逝 桑楡非晚 동쪽 모퉁이 젊은 날 이미 지났으나 뽕나무 느릅나무 노년의 날들 아직 늦지 않았으니.' 朝鮮 申欽의 "이태백의 悲淸秋賦에 차운하다"에 湲이 나온다: '渺余眺兮 江之汜 江之水兮湲湲 내 아득히 강가를 바라보니 강물은 줄줄 흘러가는데.' 劉廷之의 "代悲白頭翁 허옇게 센 머리 늙은이를 대신 슬퍼하다"에 歲歲年年이 나온다: '年年歲歲花相似 歲歲年年人不同 해마다 꽃은 모양이 서로 비슷한데 해마다 사람은 같지 않구나.' 萬彙群象≒森羅萬象은 佛敎 "法句經"에서 빌려오고, 含靈≒衆生은 佛敎의 "華嚴經"에서 빌려왔다. 朝鮮 曺漢英의 "瀋獄踏靑日呈淸陰 심양 감옥에서 踏靑日에 청음 金尙憲에게 드리다"에 轉新이 쓰인다: '排悶憑詩句 詩成恨轉新 고민을 밀치고자 시의 구절에 의지하려는데 시를 짓고 나니 원망이 더욱 새로워라.' 羅隱의 "小松 작은 소나무"에 遷變이 쓰인다: '陵遷谷變須高節 莫向人間作大夫 산언덕이 골짜기로 변해도 모름지기 높은 절개를 지켜서 인간세상에서 벼슬아치가 되지는 말지라.' 李白의 "將進酒 술울 올려드립니다"에 皆가 쓰인다: '古來聖賢皆寂寞 唯有飮者留其名 고래로 성현들 모두 적막한데 오직 술 마신 자만이 그 이름을 남겼더라.' 元稹의 "遣悲懷 슬픈 마음을 털어버리다"에도 皆가 쓰인다. '昔日戲言身後意 今朝皆到眼前來 옛날 죽은 후의 사사로운 생각들 농담삼아 말하였는데 오늘 아침 모두 눈앞에 닥쳐오고 말았구나.' 필자 黃山浦가 오래전에 쓴 七言排律 시 "晩冬登北岳望首爾都城詠開化獨立統一平和 늦겨울 북악산에 올라서 서울 도성을 바라보며 개화와 독립과 통일과 평화를 읊는다"에서도 患을 韻으로 해 읊었다: '暮歲登臨北岳山 都城似告萬年患 늦은 겨울날 북악산 봉우리에 높이 올라 내려다보니 서울 도성은 반도 반만년의 근심사를 말하여 주고 있는 것 같다.' 朝鮮 朴仁老의 "세상 사람들아"는 孝道에 대한 근심과 당부로 사뭇 열렬하다: '세상 사람들아 부모 은덕 아나산다 부모 곧 아니면 이 몸이 있을소냐 생사와 장제에 예로써 종시 같게 섬겨스라.' 위 본 시 尾聯의 장탄식과 닮아 끝자락에 전범으로 삼는다. 2024. 9. 22.

〔詩原文〕 70

靑雲萬里
청 운 만 리

弱冠靑雲科擧謀
壯元及第竟封侯
龍袍上監爲親見
閶闔呈才賜冕旒
약 관 청 운 과 거 모
장 원 급 제 경 봉 후
용 포 상 감 위 친 견
창 합 정 재 사 면 류

〔시해석〕

푸른 구름 일만 리라

스무 살 젊은 나이에 청운만리 과거시험을 꾀하더니
장원으로 급제하여 급기야 제후에 봉하여지네
곤룡포를 입으신 상감마마께서 친히 접견하시고
대궐 향연에서 춤과 노래가 연주되는데 면류관을 하사하시는구나

〔平仄構成〕

詩의 平仄構成은 仄仄平平平仄平 平平仄仄仄平平 平平仄仄平平仄 仄平平平仄仄平으로 되어있다. 詩는 仄起式 七言絶句다. 그리고 詩는 韻字는 下平聲 十一 尤韻을 썼는데 韻脚은 謀와 侯와 旒이다.

〔작법감상〕

青雲萬里는 푸른 빛깔의 구름이 일만 리로 입신하려는 큰 꿈을, 원대한 포부와 높은 이상을, 비유적으로 이르는 말이다. 푸른 구름은 보기 힘든 희귀한 구름으로 神仙이나 天子가 될 사람이 있는 곳에 떠 있다는 데서 사연과 사용이 유래한다. 青雲萬里≒陵雲之志≒桑蓬之志. 初唐 張九齡의 "照鏡見白髮 거울에 비친 백발을 보며"에 青雲이 등장하고 있다: '宿昔青雲志 蹉跎白髮年 誰知明鏡裏 形影自相憐 그리 멀지 않은 옛날 입신출세의 청운의 뜻을 품었는데 차일피일 시기를 잃고 오늘은 하얗게 센 머리털의 노년의 나이가 되었다 맑은 거울 속 누가 알리요 내 얼굴 형체와 거울에 비친 모습 그림자가 스스로 서로 가엾게 여겨 동정하네.' 사실, 그래서, 위 시는 20살 된 한 젊은이가 있어서, 예를 들어, 大高句麗에 乙支文德이라는 청년이 청운만리의 獻身祖國과 全忠의 큰 뜻을 품고 과거시험에 응하여 장원급제를 하게 되었고 어언 결국 諸侯에 봉하여졌다는 것이며, 또한 이어서 궁궐의 잔치에서는 황제께서 친히 알현을 가납하시고 궁중무곡 霓裳羽衣曲이 울려 퍼지는 가운데 冕旒冠을 하사하시더라는 것이다. 젊은이들이 웅지를 펼치려 노력하고, 나라의 귀한 인재의 바른 등용이 실행되고, 천자는 성은을 내리면서 태평성대를 누리는 편안세상의 이상을 노래한 것이리라. 春秋時代 孔子가 "禮記·曲禮 예기 곡례"에서 弱冠 스무 살에 아이가 어른이 되는 예식 冠禮를 한다고 말한 것을 기억하고, 또한 孔子의 "論語 논어"의 '君使臣以禮 臣事君以忠 임금은 신하를 부림에 예로써 맞게 부리고 신하는 임금을 섬김에 충성으로써 맞게 섬겨야한다는 말이 새삼 떠오른다: '스무 살 젊은 나이에 청운만리 과거시험을 모색하더니 과거에 장원으로 급제하여 필경 제후에 봉하여지더라 곤룡포를 입으신 상감마마께서 친히 접견하시고 대궐 향연에서 춤과 노래가 연주되는 때에는 면류관을 하사하시는구나.' 실로 乾坤一擲의 혈투의 위기에서 고구려의 소중한 生民들을 구한 나의, 우리들의, 반만년 역사의 不出世의 영웅 을지장군이, 물론 상상 속에서지만, 청운만리의 꿈을 도모하면서 장원급제하여 현명한 군주에 의하여 보란 듯이 등용되었기를 실제로 간곡히 바라면서 나아가서는 위기에 처한 조국 고구려를 지키려 隋나라와의 전투에서 살수대첩을 백전백승으로 이끈 것을 다시 한번 기억에 보고자하는 마음이 한 구석에 작시의 명분으로 있었다. 그래서, 개인적으로는, 저승 黃泉 세상에서는 나도 청운만리의 청년으로 과거에 장원급제하여 盡忠報國이 새겨진 一麾를 들고서 나아가 외적을 무찔러 天子로부터 칭찬과 함께 제후에 봉해지고 면류관을 하사받기를 꿈꾸어본다. 끝으로 을지장군의 명품 시 "與隋將于仲文詩 수나라 장수 우중문에게 드리는 시"를 여기 기록한다: '神策究天文 妙算窮地理 戰勝功既高 知足願云之 그대의 신기하고 뛰어난 계책은 하늘에 이는 현상을 다 꿰었고 신묘한 계책은 땅의 형편과 이치를 통달하였다 전쟁에서 싸워 이긴 공 이미 높으니 분수를 지켜 만족할 줄을 알고 그만 돌아가는 것이 어떠한가.' 나는 목하 주말 보행에 나서는데 기꺼이 을지로를 경유하여 청량리로 곧장 향할 것이다. 2024년 9월 28일 쓴다.

〔詩原文〕 71

美術品重病
미술품중병

　　鄭澈江湖病重深
　　必洪美術患擔心
　　地球尾末栽沙果
　　明死今朝競賣尋
　　정철강호병중심
　　필홍미술환담심
　　지구미말재사과
　　명사금조경매심

〔시해석〕

미술품에 병이 깊었다

송강 정철은 강호에 병이 깊고 깊었는데
백사 필홍은 미술품에 환우가 깊어 애태웠더라
네덜란드 철학자는 내일 지구의 종말이 온다 해도 오늘 사과나무를 심겠다고 하였는데
해동성국 철학자는 내일 죽는다 하여도 오늘 미술작품을 구하러 경매시장을 찾아 나설 것이다

〔平仄構成〕

詩의 平仄構成은 仄仄平平仄仄平 仄平仄仄仄平平 仄平仄仄平仄仄 平仄平平仄仄平으로 되어있다. 詩는 仄起式 七言絶句다. 그리고 詩는 韻字는 下平聲 十二 侵韻을 썼는데 韻脚은 深과 心과 尋이다.

〔작법감상〕

요즘 滿 나이가 있어서 한두 살 적게 계산되어 솔찬히 재미가 있는데 이 해가 가면 만 나이로도 나의 60대는 다 가고 말 것이니 어쩐지 나도 몰래 쓸쓸하다. 나이라는 것은 숫자에 불과하다는 얘기들도 곧잘 하고들 있지만, 나이가 주는 느낌이 인생 삶에서 상당량 지배력이 있는 것도 사실이다. 이제 와서 홀로 조용히 돌이켜 보면 나 개인적 활동으로 철학공부를 40년이나 하였고, 개화기미술품 수집을 중심으로 미술비즈니스를 30년이나 하였고, 그리고 한시공부를 20년이나 하였다. 그런데 이상하게도 특별하게 미술품비지니스는 삶에 喜悲나 成敗와 같은 구체적 정서(mood)를 즉각적으로 그리고 지속적으로 가져다주는 탓에 인생살이의 일상에 보다 크나큰 영향을 주는 것으로 보인다. 그러다보니 요사이 언제부턴가 내가 미술품 구입이나 거래나 수집이나 발견에 너무 병적으로 되어가지는 않은가 하는 별의별 생각도 들더라... 그래서 갑자기 詩想이 떠올랐다. 조선 시인 정철이 강호 자연계에 병이 깊었다고 했는데 나는 미술품에 병든 것은 아닌지 하는 생각이 들고, 화란의 철학자 스피노자가 내일 지구의 종말이 온다고 해도 오늘 한 그루 사과나무를 심겠다며 자신의 직분과 희망을 끝내 놓치 않겠다고 했는데 나는 내일 죽는다 해도 오늘 갖고 싶은 미술품을 찾아서, 경향각지를 아니 세계도처를, 헤매지는 않을려는지 하는 한편 어처구니없는 소갈머리에, 한편 애착증적 방황에, 무시로 걱정이다. 이제 그런 심사를 담담히 써내려간 시가 되었다: '송강 정철은 자연에 병이 깊고 깊었는데 백사 황필홍은 미술품에 患憂가 깊어 애태웠더라 네덜란드 철학자는 내일 지구의 종말이 온다 해도 오늘 사과나무를 심겠다고 했다는데 해동성국 철학자는 내일 죽는다 하여도 오늘 미술작품을 구하러 경매장을 찾아 나설 것이다.' 鄭澈이 관동 팔경을 유람하며 읊은 "關東別曲 관동별곡"은 '자연에 병이 깊어 대숲에 누웠더니 관동 팔백 리에 소임을 맡기시니 아아 성은이여 갈수록 망극하다'라고 시작되고 있다. 그리고 필자는 과거 미국유학에서 돌아온 후 얼마 지나서부터 줄곧 조선 개화기, c. 1800년-1910년, 미술품을 모아 근 삼십 년간 물경 1천 작품에 이르게 되었다. 또한 '開化工程美術'이라는 연구소 겸 갤러리까지 운영하면서 心身이 애태워 수고로웠으니 젊잖게 일컬어 病患이요 美慎이 아니고 뭐랴. 필자 대학시절 유행한 포크 듀엣 4월과 5월의 노래 백순진 작사 백순진 작곡의 "화(和)"가 떠오른다. 애간장이 타는 비슷한 심사시라: '너와 맹세한 반지 보며 반지같이 동그란 너의 얼굴 그리며 오늘도 젖은 짚단 태우듯 또 하루를 보냈다 오늘도 젖은 짚단 태우듯 너와 맹세한 반지 보며 반지같이 동그란 너의 얼굴 그리며 오늘도 애태우며 또 너를 생각했다 오늘도 애태우며.' 그런데, 게다가, 17세기 和蘭의 철학자 스피노자(Baruch Spinoza)는 '내일 지구의 종말이 온다고 해도 나는 오늘 한 그루의 사과나무를 심겠다'고 신명나게 말했다고 하지 않던가. 내일 지구의 종말이 온다고 해도 자신의 원래의 계획대로 희망을 좇아서 또 의지를 좇아서 사과나무를 심겠다는 것이다. 여기에 빗대서 나는 지구종말 대신에 나의 삶의 마지막 시간을 등장시키고, 사과나무 대신에 미술품에 부쳐서, 그리고 미래 희망과 의지의 실천 대신에 병적 집착과 의욕을 실천하는 것으로 대체하여 노래하여 본 것이다. 혹, 전혀 원하는 바가 아니나, 미구에 이 땅덩이 大韓國에 전쟁이 일어나도 나는 피난행렬에 나서지 않을 각오다. 첫째 이유는 나의 '사랑하는 서울, 사랑하는 종로'를 두고는 차마 못 떠날 것이고, 둘째 이유는 나의 사랑하는 미술품을 두고서 차마 떠날 수 없을 것이기 때문이다. 전쟁이 끝나서 서울이 수복된 후 아마 나는 종로통 인사동 일원에서 나의 미술품을 꼭 껴안은 채, 굶거나 총에 맞아, 죽어있는 시체로 발견될 가능성이 있다. 그때 세상 사람들은 수군댈 것이다. '쯧쯧쯧 짠해라 미술품을 안고 죽었네, 그래 저 사람은 미술품을 버려두고 그냥 떠나지는 못했을 것이야, 죽어서도 나름 문화유산을 지킨거야, 애고 애고 그래도 우선 살고 봤어야지 쯧쯧쯧...'

2024. 10. 12.

〔詩原文〕72

元稹微之遣悲懷說往說來
원진미지견비회설왕설래

爲孰元公那樣嗟
韋安裴薛女人家
悼宜潘岳竟原典
悲義微之連發華
證稿鰥魚評僞哭
話詩伉儷頌眞嘉
正房身後可須吊
憑你盲探毋過撾

위숙원공나양차
위안배설여인가
도의반악경원전
비의미지연발화
증고환어평위곡
화시항려송진가
정방신후가수조
빙니맹탐무과과

〔시해석〕

원진미지 견비회 옥신각신

누구를 위하여 원진공은 그토록 탄식하고 한탄하였던가
위씨 안씨 배씨 설씨 네 여인네가 있었다는데
마땅히 애도하여 안인 반악의 도망가는 아내의 죽음을 슬퍼하는 시로서는 마침내 기준이 되는 본디의 전거가 되었고
올곧게 슬퍼하여 미지 원진의 견비회는 아내의 죽음을 슬퍼하는 시로서는 이어서 꽃봉오리를 활짝 피운 것이더라
원백시증고에서 청나라 진인각은 환어에 빗대어서 위선적으로 통곡하는 체 한다고 견비회를 부정적으로 품평하였지만
북강시화에서 청나라 홍량길은 항려배필의 정을 한층 증가시키니 진실로 아름답다고 견비회를 긍정적으로 칭송하고 있지 않던가
첫 번 장가간 아내가 사망한 후 모름지기 가슴아파하고 슬퍼하는 것이 옳을 것이로되
사람들이여 부탁하노니 무분별하게 뒤져서 꾸짖고 내리치지는 부디 마시라

〔平仄構成〕

詩의 平仄構成은 仄仄平平仄仄平 平平平仄仄平平 平平仄仄平仄仄 仄仄平平平仄平 仄仄平平平仄仄 仄平仄仄仄仄平 仄平仄仄仄平仄 平仄平平平仄平으로 되어있다. 詩는 仄起式 七言律詩다. 그리고 詩는 韻字는 下平聲 六 麻韻을 썼는데 韻脚은 嗟, 家, 華, 嘉, 撾이다. 그리고 3句와 4句에서는 孤平拗救가 쓰였는데 本來 3句의 下三字는 平平仄이어야 하는데 仄平仄으로 되어, 卽 竟原典으로 되어, 5字의 平字가 毀損되었다. 그러므로 4句의 5字는 本來 仄字여야 하는데 平字로 바꿔서, 卽 連으로 바꿔서, 毀損된 平을 回復시켰다. 이로써 合律이 된다. 그리고 7句와 8句에서도 孤平拗救가 쓰였는데 本來 7句의 下三字는 平平仄이어야 하는데 仄平仄으로 되어, 卽 可須吊로 되어, 5字의 平字가 毀損되었다. 그러므로 8句의 5字는 本來 仄字여야 하는데 平字로 바꿔서, 卽 毋로 바꿔서, 毀損된 平을 回復시켰다. 이로써 또한 合律이 된다. 그리고 中央四句의 下三字는 前聯과 後聯의 境遇에 文法構造를 다르게 配置하여 意味上 各各 竟(副詞) 原典(動詞), 連(副詞) 發華(動詞), 評(動詞) 僞哭(名詞), 頌(動詞) 眞嘉(名詞)로 읽히게 되어 四言一法 忌避의 原則을 따라서 平板을 避하고 錯綜을 지켰다. 그리고 詩에서 韻을 달지 않은 仄聲字 곧 典, 哭, 吊는 次例로 上聲, 入聲, 去聲이 되어 이른바 四聲遞用의 法則을 充實히 따랐다. 首聯은 一種의 倒置다.

〔작법감상〕

시는 원진의 견비회 3수에 대한 찬반이, 호불호가, 諸說紛紛다는 것을 아는 바 그에 대한 필자 나름의 견해를 밝힌 것이다. 요는 아무리 원진이 첫 번째 부인이 죽고 나서 첩을 들이고 두 번째 부인을 맞이하고 후에 가서는 또 다른 여성 시인과 염문설에 휩싸였다하여도 첫째 부인의 사후에 쓴 견비회 즉 영원한 이별의 슬픈 감회를 털어버린다는 悼亡歌는 여전히 그자체로 우뚝 서야하지않겠느냐는 주장이다. 굳이 시 밖으로 나가서 가혹하게 꾸짖고 때리지는 말자는 苦語이기도 하다: '누구를 위하여 元相은 그토록 탄식하고 한탄하였던가 初娶 韋蕙叢 妾 安氏 再娶 裵淑 戀人 薛濤 네 여인네가 있었다는데 마땅히 애도하여 潘岳의 悼亡詩는 아내의 죽음을 슬퍼하는 시로서는 필경 기준이 되는 본디의 전거가 되었고 바르게 슬퍼하여 元稹의 遣悲懷는 아내의 죽음을 슬퍼하는 시로서는 이어서 꽃을 피운 것이더라 淸 陳寅恪은 元白詩證稿에서 鰥魚를 빗대어서 위선적으로 통곡하는 체 한다고 견비회를 부정적으로 품평하였지만 淸 洪亮吉은 北江詩話에서 伉儷配匹의 정을 한층 증가시키니 진실로 아름답다고 견비회를 긍정적으로 칭송하고 있지 않던가 첫 번 장가간 아내가 사망한 후 응당 가슴아파하고 슬퍼하는 것이 옳을 것이로되 사람들이여 바라건대 무분별하게 뒤져서 꾸짖고 치지는 부디 마소서.' 시가에서 전통적으로 처나 벗의 죽음을 애도하는 시로서 悼亡歌를 많이들 써 왔는데 대체로 西晉 潘岳의 "悼亡詩"가 그 鼻祖가 되고 中唐 元稹의 "遣悲懷"가 그 頂點이 되었다고 평가되고 있다. 그런데, 유감스럽게도, 그 견비회만 단순히 원공의 복잡한(?) 여성편력 탓에 혹독한 비난을 받는 것에 대하여 부당하다고 판단되서 개인적으로 庇護하고 있는 바다. 李商隱의 "無題"에 嗟가 보인다: '嗟余聽鼓應官去 走馬蘭臺類轉蓬 아 나는 早朝를 알리는 卯時의 북소리를 듣고서 응당 관청으로 가야 하노라 말을 타고 御史臺를 향하여 달리니 마치 뿌리에서 끊어져 구르는 쑥대 같아라.' 潘岳의 "悼亡詩"에 竟이 보인다: '展轉盼枕席 長簟竟牀空 몸을 뒤척여 베게자리 돌아보지만 긴 대자리 침상은 결국 비었구나.' 元稹의 "遣悲懷"에 身後事가 보인다: '昔日戱言身後事 今朝都到眼前來 옛날 죽은 뒤 일들 농담 삼아 말했었는데 오늘 아침 모두가 눈앞에 닥쳐오고 말았네.' 淸 陳寅恪은 "元白詩證稿"에서 견비회를 부정적으로 평가한다: '所謂長開眼者 自比鰥魚 卽自誓終鰥之義 其後娶繼配裵淑 已違一時情感之語 亦可不論 唯韋氏亡後未久 裵氏未娶之前 已納妾安氏... 微之本人與韋氏情感之關係 決不似其自言之永久篤摯 則可以推知 이른바 오래도록 뜬눈으로 밤을 새우겠다고 한 것은 스스로를 鰥魚에 비유한 것이니 죽을 때까지 홀로 지내겠다는 의리를 맹세한 것이다 후에 후취인 裵淑에게 장가들어 이미 일시적 감정의 말을 지키지 못한 것은 또한 논하지 않겠으나 다만 위씨가 사망한 지 얼마 안 되고 배씨와 결혼하기 전에 이미 安氏를 첩으로 맞아들였으니... 원진 본인과 위씨의 정감의 관계는 결코 그 자신의 말처럼 영원하고 돈독한 것이 아니었음을 미루어 알 수 있다.' 淸 洪亮吉은 "北江詩畵"에서 견비회를 긍정적으로 평가한다: '唐元相悼亡詩 惟將終夜長開眼 報答平生未展眉 讀之令人增伉儷之情 孰謂詩不可以感人哉 당나라 원진의 도망시에 오직 긴긴밤에 눈을 뜨고서 그대 평생에 펴지 못한 미간에 보답하리라는 글을 읽으면 사람으로 하여금 배필의 정을 증가시킨다 그러니 누가 시가 사람을 감동시킬 수 없다 하던가.' 張籍의 "沒蕃故人"에 哭이 나온다: '欲祭疑君在 天涯哭此時 제사를 지내려는데 그대 살아 있는 듯해 하늘 끝에서 지금 통곡하네.' 于武陵의 "勸酒"에 須가 나온다: '勸君金屈卮 滿酌不須辭 금굴치 술잔 그대에게 권하노니 가득히 부은 술 모름지기 사양하지 마옵소서.' 宣宗 李忱은 최고의 애도사로 평가받는 "吊白居易"를 썼다: '文章已滿行人耳 一度思卿一愴然 그대의 문장은 길을 가는 사람의 귀에 이미 가득한데 그대 한번 생각하면 한번 슬퍼진다.' 王維의 "未編年詩 미편년시"에 嘉가 나온다: '嘉此幽棲物 能齊隱吏心 은자에게는 이것이 아름다운데 숨어사는 벼슬아치 마음과 능히 한가지라오.' 孔子의 "論語·學而"에 말라는 금지사 毋가 있다: '子曰 主忠信 毋友不如己者 過則勿憚改 공자께서 말씀하셨다 忠誠과 信義를 위주로 하며 자기보다 못한 자를 벗 삼지 말고 허물이 있으면 고치기를 꺼리지 말라.' 가을이 깊어가는 2024년 10월 20일 쓴다.

〔詩原文〕73

大器晚成
대기만성

大器晚成機運躬
少年厭惡老年從
無爲穎脫何依靠
不忘初心拏始終
대기만성기운궁
소년염오노년종
무위영탈하의고
불망초심나시종

〔시해석〕

큰 그릇은 늦게 만들어진다는데

대기만성이 내 사주팔자 운명이라고 하였었는데
어릴 적에는 그 말을 싫어하였으나 노년이 되어서는 그 뜻에 순종할 수밖에 없으리
아무 일도 하지 않으면서 큰 재능은 꼭 나타난다는 말에 어찌 그냥 기대고 의지하랴
처음 먹은 마음 잊지 않고서 힘써 시종일관의 성취를 손에 쥐어야 하리라

〔平仄構成〕

詩의 平仄構成은 仄仄仄平平仄平 仄平仄仄仄平平 平平仄仄平平仄 仄仄平平平仄平으로 되어있다. 詩는 仄起式 七言絶句다. 그리고 詩는 韻字는 上平聲 一 東韻을 썼는데 韻脚은 躬과 從과 終이다.

〔작법감상〕

보통 大器晩成이라는 표현은 큰 그릇 곧 큰 종이나 큰 솥을 만들려면 시간이 오래 걸리듯이 또한 큰 사람이 되기 위해서는 많은 시간과 노력이 필요하다는, 곧 크게 될 사람은 늦게 이루어진다는, 말로서 쓰인다. 개인적으로, 기억나는 것은 어릴 적에 가끔 할아버지 할머니 그리고 아버지 어머니께서 '우리 마코(나의 유년기 애칭)는 大器晩成형 龜甲四柱다!!'라고 말씀하시곤 하였다. 어려서 뜻을 잘 헤아리지는 못하였지만 대충 인생행로 운명 四柱八字가 좋은데 그 좋음이라는 것이 인생 후반 늘그막에 이뤄진다는 정도로 이해하였다. 그 후로 성장한 청년시절에는 그 말이 별로 마음에 들지 않았다. 한창인 젊은 나이에 뭔가 이루어져서 인생이 마냥 즐거운 것이 좋겠지 다 늙어서 좋으면 뭐하냐는 답답한 심정으로, 또 막말로 그때 가서 아무 것도 이루어지지 않으면 뭐가 되는가 하는 심정으로, 시큰둥하기도 하였다. 그러다 이제 이래저래 노년기의 인생을 맞이하게 되니, 물론 아니면 말지라는 포기의 심정도 내재하고 있지만, 대기만성의 점괘가 언제라도 좋으니 현실화되기만을 간절히 바라게 되었다. (난 사적으로 占卜보다는 科學에 보다 경도된 사람이지만 사정이 그러하다.) 나는 현대문명에서 적어도 3가지는, 곧 과격한 폭력적 격투기(martial arts)와 외모평가에 지나치게 경도된 미인대회(beauty contest)와 그리고 요행성을 부추기는 복권(lottery) 등은, 줄곧 반대해 왔는데 아무래도 그중에 복권은 사봐야 하지 않을까 요사이 고민이 있다. 나의 대기만성이라는 것이 노년기에 '100억 로또 당첨'을 의미하는 것은 혹시 아닐까 하는 의혹이 자꾸 솟구치게 되어서다. 하하하하… '그러나' 한편 나는 그 대기만성이라는 것에 무작정 의지하여 無爲徒食하며 아무것도 안 한다는 것은, 인위적인 것은 존재하지 않는다고 믿는 것은, 역시 물론 아니라고 본다. 원컨대, 처음 먹은 마음 初心으로 돌아가 한 주체적 인간으로서 정성을 다하여야 始終一貫≒始終不渝의 성공을 거둘 수 있으리라고 믿고 싶은 것이다. 그것이 독일 철학자 칸트(Immanuel Kant)가 선언한 절대명령 정언명법(Categorical Imperative)이리라: '크게 될 사람은 늦게 이루어진다는 대기만성이 내 사주팔자 운수라고 하였었는데 어릴 적에는 그 말을 싫어하였으나 노년이 되어서는 그 뜻에 순종할 수밖에 아무 일도 하지 않으면서 큰 재능은 꼭 나타난다는 말에 어찌 그냥 기대고 의지하랴 처음 먹은 마음 잊지 않고서 애써서 시종일관의 성공을 손에 쥐리라.' 老子의 "道德經 第四十一章 도덕경 제41장"에 大器晩成이 쓰인다: '大方无隅 大器晩成 大音稀聲 大象无形 道隱無名 큰 모양은 모서리가 없고 큰 그릇은 늦게 완성되고 큰 음은 소리가 드물고 큰 형상은 모양이 없다 道는 숨어있어서 이름이 없다.' 陳壽의 "三國志 魏書 崔琰傳 삼국지 위서 최염전"에도 大器晩成이 쓰인다: '琰從弟林 少無名望 雖姻族猶多輕之 而琰常曰 此所謂大器晩成者也 終必遠至 崔琰의 사촌 아우 崔林은 어려서 명성과 인망이 없어서 비록 인척들조차도 많이 가벼이 여겼으나 염은 항상 말하기를 이는 이른바 대기만성자라 끝내는 심원한 데까지 이르리라.' 王勃의 "藤王閣序 등왕각서"에 躬이 나온다: '家君作宰 路出名區 童子何知 躬逢勝餞 家親께서 현령이 되시어 뵈러가는 길에 명소 洪州를 지나게 되었는데 몸소 훌륭한 잔치를 만나게 될 줄을 어린 제가 어찌 알았겠습니까.' 朱熹의 "勸學文 권학문"에 少年이 나온다: '少年易老學難成 一寸光陰不可輕 未覺池塘春草夢 階前梧葉已秋聲 소년은 늙기 쉬우나 학문은 이루기 어려우니 순간의 시간도 헛되이 보내지 말라 못가의 봄풀이 채 꿈도 깨기 전에 계단 앞 오동잎에 이미 가을바람 부는 소리 들린다.' 司馬遷의 "史記 平原君虞卿列傳 사기 평원군우경열전"에 囊中之錐≒穎脫이 있다: '夫賢士之處世也 譬若錐之處囊中 其末立見 대저 어진 선비가 세상에 있는 것은 비유하자면 주머니 속에 있는 송곳 같아서 그 끝이 금세 드러나 보이는 법이다.' 佛敎 經典 "華嚴經 화엄경"에서는 초심을 잊지 말아야 유종의 미를 거둘 수 있다고 말하고 있다: '不忘初心 方得始終 애초의 마음과 뜻을 잊지 않으면 바야흐로 終了와 完成에 이를 수 있을 것이다.' 2024. 10. 27.

〔詩原文〕 74

秋日尋故居不遇大門井泉廚下一家眷屬
추일심고거불우대문정천주하일가권속

子子單身遊子行
相憐形影舊基迎
大門井竈家累沒
寂寞更堪寒蟋聲
혈혈단신유자행
상련형영구기영
대문정조가루몰
적막갱감한실성

〔시해석〕

가을날 대문안 옛집을 찾았으나 대문이며 우물이며 부엌이며 일가권속이며
만나지 못하였다

의지할 데 없이 외로운 나그네 가는 길에
서로 가엾게 여겨 동정하는 한 몸과 한 그림자만이 옛 집터를 맞는구나
집안의 상징이었던 대문도 우물터도 부뚜막 정제도 일가권속도 다 사라졌으니
적막 속에 들려오는 차가운 귀뚜라미 울음소리는 또 어찌 견디랴

〔平仄構成〕

詩의 平仄構成은 仄仄平平平仄平 平平平仄仄平平 仄平仄仄平仄仄 仄仄仄平平仄平으로 되어있다. 詩는 仄起式 七言絶句다. 그리고 詩의 韻字는 下平聲 八 庚韻을 썼는데 韻脚은 行과 迎과 聲이다. 그리고 3句와 4句에서는 雙拗가 쓰였는데 本來 3句의 下三字는 平平仄이어야 하는데 平仄仄으로 되어, 卽 家累沒로 되어, 6字의 平字가 毁損되었다. 그러므로 4句의 5字는 本來 仄字여야 하는데 平字로 바꿔서, 卽 寒으로 바꿔서, 毁損된 平을 回復시켰다. 이로써 合律이 된다.

〔작법감상〕

가을이 깊어가는 해질녘 고향땅 옛집을 찾았다. 내 한 몸과 그 그림자가, 서로 함께 수고로움을 달래고 의지하며, 가슴 설레며 가슴 아파하며 찾아 나서고 있는 것이다. 아아, 그러나, 집의 정문 앞대문도 사라지고 우물터도 사라지고 부엌 정제도 사라지고 정겨운 얼굴들 일가친척도 다 사라지고 보이지 않더라. 그러니 때마침 어디선가 들려오는 가을 귀뚜라미의 처량한 울음소리를 이 나그네 어떻게 정말 견딜 수 있겠는가! 時間이 참 무섭다는 생각을 금할 수 없다. 세월 앞에 장사가 없다더니… 시간이 빠르다는 표현보다는 시간이 인간세상을 온전히 완벽히 지배한다는 표현이 더 절실하다는 느낌이 든다. Time flies, Time creeps on 시간이 날아간다 시간이 순식간에 살금살금 지나간다 보다는 Time reigns, Time governs 시간이 지배한다 시간이 통치한다는 어떨까?: '홀홀단신 의지할 데 없이 외로운 나그네 가는 길에 서로 가엾게 여겨 동정하는 한 몸과 한 그림자만이 옛 집터를 반겨서 맞는구나 집안의 상징이었던 큰 문 大門도, 우물터도, 부뚜막 정제도, 一家眷屬도 다 사라졌으니 적막 속에 들려오는 차가운 귀뚜라미 울음소리를 또 어찌 견디랴.' 시의 제목에 秋日이 등장하는 경우는 종종 있다. 中唐 劉長卿의 "秋日登吳公臺上寺遠眺 가을날 오공대 위 사찰에 올라 멀리 바라보다"가 있다. 晩唐 許渾의 "秋日赴闕題潼關驛樓 가을날 장안의 대궐로 가다가 동관의 역루에서 시를 짓다"도 있다. 盛唐 孟浩然의 "秋日陪李侍御渡松滋江 가을날 송자강을 건너가는 李侍御史를 모시면서"도 있다. 필자 黃白沙의 "丙申秋日與洌水諸子漫步淸溪川邊 병신년 가을날 洌水의 사객들과 청계천변을 한가로이 걷다"도 있다. 시의 제목에 또한 尋-不遇도 종종 등장한다. 中唐 僧 皎然의 "尋陸鴻漸不遇 육홍점을 찾았다가 만나지 못했다"가 있고, 盛唐 邱爲의 "尋西山隱者不遇 서쪽에 있는 산을 찾았으나 숨어사는 선비를 만나지 못하였다"가 있고, 中唐 賈島의 "尋隱者不遇 속세를 떠나 숨어사는 隱人을 찾아갔다가 만나지 못하였다"가 있다. 子子單身≒子然單身≒孤獨單身≒形單影隻≒子然一身≒煢煢子立. 中唐 孟郊의 "遊子吟 나그네의 노래"에 遊子가 나온다: '慈母手中線 遊子身上衣 자애로운 어머니의 손 안의 실 길 떠나는 자식의 몸의 옷이 되었다.' 西晉 李密의 "陳情表 사정을 진술하여 임금께 올립니다"에 形影이 나온다: '煢煢子立 形影相弔 외롭게 홀로 서서 몸 형체와 그림자가 서로 위로할 뿐입니다.' 中唐 白居易의 "戱招諸客 놀이삼아 여러 손님을 초청하여"에 迎이 보인다: '黃醅綠醅迎冬熟 絳帳紅鑪逐夜開 누런 거르지 않은 술 푸른 거른 술 겨울을 맞아 익어가고 붉은 빛깔의 휘장 붉은 화로 밤을 쫓아 열린다.' 中唐 王建의 "新嫁娘 새색시"에 竈≒廚가 보인다: '三日入廚下 洗手作羹湯 삼일 만에 부엌으로 들어가 손을 씻고 국을 끊인다.' 中唐 張籍의 "沒蕃故人 토번에서 戰死한 옛 친구"에 沒이 보인다: '前年伐月支 城下沒全師 지난 해 월지 吐藩을 치다가 성 아래서 전 군사가 몰살당했다.' 시어 堪은 一字만으로도 이따금 何堪이나 不堪의 의미로, 어찌 견디랴 또는 견디지 못하겠다는 의미로, 反語로 사용된다. 예를 들어, 中唐 白居易의 "送客之湖南 벗이 호남으로 감에 송별하며"의 '年年漸見南方物 事事堪傷北客情 해마다 해마다 남방의 사물이 점점 보이는데 사사건건 사사건건 북쪽에서 온 나그네의 마음 상하게 함을 견디지 못하겠다'가 그렇고, 中唐 劉長卿의 "感懷 마음속에 깊이 느껴지는 회포"의 '秋風落葉正堪悲 黃菊殘花欲待誰 추풍에 낙엽은 정말 슬픔을 견디기 어렵고 황국의 남은 꽃은 누구를 기다리려는고'가 그렇다. 2024년 11월 2일 쓴다.

〔詩原文〕 75

尋訪故園山浦
심방고원산포

形影相憐遊子行
單身孑孑怯心嬴
無親四顧故山浦
秋月更堪橫笛聲
형영상련유자행
단신혈혈겁심영
무친사고고산포
추월갱감횡적성

〔시해석〕

고향 산포를 찾다

몸뚱이와 그림자가 서로 가엾게 여기는 나그네 고향으로 돌아가는 길에
홀홀단신 외톨토리 겁내는 마음 가득하다
사방을 둘러보아도 의지할 사람 아무도 없는 처지가 되어 옛 터 산 아래 포구를 찾으니
가을밤 달빛 아래 들려오는 가로 부는 피리 소리를 또 어찌 견디랴

〔平仄構成〕

詩의 平仄構成은 仄仄平平平仄平 平平仄仄仄平平 平平仄仄仄平仄 平仄仄平平仄平으로 되어있다. 詩는 仄起式 七言絶句다. 그리고 詩는 韻字는 下平聲 八 庚韻을 썼는데 韻脚은 行과 嬴과 聲이다. 그리고 3句와 4句에서는 孤平拗救가 쓰였는데 本來 3句의 下三字는 平平仄이어야 하는데 仄平仄으로 되어, 卽 故山浦로 되어, 5字의 平字가 毁損되었다. 그러므로 4句의 5字는 本來 仄字여야 하는데 平字로 바꿔서, 卽 橫으로 바꿔서, 毁損된 平을 回復시켰다. 이로써 合律이 된다.

〔작법감상〕

꿈에도 그리는 고향땅 故園≒故址≒故鄕≒故基≒故里≒故山≒故苑≒故土 山浦를 찾았다. 몸과 그림자만이 서로 불쌍히 여기면서 고향을 향해가노라니 혈혈단신이 되어 옛날 故址에서 맞닥뜨릴 모든 것에 미리 가득히 두려움이 앞선다. 옛 터 산 아래 개여울에서 四顧無托의 외로운 신세가 되고서야 가을밤 달빛 아래 어디선가 들려오는 피리소리(flute/pipe)를 어떻게 견딜 수 있겠는가: '몸뚱이와 그림자가 서로 가엾게 여기는 나그네 고향으로 돌아가는 길에 홀홀단신 외돌토리 겁내는 마음 가득하다 사방을 둘러보아도 의지할 사람 아무도 없는 처지가 되어 옛 터 산 아래 포구를 찾으니 가을밤 달빛 아래 입에 가로 대고 부는 피리 소리를 또한 어찌 견디랴.' 西晉 李密의 "陳情表 황제에게 사정을 자세히 말하여 올린 글"에 形影相弔가 보인다: '煢煢孑立 形影相弔 而劉夙嬰疾病 常在牀褥 외롭게 홀로 서서 저 이밀은 자신의 형체와 그림자가 서로 위로할 뿐입니다 그리고 할머니 유씨도 일찍 병으로 약해서 늘 병상에 누워 있습니다.' 中唐 孟郊의 '遊子吟 나그네의 노래"가 보인다: '臨行密密縫 意恐遲遲歸 나그네 떠남에 임하여 촘촘히 옷을 꿰매는 것은 자식이 더디 돌아올까 두려워하기 때문이리.' 孑孑單身(being all alone in the world, having neither friends or relatives)≒孤身只影 ≒形單影隻≒孑然一身≒天涯孤兒≒光身人兒≒單身一人≒煢煢孑立. 춘추전국 齊나라 姜尙의 "六韜三略·論將"에 心怯이 보인다: '智而心怯者 可窘也 지혜로우나 마음이 약해 겁을 내는 자는 가히 좁고 군색하다.' 盛唐 王維의 "秋夜曲 가을밤의 노래"에서도 걸핏하면 心怯이 난다고 하였다: '銀箏夜久慇懃弄 心怯空房不忍歸 밤늦도록 은빛 나는 현악기 箏을 정취가 깊고 그윽하게 마음대로 다루며 가지고 노니 마음에 겁이나 혼자 자는 방에 차마 돌아가지 못하겠다.' 晩唐 李頻(또는 初唐 宋之問?)의 "渡漢江 한강을 건너며"에도 更怯이 보인다: '近鄕情更怯 不敢問來人 고향이 가까워지니 마음은 더욱 두려워 그쪽에서 오는 사람에게는 소식을 감히 묻지 못하겠다.' 晩唐의 杜牧의 "遣懷 가슴속의 생각을 털어버리다"에 嬴≒贏이 나온다: '十年一覺揚州夢 嬴得靑樓薄倖名 십 년간의 양주의 꿈에서 한번 깨어나니 청루에서 박정하다는 이름만 남아돌도록 얻었더라.' 覺은 꿈깰 '교'로 그리고 깨달을 '각'으로 읽힌다. 四顧無親≒無依無托≒四顧無托≒牆壁無依≒四顧無人≒無依無靠≒孤苦伶仃≒擧目無親. 中唐의 大曆十才子 盧綸의 "晩次鄂州 해 질 무렵 鄂州(武昌)에 머무르다"에 更堪이 나온다: '舊業已隨征戰盡 更堪江上鼓鼙聲 오랜 家業(世業)은 이미 전쟁따라 다 없어졌는데 또 다시 강가의 싸우는 북소리를 어떻게 참고 견딜까.' 堪은 종종 一字만으로 反語法으로 쓰여 곧 의미상 '何堪'이나 '不堪'과 상통한다, 곧 '어떻게 견디겠는가'거나 '도대체 견디지 못하겠다'는 의미다. 그리고 北宋 蘇軾의 "念奴嬌 염노 아가씨"에 橫笛이 나온다: '水晶宮裏 一聲吹斷橫笛 수정궁 안에서 가로 부는 피리 소리가 높고 맑게 울려오는구나.' 2024년 11월 30일 쓴다.

[詩原文] 76

秋日尋訪昌德宮闕
추일심방창덕궁궐

學堂騷墨訪昌德
古閣罩籠秋興融
錫福壽康家盛禱
奎章熙政國憂忡
布衣赤壁始吟咏
平士隋宮連讀通
外表鱸筵滿情話
無期旣怯再相從

학당소묵방창덕
고각조롱추흥융
석복수강가성도
규장희정국우충
포의적벽시음영
평사수궁연독통
외표노연만정화
무기기겁재상종

[시해석]

가을날 창덕궁을 찾았다

한시학당 시인들 창덕궁을 찾아서
오래된 전각들 주위를 뒤덮은 가을의 흥취와 하나가 되었다
석복헌 수강재는 집안의 번성을 기원하고
규장각 희정당은 나라의 재난을 걱정하리
목멱포의선생의 소식의 적벽부 낭송이 먼저 시작되고
평사선생의 이상은의 수궁 낭독이 뒤에 이어지는구나
농어회파티에서 외관상으로는 여러 가지 정다운 이야기들이 가득하지만
다시 만나서 어울릴 기약이 없음에 벌써 마음속으로 두려워한다

〔平仄構成〕

詩의 平仄構成은 平平平仄仄平仄 仄仄仄平平仄平 仄仄仄平平仄仄 平平仄仄仄平平 仄平仄仄仄仄仄 平仄平平平仄 平 仄仄平平仄平仄 平平仄仄仄平平으로 되어있다. 詩는 平起式 七言律詩다. 그리고 詩는 韻字는 上平聲 一 東韻을 썼는데 韻脚은 融, 忡, 咏, 從이다. 그리고 1句와 2句에서는 孤平拗救가 쓰였는데 本來 1句의 下三字는 平平仄이어야 하는데 仄平仄으로 되어, 卽 訪昌德으로 되어, 5字의 平字가 毀損되었다. 그러므로 2句의 5字는 本來 仄字여야 하는데 平字로 바꿔서, 卽 秋로 바꿔서, 毀損된 平을 回復시켰다. 이로써 合律이 된다. 그리고 5句와 6句에서도 孤平拗救가 쓰였는데 本來 5句의 下三字는 平平仄이어야 하는데 仄平仄으로 되어, 卽 始吟咏으로 되어, 5字의 平字가 毀損되었다. 그러므로 6句의 5字는 本來 仄字여야 하는데 平字로 바꿔서, 卽 連으로 바꿔서, 毀損된 平을 回復시켰다. 이로써 또한 合律이 된다. 그리고 7句의 下三字에서는 單拗가 쓰였다. 本來 7句의 下三字의 平仄의 構成은 平仄仄인데 仄平仄이 되어, 卽 滿情話로 되어, 5字에서 毀損된 平字를 6字에서 바로 回復한 것이다. 이는, 下三字에 孤平現象이 發生하였으나 挾平格으로 肯定的으로 看做하며, 本句 自救의 方法으로 또한 合律이 된다. 그리고 中央四句의 下三字는 前聯과 後聯의 境遇에 文法構造를 다르게 配置하여 意味上 各各 家盛(名詞) 禱(動詞), 國憂(名詞) 忡(動詞), 始(動詞) 吟咏(名詞), 連(動詞) 讀通(名詞)으로 읽히게 되어 四言一法 忌避의 原則을 따라서 平板을 避하고 錯綜을 지켰다. 그리고 詩에서 韻을 달지 않은 仄聲字 곧 德, 禱, 咏, 話는 次例로 入聲, 上聲, 去聲, 上聲이 되어 이른바 四聲遞用의 法則을 또한 充實히 따랐다.

〔작법감상〕

학당의 騷人墨客들 가을소풍으로 昌德宮에 놀러갔다. 가을 기운이 물씬 풍기는 고각 곳곳을 거닐며 감상했다. 그리고 이어서 근방의 조선횟집에 가서 가을의 별미 濃魚鱠를 먹으며 이야기꽃을 피웠다. 그런데 와중에 불현 미래 再相逢에 대한 불확실성에서 오는 이름 모를 쓸쓸함이, 두려움이, 주위에 맴도는 것을 의식하게 되었다. 벌써 거슬러서 수년 전 단국대학교 재직 중 인문대학교수 몇몇과 가을날 청계천변을, 가을날 야유회 삼아서, 오래도록 걸었던 것을 추억한다. 당시 흥겹고 즐거우면서도 한편 어디선가 다가오는 우리가 다시 이런 아름다운 시간을 갖게 될 수 없을 것 같다는 적료한 감개가 있었는데 이참에 창덕궁궐 야유회가 어쩐지 그러한 데자뷰(deja-vu)의 감상이 되었다. 그 기분으로 그렇게 시를 써본 것이다. 그러므로 과거 필자 黃白沙의 "丙申秋日與洌水諸子漫步淸溪川邊 병신년 가을날 洌水의 사객들과 청계천변을 한가로이 걷다"의 尾聯 '人世誰知明日事 桑楡旅路是茫茫 인간 세상사 내일 일 누가 안다던가 저무는 인생 가는 길 아득히 알 수 없어라'와 위 詩會의 시 "秋日尋訪昌德宮闕 가을날 창덕궁을 찾았다"의 尾聯 '外表鱸筵滿情話 無期旣怯再相從 외관상으로는 농어회파티에서 萬端情話가 가득하지만 언제 다시 만나서 어울릴 기약이 없음에 벌써 마음속으로는 두려워한다'는 여러모로 서로 닮은 바가 있으리라. 李商隱의 "無題 제목 없음"에 籠이 나온다: '蠟照半籠金翡翠 麝熏微度繡芙蓉 촛불은 금비취 병풍을 반쯤 감싸고 麝香은 부용 휘장을 살며시 넘어 스며든다.' 杜牧의 "泊秦淮 진회에 정박하다"에도 籠이 나온다: '煙籠寒水月籠沙 夜泊秦淮近酒家 안개는 차가운 물에 자욱하고 달빛은 백사장에 자욱한데 밤이 되어 秦淮 강변에 배를 대려니 부근에 술집이 있더라.' 가을의 감흥이나 흥취는, 秋興≒秋氣≒秋色≒秋意≒秋情≒秋懷≒秋景≒秋光은, 杜甫의 "秋興 八首 추흥 팔수"에 넉넉히 펼쳐진 바 있다: '寒衣處處催刀尺 白帝城高急暮砧 겨울옷을 마련하려 곳곳에서 가위질과 자질을 재촉하는데 백제성 높은 곳에는 저녁 다듬이질 소리가 급하구나.' 頷聯 3구 錫福壽康家盛禱는 家和萬事成 곧 집안이 화목하면 모든 일이 잘된다는 祈願이 가득 담긴 듯하고, 頷聯 4구 奎章熙政國憂忡은 國憂民恤 곧 나라를 걱정하고 백성을 불쌍히 여기는 것으로 忠衷이 가득 담긴 것이라 여겨지는데 여기서는 조상들의 생각과 학당 詞人들의 공감하는 생각을 함께 노래한 것으로, 雙關으로, 보려하였다. 이어지는 우리 학당 전통의 하나인 詩 朗誦에서는 木覓 홍기원 선생의 東坡 蘇軾의 적벽에서 놀면서 적벽대전을 생각하며 지었다는 "赤壁賦"의 낭송은 완벽하였고, 平士 홍형빈 선생의 獺祭魚 李商隱의 사치와 향락에 탐닉해 나라를 망친 隋煬帝를 풍자한 "隋宮"의 낭창은 유창하였다. 여러 해 전에 나도 학당 '시낭송대회'에서 李白의 "蜀道難 촉으로 가는 길은 험해라"를 낭독한 적이 있었다. 張翰은 "思吳江歌 오강을 그리워하는 노래"에서 가을의 鱸魚의 맛을 禮讚해 마지않는다: '秋風起兮佳景時 吳江水兮鱸魚肥 가을바람 일어 경치 아름다우니 吳江의 물에는 농어가 살찌우는구나.' 李郢도 "江亭秋齊 강가정자 개인 가을하늘"에서 鱸魚鱠를 禮讚한다: '聞說故園香稻熟 片帆歸去就鱸魚 듣건대 고향의 벼 잘 익었다니 조각 돛 올리고 돌아가서 농어를 맛보리라.' 王勃의 "藤王閣序 등왕각 서문"에 盛筵이 보인다: '嗚呼 勝地不常 盛筵難再 蘭亭已矣 梓澤丘墟 오호라 경승지라도 불변하는 것이 아니리요 성대한 잔치는 다시 만나기 어려우리 王羲之의 蘭亭 모임은 이미 끝났고 石崇의 재택 金谷園도 폐허가 된지가 오래로다.' 李頻(宋之問?)의 "渡漢江 한강을 건너며"에 更怯이 보인다: '近鄕情更怯 不敢問來人 고향이 가까워지니 마음은 더욱 두려워 그쪽에서 오는 사람에게는 소식을 감히 묻지 못하겠다.' 그리고 盛唐 王維도 "秋夜曲 가을밤의 노래"에서 걸핏 心怯이 난다고 하였다: '銀箏夜久殷勤弄 心怯空房不忍歸 밤늦도록 은빛나는 현악기 箏을 정취가 깊고 그윽하게 마음대로 다루며 가지고노니 마음에 겁이나 혼자 자는 방에 차마 돌아가지 못하겠네.' 2024. 11. 16.

〔詩原文〕 77

鄕味
향미

香蘆香稻擺田畲
月色霧光籠沮輿
秋節秋風來颯颯
故園歸隱就濃魚
향로향도파전여
월색무광농저여
추절추풍래삽삽
고원귀은취농어

〔시해석〕

고향의 맛

향기로운 갈대와 향기로운 벼가 흔들거리는 개간한 논밭일 것이요
달빛과 안개빛이 자욱한 습한 땅덩이일 것이다
가을이라 가을바람 솔솔 불어오니
고향 동산에 돌아가 은거하여 맛난 가을농어 맛보리라

〔平仄構成〕

詩의 平仄構成은 平平平仄仄平平 仄仄平平平仄平 平仄平平平仄仄 仄平平仄仄平平으로 되어있다. 詩는 平起式 七言絶句다. 그리고 詩는 韻字는 上平聲 六 魚韻을 썼는데 韻脚은 畬와 輿와 魚이다. 그리고 起句 承句 1句와 2句는 서로 對仗을 갖추었다.

〔작법감상〕

내가 아는 生鮮(fish) 상식으로는 民魚는 여름 물고기로 알려져 있지만 여름과 가을의 물고기고 부레가 특별히 맛있으며, 濃魚≒鱸魚는 가을 물고기로 알려져 있지만 마찬가지로 여름과 가을의 물고기고 목 언저리가 특별히 맛있다. 다만, 아마도, 민어는 여름철에 더 맛이 있어서 민어가 여름 물고기로 알려지고 농어는 가을철에 더 제격이라 가을 물고기로 알려졌지 않는가 생각한다. 무엇보다도 농어는 詩史 속에 아주 오랫동안, 적어도 西晉의 張翰의 濃魚禮讚 이후로, 우리 善男善女의 自然과 季節과 歸巢와 人生이 관련되면서 그리움과 반가움의 상징이 된 듯하다. 위 시는 귀향하여 농어를 실컷 먹고 싶어 하는 마음을 읊었는데 차라리 세상살이의 번거로움을 벗어나 평화로운 고향으로 돌아가 은서하면서 제철의 농어맛에 한껏 취하여 보고 싶은 것이다. 먼저 起承句에서 이제 바로 돌아가고자 하는 선한 고향땅의 산과 바다가 맞닿아있는 논밭 평원을 향 내음의 갈대와 향내음의 벼이삭과 연관시켜 그리고 다소 습하고 다소 짜디짠 땅덩이를 밀물과 썰물의 교차와 연관시켜 상상 속에서 그리려 하였다. 이어진 轉結句에서는 산들바람 불어오는 달 밝은 가을밤에 내 돌아가리라고, 돌아가서 고향맛 가을농어를 먹겠노라고, 선언하는 것이다: '향기로운 갈대와 향기로운 벼가 흔들리는 개간한 논밭이요 달빛과 안개빛이 자욱한 습한 땅덩이라네 가을철 가을바람 솔솔 불어오니 고향에 돌아가 은거하며 맛난 시골맛 가을농어 맛보겠노라.' 보통은 사람들이 강한 꽃향기는 곧잘 맡는데 은근한 갈대향이나 벼향은 잘 못 맡는다. 그러나 그들도 분명 향 내음을 내질은다. 이북 함경도 함주군에 香蘆峯도, 곧 향기가 풍기는 산봉우리도, 있으며, 晚唐의 李郢의 시 "江亭秋齊 강가에 있는 정자에서 가을날의 갠 경색을 바라본다"에는 香稻도 보인다: '聞說故園香稻熟 片帆歸去就鱸魚 듣건대 고향 동산의 향기로운 벼 잘되었다니 작은 돛단배 타고 고향에 돌아가 농어를 맛보리라.' 晚唐 杜牧의 "泊秦淮 진회에 정박하다"에 籠이 나온다: '煙籠寒水月籠沙 夜泊秦淮近酒家 안개는 차가운 물을 뒤덮고 달빛은 백사장을 뒤덮었는데 밤이 되어 秦淮 강변에 배를 대려하니 부근에 술집이 있더라.' 晚唐 李商隱의 "無題 제목 없음"에도 籠이 나온다: '蠟照半籠金翡翠 麝熏微度繡芙蓉 촛불은 금비취 병풍을 반쯤 감싸고 麝香은 부용 휘장을 살며시 넘어 스며든다.' 통상 輿는 수레의 총칭이나, 輿者 車之總名也 - 范曄 後漢書, 대지나 국토로도 쓰인다. 그래서 輿地는 만물을 싣는 수레 같은 땅이라는 의미로 대지를 일컫고, 輿地圖는 종합적 지정학 내용을 담은 일반지도가 되고, 조선 철종 때 金正浩가 만든 "大東輿地圖 우리나라 지도"가 있고 고종 시 金光薰과 申先郁이 만든 "俄國輿地圖 露朝 지도"가 있다. 南梁의 劉勰의 "文心雕龍 物色第四十六 문심조룡 물색제사십육"에 颯颯이 보인다: '春日遲遲 秋風颯颯 봄날은 더디고 가을바람은 시원하다.' 晚唐 李商隱의 "無題 제목 없음"에도 颯颯이 나온다: '颯颯東風細雨來 芙蓉塘外有輕雷 솨솨 부는 봄바람에 가랑비 내리는데 연꽃 핀 연못 너머에서는 가벼운 천둥소리 은은하다.' 中唐 孟郊의 "古怨別 원망스런 옛날 이별"에도 颯颯이 나온다: '颯颯秋風生 愁人怨別離 가을바람이 삽삽 이는데 시름겨운 사람은 이별이 원망스럽다.' 朝鮮 許筠의 "洪吉童傳"에도 颯颯이 나온다: '길동은 가슴의 원한이 父親을 父親이라 못하고 兄을 兄이라 부르지 못하매 스스로 賤生됨을 自歎하더니 칠월 망일에 명월을 대하여 정하에 배회하더니 추풍은 颯颯하고 기러기 우는 소리는 사람의 외로운 심사를 돕는지라…' 시 轉句에서는 우리 현대 童謠에 白南奭 작사 玄濟明 작곡의 "가을"을 언언 떠올렸다: '가을이라 가을바람 솔솔 불어오니 푸른 잎은 붉은 치마 갈아입고서 남쪽나라 찾아가는 제비 불러모아 봄이 오면 다시 오라 부탁하노라.' 西晉 張翰은 "思吳江歌 오강을 그리워하는 노래"에서 가을의 鱸魚의 맛을 稱讚해 마지않는다: '秋風起兮佳景時 吳江水兮鱸魚肥 가을바람 일어 경치 아름다우니 吳江의 물에는 농어가 살찌우는구나.' 다시 晚唐 李郢의 시 "江亭秋齊 강가에 있는 정자에서 가을날의 갠 경색을 바라보다"에도 鱸魚稱讚이 一色이다: '聞說故園香稻熟 片帆歸去就鱸魚 듣건대 고향 동산의 향기로운 벼 잘되었다니 작은 돛단배 타고 돌아가 농어를 맛보리라.' 2024. 11. 23.

〔詩原文〕78

無題
무제

朦朧惆愴望孤蟾
不下深更刺繡簾
人遠天涯邇機運
穹庭連理願鶼鶼

몽롱추창망고섬
불하심경자수렴
인원천애이기운
궁정연리원겸겸

〔시해석〕

제목 없음

몽롱히 슬피 외로운 달빛 바라보면서
야심한 깊은 밤에도 수놓은 발을 내리지 못한다
이 세상에서 사람은 멀고 하늘 끝이 가까운 것이 우리들의 운명이라면
저 하늘 정원에서는 원컨대 그대와 나 연리지가 되고 또 비익조가 되기를 바라노라

〔平仄構成〕

詩의 平仄構成은 平平平仄仄平平 仄仄平平仄仄平 平仄平平仄平仄 平平平仄仄平平으로 되어있다. 詩는 平起式 七言絶句다. 그리고 詩는 韻字는 下平聲 十四 鹽韻을 썼는데 韻脚은 蟾과 簾과 鶼이다. 그리고 3句의 下三字에서는 單拗가 쓰였다. 本來 3句의 下三字의 平仄의 構成은 平仄仄인데 仄平仄이 되어, 卽 遞機運으로 되어, 5字에서 毀損된 平字를 6字에서 바로 回復한 것이다. 이는, 下三字에 孤平現象이 發生하였으나 挾平格으로 肯定的으로 看做하며, 本句 自救의 方法으로 合律이 된다.

〔작법감상〕

漢詩史를 둘러보면 종종 無題(제목 없음)≒偶成(뜻하지 아니하게 이루다)≒偶感(뜻하지 아니하게 느끼다)≒爲有(있어서, 있기 때문에, 갖고 있는 탓에) 등등이 등장하는 것을 볼 수 있다. 특별하게 晩唐의 시인 李商隱은 無題에 속하는 시를 많이 남겼는데 무려 20여 편으로 알려져 있다. 그리고 무제시를 주제로 보아서는 한결같이 남녀가 서로 애틋하게 그리워하며 사랑하는 시 곧 이른바 戀情詩≒豔體詩≒戀愛詩≒愛情詩로 보아진다. 요사이 우리 한시학당에서는 달포 넘게 李義山의 무제시를 공부하였기로 이제 와서 무제시를 써본 것이고 지극한 남녀 간의 순정을 드러내어, 獺祭魚를 닮으려고, 천고에 전송되어 끊어지지 않는 명구를 베끼고자 하였다. (물론, 왜 그가 千篇一律的 구성으로 무제시를 그토록 많이 썼을까 하는 의도가 사뭇 궁금하고, 또 淸 衡塘退士가 당나라 시 약 10만 수 가운데서 명편 삼백 편을 고른 시집 "唐詩三百首 당시삼백수"에서 그의 무제시를 거의 10편 가까이 실은 것도 얼른 수긍하기 어려운 것이 사실이다.) '몽롱히 실망하며 슬퍼하며 외로운 달빛 바라보면서 야심한 깊은 밤이 되도록 수놓은 주렴을 내리지 못하고 잠들지 못한다 이 세상에서 사람은 멀고 하늘 끝이 가까운 것이 우리들의 기회요 운수라면 저 하늘나라 정원에서는 부디 원컨대 그대와 나 사랑의 連理枝가 되고 사랑의 比翼鳥가 되기를 바라네.' 또한 이상은의 시는 문채와 수식이 화려하고 典故의 사용이 교묘하며 對仗이 정치하여 가히 朦朧詩의 鼻祖로 꼽히는데 특별히 無題詩에서 그러하다. 그의 몽롱적 시의 분위기는 소위 西崑體로 이어서 진전되면서 宋나라 초기에 일시 세상에 풍미하였다. 현대 中國語文研究會에서 발행된 이지운(Gee On Lee)의 논문에서도 "모호한 아름다움, 朦朧美 - 李商隱 시의 난해성에 대한 試論 The Aesthetics of Ambiguity: A Study on Li Shangyin's Abstruse Poetry"가 있다. 李商隱의 "無題 제목 없음"에 惆愴이 나온다: '直道相思了無益 未妨惆愴是淸狂 설사 그대 향한 그리움이 유익함 전혀 없다 해도 슬픔 속에 癡情에 눈멀어도 상관없겠습니다.' 無名氏의 "宋史 송사"의 싯구에 孤蟾이 나온다: '殘霞弄影 孤蟾浮天外 스러지는 저녁놀은 그림자와 춤추고 외로운 달은 하늘 바깥에 떠있다.' 李白의 "玉階怨 대궐 안의 섬돌에서 원망하다"에 卻下水晶簾이 있다: '卻下水晶簾 玲瓏望秋月 방으로 돌아와 수정 구슬을 꿰어 꾸민 주렴을 내리고 영롱한 가을 달 멀거니 바라본다.' 南宋 劉過의 "贈張守寵姬 굄을 받는 여인 장수에게 드립니다"에 人遠天涯近이 있다: '寶鑑年來微有暈 懶照容華 人遠天涯近 보배롭고 귀중한 거울이 올해 들어 조금씩 흐려진다 예쁘게 생긴 얼굴을 게으르게 비춰보기 때문이리라 사람은 멀리 있고 하늘 끝이 가깝다.' 마침 淸 姚培謙이 "李義山詩集箋注 이의산 시집에 주를 달다"에서도 이상은의 무제시를 평가하면서 '斑騅隔岸 漫待好風 眞所謂人遠天涯近矣 얼룩말 烏騅馬를 언덕 너머에 세워두고 좋은 바람이 끝없이 부질없이 불어오길 기다리고 있음은 진실로 세상에서 말하는 바 사람은 멀리 있고 하늘 끝이 가깝다는 것이다'라고 하였다. 白居易의 "長恨歌 긴 한의 노래"에 連理枝≒連理와 比翼鳥≒鶼鶼이 등장한다: '在天願作比翼鳥 在地願爲連理枝 天長地久有時盡 此恨綿綿無絶期 하늘에서는 비익조가 되기를 바라고 땅에서는 연리지가 되기를 바라네 하늘과 땅이 장구해도 다할 때가 있으나 이 한은 이어지고 이어져서 끝날 날이 없으리라.' 比翼鳥는 전설상 외눈과 외날개를 가진 새로 눈과 날개를 가진 각각 새가 서로 짝이 되어 만나서야 비로소 완전한 새가 될 수 있다는 것으로 남녀간의 깊은 사랑을 비유하며, 連理枝는 두 그루의 서로 다른 나무가 가지로 서로 간에 붙어 하나가 되어버리는 것으로 역시 남녀간의 깊은 애정을 비유적으로 표현하고 있는 것이다. 2024년 12월 15일 헌정 사상 세 번째 대통령 탄핵이라고 주위 세상이 종일 무척 시끌벅적하다.

〔詩原文〕79

東方燈燭大韓國
동방등촉대한국

北南卯酉互怏怏
無屈無窮一體剛
美不美時時祖國
終身擔荷大東方
북남묘유호앙앙
무굴무궁일체강
미불미시시조국
종신담하대동방

〔시해석〕

동방의 등불 대한국

남과 북이 동과 서가 서로 간에 마음에 시뻐서 섭섭해도
굽히지 않고 다함이 없이 한 몸이 되어서 굳세기도 하여라
좋건 싫건 자나 깨나 나의 조국 위대한 한민족의 나라여
이 몸이 다하도록 동방의 불빛 어깨에 메고 등에 지고 가리라

〔平仄構成〕

詩의 平仄構成은 仄平仄仄仄平平 平仄平平仄仄平 仄仄仄平平仄仄 平平平仄仄平平으로 되어있다. 詩는 平起式 七言絶句다. 그리고 詩는 韻字는 下平聲 七 陽韻을 썼는데 韻脚은 快과 剛과 方이다.

〔작법감상〕

이제 와서 생각하니 우리 韓民族의 한 큰 약점이자 단점은 南과 北이 서로 갈라서서, 그리고 재결합하지 못한 채로, 반목하는 분단이요 또 다른 큰 약점과 단점은 東과 西가 갈라서 마음에 서로 섭섭해 하는 것이다. 남과 북은 1세기가 다 되어가도록 이제는 소위 적대국이 다 되어가고 있고, 동과 서가, 경상도와 전라도가, 서로 저어하고 미워하는 것도 꽤 세월이 흘렀다. 주지하다시피 그래서 동과 서에서는 정치적으로 반대파의 당이, 與나 野의 구분과 상관없이, 따로따로 권력을 독식하고 있는 실정이다. '친일파'니 '빨갱이'니 따위를 들먹이면서 상대를 입정 사납게 罵倒하고 세상을 다투어 眩惑시키고 있는 것이 차마 외면할 수 없는 현 상황이다. 내가 미국 유학 후 1993년 귀국해서 대통령선거에서, 고향이 전남 강진 나주 출신으로 김대중후보도 찍고 박근혜후보도 찍고 안철수후보도 찍었다고 하면 사람들이 꽤 놀라는 표정을 짓는 것을 종종 보았다. 여당후보도 찍어보고 야당후보도 찍어보고 제3당후보도 찍어보았으니... 여기서 긴 설명은 하지 않을 작정이지만, 나는 이 동서의 문제의 해결은 예측컨대 남북의 문제를 풀면서, 곧 통일을 완수하면서야, 비로소 풀릴 수 있을 것이라고 본다. '이 겨레 살리는 통일 이 나라 살리는 통일 통일이여 어서 오라 통일이여 오라!!' 남북이 분단되고 동서가 갈라서도, 그럼에도, 우리 민족의 핏속에 면면히 흐르는 변치 않는 긍정적 크나큰 힘은 은근과 끈기요 저항력과 강인함이 아닐까. 반만년 역사 속에서 유전인자(gene)가 되어버린 우리의 자유와 정의와 평화와 번영을 향한 불굴의 무궁한 굳건함이라고 믿고 싶다. 아, 그렇고 그런 단점과 장점이 있을 것이로되, 그래서 좋을 수도 싫을 수도 있을 것이로되, 우리들의 나라사랑이야 어찌 다르랴. 한평생을 마치토록 동방의 불빛 대한국을 변함없이 책임지고 내 어깨에 메고 등에 짊어지고 가리로다: '南과 北이 東과 西가 서로 간에 마음에 시뻐서 섭섭하여도 不撓不屈 굽히지 않고 無窮無盡 다함이 없이 渾然一體 한 몸이 되어 굳세구나 좋건 싫건 자나 깨나 내 조국 大韓國 이 몸이 다하도록 위대한 동방의 불빛 어깨에 메고 등에 지고 가리라.' 나는 未久에 남과 북이 만나서 하나가 되는 통일국가에서는 국명 이름으로 대한국(Great Korea)을 제안하고 싶다. 우리가 남북으로 갈라서기 전에 조선 끝자락에 대한제국시대(1897-1910)가 있었다. 그 당시는, 여러 가지 문헌이 증거하듯이, 대한국이라고 널리 통용되었다. 위대한 한민족의 나라라는 표현이 우리의 정서에 알맞았다는 말일 것이다. 이후 남쪽은 대한민국으로 하였고 북은 조선민주주의인민공화국으로 불렸다. 통일국가를 조선민주주의인민공화국으로 하는 것은 불가할 것이고 대한민국이라고 하자면 북쪽 동포들이 어떤 서운한 미련이 있을 것 같아서이다. 미래에 우리가 하나가 되는 것이 천 번 만 번 더 중요하지 않겠는가!! 동과 서 東西를 卯酉라고 한다. 민속 六十甲子의 위아래 단위를 이루는 요소가 되는 天干地支에서 卯는 계절로는 봄, 방위로는 동쪽, 시각으로는 상오 5시-7시, 五行으로는 木, 동물로는 토끼이며, 酉는 계절로는 가을, 시각으로는 오후 5시-7시, 방위로는 西方을 가리킨다. 그래서 卯酉는 동쪽과 서쪽이다. 춘추시대 공자 문하의 제자들이 지은 것이라고 알려진 "孔子家語·在厄篇 공자가어·재액편"에 無屈이 나온다: '與其富而畏人 不若貧而無屈 부유하면서 남을 두려워하는 것은 차라리 가난하지만 굽힘이 없는 것만 못하다.' 唐朝 詩聖 杜甫의 "端午日賜衣 단오날에 임금께서 옷을 하사하시다"에 終身荷가 나온다: '意內稱長短 終身荷聖情 마음속으로 길이가 맞는다고 여기며 종신토록 따뜻한 임금님의 정을 지고 메고 가리라.' 아시아 최초 노벨문학상 수상자인 印度(India) 詩聖 라빈드라나트 타고르(Rabindranath Tagore 1861-1941)가 당시 식민국 처지의 한국민에게 선물한 "The Lamp of the East 東方 燈燭"의 시는 세상에 널리 알려진 바다: 'In the golden age of Asia Korea was one of its lamp-bearers, and that lamp is waiting to be lighted once again for the illumination in the East. Rabindranath Tagore 28th, March, 1929. 일찍이 아시아의 황금시기에 빛나던 등촉의 하나인 조선이여 그 등불 한 번 다시 켜지는 날에 그대는 동방의 밝은 빛이 되리라 1929년 3월 28일 라빈드라나트 타고르 쓰다.' 2024년 12월 20일 쓴다.

〔詩原文〕 80

拔除都四齼牙
발제도사전아

愛牙捐棄愛衰贏
智齒消亡智慧牲
二十八留同志志
難行一心總前行
애 아 연 기 애 쇠 영
지 치 소 망 지 혜 생
이 십 팔 유 동 지 지
난 행 일 심 총 전 행

〔시해석〕

사랑의 치아요 지혜의 치아인 전아 4개를 죄다 뽑고서

사랑니가 버려지니 사랑도 쇠락하고 파리해지는가
지혜의 치아가 사라져 없어지니 지혜도 희생되는가
28개 남은 이빨동지들의 뜻이리라
사랑도 지혜도 잃어버린 험난한 도정에서 한 마음 한 뜻으로 대동단결하여 총진군하세

〔平仄構成〕

詩의 平仄構成은 仄平仄仄仄平平 仄仄平平仄仄平 仄仄仄平平仄仄 平平平仄仄平平으로 되어있다. 詩는 平起式 七言絶句다. 그리고 詩는 韻字는 下平聲 八 庚韻을 썼는데 韻脚은 嬴과 牲과 行이다.

〔작법감상〕

치아 전반에 관해서, 사랑니도 참 바르게 나있다면서, 40대 때 세계 각국을 다니며 많은 칭찬을 받았었지만 50대가 되니 칭찬이 서서히 차츰차츰 사라지더라. 60대가 되니 구강관리를 좀 더 세심히 하라는 핀잔이 슬슬 등장하기 시작하더니 60대 후반과 근래 70대에 입문하자마자 급기야 소위 사랑니(Love teeth) 또는 지혜치아(Wisdom teeth)라는 齔牙≒眞牙를 발치하는 지경에까지 이르게 되었다. 처음 2개는 이미 힘없이 움직이는 처지라 사망선고를 받아서 뽑았고 나머지 2개는 아직 성하다고 하나 남아 별 쓸모는 없고 괜히 구강 내 청결도만 떨어뜨릴 수 있다는 전문의사선생의 충고 겸 경고를 따라서 차례차례 뽑게 되었다. 달리 좀 노골적으로 표현하자면 젊은 시절의 사랑니는 그 앞의 어금니에 든든한 버팀목 힘이 되었을지라도 늙은 시절의 사랑니는 그 앞의 어금니에 폐 짐이 되어버린 셈이다. 마치 인생살이의 푸념을 묘사한 무슨 한 연극장면의 대사에서나 들리는 것처럼… '나 젊은 날은 옆과 곁에 힘이더니 나 늙어서는 주위에 짐이더라…' 2024년 12월 13일은 나의 마지막 남은 사랑니 발치 날이었다. 이윽고 4개를 다 잃으니 갑자기 불안감이 들면서 입 안쪽이 칼로 도려내어 텅 빈 듯한 느낌으로, 마치 식민 팽창주의자들(Imperialists)에 의하여 땅을 다 빼앗기고 다 벗긴 채로, 저 드넓은 꿈에도 애지중지 사랑하는 대 만주 대 연해주 광야에 홀로 서있는 듯 서럽고 억울한 느낌이 들더라. 또 한편으로는, 어쩐지 피부에 와 닿게도, 내가 죽음이라는 경험해보지 못한 저 세계에 실질적으로 가까이 다가서고 있다는 생각마저 들었다. 꺼이꺼이… 그러나, 어쩌랴, 生老病死의 진행이라는 자연의 질서 속에 모두의 인간에게 주어지는 당연한 것이라 여겨 마음을 추스르며 위로하면서 아직 여전히 살아남은 28개 이빨동지들에게 고마움을 표하고 격려하면서 이제 한층 더 어려운 상황이 되었지만 좌절하지 말고 함께 잘 살아남아보자고 외치고 있는 것이요, 훗날 함께 저승 黃泉에 갈 때까지 손에 손을 맞잡고 연대하여 총진군하자고 제안하고 있는 것이다. Hand In Hand, Together, We March Tonight!!: '사랑니가 버려지니 사랑도 쇠락하고 파리해지는가 지혜의 치아가 사라져 없어지니 지혜도 희생되고 마는가 이제 남은 스물여덟 개 이빨동지들의 뜻이리라 사랑의 이, 지혜의 이, 齔牙 4개를 다 잃고 살아가야 하는 이 難航의 도정에서 一心一意로 大同團結하여 總進軍하여보세.' 春秋時代 管仲의 "管子·立政 관자·입정"에 捐棄가 나온다: '正道捐棄而邪事日長 올바른 길을 정당한 도리를 抛棄하면 바르지 못한 일들이 나날이 成長하게 된다.' 中國 現代 女性主義作家 丁玲의 "母親 모친"에도 捐棄가 나온다: '爲了孩子們的生長 她可以捐棄她自己的一切 어린 자식들의 나서 자람을 위하여 그녀는 능히 그녀 자신의 모든 것을 버릴 수 있었다.' 北宋 司馬光 "資治通鑑 다스리는 일에 資料가 되고 대대로 통하는 典範이 되리라 唐紀68 僖宗 乾符 元年874"에 衰嬴(decline, wane)이 나온다: '國家之有百姓 如草木之有根柢…或更衰嬴 亦難採拾 국가가 백성이 있는 것은 마치 풀과 나무가 뿌리 밑바탕이 있는 것과 같습니다…혹 그들이 더욱 쇠약하고 파리하면 또한 그들은 캐고 줍기가 어렵습니다.' 春秋時代 孔子의 "詩經·衛風·氓序 시경·위풍·맹서"에 消亡(wither away, die out)이 나온다: '宣公之時 禮義消亡 선공 때에 예의가 소실되었다.' 宋의 蘇轍의 "許昌 허창"에도 消亡이 나온다: '齒髮衰變 氣血消亡 이와 터럭이 쇠약하여 변하면 원기와 혈액이 소멸된다.' 難行≒苦行≒難航≒苦修. 晩唐 杜牧의 "贈別 시를 지어 주고 떠나보냄"에 總이 보인다: '多情卻似總無情 唯覺樽前笑不成 다정하다는 것이 오히려 죄다 무정한 것과 같아서 술 단지 앞에 두고 웃을 수조차도 없음을 깨달을 뿐이네.' 끝으로, 이 시에서는 특별히, 다소 의도적이기 하지만, 매구에 같은 자를 반복하여 운율을 자극하려 사용하였다. 愛, 愛자와 智, 智자와 志, 志자와 行, 行자가 그러하다. 한 句 밖에서는 同字重出禁止의 규칙에 어긋나 안 되지만 한 구 안에서는 울림의 효과를 명분으로, 음악성을 빌미삼아, 오히려 장려되는 분위기가 있다. 그러나 그런 반복의 기술이 시의 구성의 완성도에 결코 본질적으로 기여하는 것은 아닐 것이다. 2024년 12월 27일 쓴다.

〔詩原文〕 81

冬季仍變色中的銀杏樹葉
동계잉변색중적은행수엽

一從光化至淸凉
土曜番番競步忙
辜月金黃銀杏冷
近年物候異常惶
渾球顧念尙機會
神鬼辱言何禍殃
紫陌世宗雲集也
自然毁損劾游行

일 종 광 화 지 청 량
토 요 번 번 경 보 망
고 월 금 황 은 행 랭
근 년 물 후 이 상 황
혼 구 고 념 상 기 회
신 귀 욕 언 하 화 앙
자 맥 세 종 운 집 야
자 연 훼 손 핵 유 행

〔시해석〕

겨울철에도 아직 변색중인 은행나무 잎사귀들

광화문에서 청량리까지
토요일이면 번번이 경보로 빠르게 걷는다
동짓달 고월에도 싯누런 황금빛 은행잎이 낯설고
최근 몇 해 동안 펼쳐진 이상기후가 두렵기만 하다
모름지기 우리가 지구를 되돌아보고 살피는 기회로 삼아야지
어찌 귀신 따위가 우리를 저주하는 재앙으로 보아야만 되겠는가
대한국 수도 서울의 신작로 세종로에 구름같이 모여보세
자연을 헐고 덜은 인간의 죄상을 꾸짖어 탄핵하며 크게 행진하여보세

〔平仄構成〕

詩의 平仄構成은 仄平平仄仄平平 仄仄平平仄仄平 平仄平平平仄仄 仄平仄仄仄平平 仄仄仄平平仄仄 平仄仄平平仄平 仄仄仄平平仄仄 平仄仄平仄仄平仄平으로 되어있다. 詩는 平起式 七言律詩다. 그리고 詩는 韻字는 下平聲 七 陽韻을 썼는데 韻脚은 凉, 忙, 惶, 殃, 行이다. 그리고 5句와 6句에서는 孤平拗救가 쓰였는데 本來 5句의 下三字는 平平仄이어야 하는데 仄平仄으로 되어, 卽 尙機會로 되어, 5字의 平字가 毁損되었다. 그러므로 6句의 5字는 本來 仄字여야 하는데 平字로 바꿔서, 卽 何로 바꿔서, 毁損된 平을 回復시켰다. 이로써 合律이 된다. 그리고 中央四句의 下三字는 前聯과 後聯의 境遇에 文法構造를 다르게 配置하여 意味上 各各 銀杏(名詞) 冷(動詞), 異常(名詞) 惶(動詞), 尙(副詞) 機會(名詞), 何(副詞) 禍殃(名詞)으로 읽히게 되어 四言一法 忌避의 原則을 따라서 平板을 避하고 錯綜을 지켰다. 그리고 詩에서 韻을 달지 않은 仄聲字 곧 冷, 忙, 會, 也는 次例로 上聲, 去聲, 上聲이 되어 이른바 四聲遞用의 法則을 또한 充實히 따랐다.

〔작법감상〕

이 시 작품은 이미 과거 쓴 필자의 '기후변화 1, 2'에 이은 '기후변화 3'에, 사실상, 속한다고 볼 수 있다. 죄다 우리 사람들이 저지른 우리 삶의 터전 '地球'의 훼손을 걱정하고 꾸짖고 그리고 어서 막아보자는 취지다. 너와 나, 우리가, 오늘과 미래에 희망을 품고 지구에서 공존공영하기 위해 그렇다: "氣候變化 其一" '兩極氷河融化當 大韓生態氣溫昻 三寒四暖不淸楚 下午二時非最陽 明太察加徒去去 烏魚北海卻昌昌 自然毁損自然變 利己招災繩縛殃 기후변화 그 첫 번째 남극과 북극에서 빙하가 녹아내리는 일이 눈앞에서 닥치게 되었고 대한국 한반도에서는 생태계의 대기의 온도가 높이 올라가고 있는 중이다 사흘 춥고 나흘 따뜻하다는 기후현상을 이르는 삼한사온은 이제는 불분명하게 되었고 오후 두 시가 하루 중 최고로 더운 시간이라는 것도 이제 더 이상 사실이기 어렵다 명태는 러시아 캄차카반도로 부질없이 저멀리 가버리고 오징어는 일본국 홋카이도에서 되레 풍성한 모양새다 인간이 자연을 훼손하여 자연이 변질된 탓이니 인간의 이기주의가 부른 재난이요 자승자박의 재앙이리라,' "氣候變化 其二" '利己人間繩縛災 請君爲問孰忙催 炭排縮減恒實踐 廢棄再生常展開 氣候機關天下督 自然運動萬民培 地球當代不垂者 後裔暫時租借垓 기후변화 그 두 번째 기후변화는 이기주의 인간의 자업자득의 재앙이려니 때문에 그대에게 청컨대 묻노니 이제 무엇을 서두르고 무엇을 재촉하여야 하겠습니까 탄소배출을 덜고 줄여서 적게 함을 항상 실천하고 폐기물자를 다시 살려서 쓰게 만듦을 항상 전개합시다 기후연구기관을 우리 천하만민이 독려하며 채찍질하고 자연보호운동을 우리 천하만민이 배양하며 북돋웁시다 지구는 지금 우리들 당대가 후손들에게 물려주는 것이 아니요 미래 후손들에게서 우리들이 잠깐 빌려 쓰는 하늘 아래 땅 세상이라오,' 또 위 시 "氣候變化 其三" '一從光化至淸凉 土曜番番競步忙 辜月金黃銀杏冷 近年物候異常惶 地球顧念尙機會 神鬼辱言何禍殃 紫陌世宗雲集也 自然毁損劾游行 광화문에서부터 청량리까지 토요일이면 매번 競步로 빠르게 걷는다 동짓달 辜月에도 샛노란 황금빛 은행잎은 낯설고 최근 몇 해 동안 진행된 異常 고온현상이 두렵기만 하다 응당 우리가 지구를 되돌아보고 살피는 기회로 삼아야지 어찌하여 귀신 따위가 우리를 저주하는 재앙으로 여겨야만 되겠는가 대한국 수도 서울의 新作路 세종로에 구름같이 모여보세 자연을 훼손한 인간의 죄상을 꾸짖으며 큰 행진하여보세.' 盛唐 王維의 "奉和聖制從蓬萊向興慶閣道中留春雨中春望之作應制 황제께서 봉래궁에서 홍경궁으로 가는 도중 지은 留春雨中春望에 응제 화답하며"에 從~向≒至≒到≒移가 나온다. 中唐 劉長卿의 "自夏口至鸚洲夕望岳陽寄源中丞 하구에서 앵무주에 이르러 저녁때에 악양성을 바라보며 원중승에게 부치다"에도 自~至가 나오고 있다. 初唐 杜審言의 "和晉陵陸丞早春遊望 진릉 육승의 早春遊望에 화답하다"에는 物候≒氣候≒節候≒天候가 보인다: '獨有宦遊人 偏驚物候新 홀로 벼슬 따라 이리저리 떠도는 사람만 만물의 변화에 화들짝 놀라는 법이다.' 南朝 宋 范曄의 "後漢書杜詩傳 후한서·두시전"에 惶擾가 보인다: '蕭廣縱暴 百姓惶擾 장군 소광이 제멋대로 어지러이 포악하자 백성들은 두려워하며 들레었다.' 필자 黃山浦의 "氣候變化 其二 기후변화 그 두 번째"에 地球≒渾球가 있다: '地球當代不垂者 後裔暫時租借垓 지구는 지금 우리들 당대가 후손들에게 물려주는 것이 아니요 미래 후손들에게서 우리들이 잠깐 빌려 쓰는 하늘 아래 땅 세상이라오,' 盛唐 때 杜甫 王維 賈至와 주고받은 岑參의 "和賈至舍人早朝大明宮之作 舍人 賈之의 早朝大明宮 작품에 화답하다"에 紫陌이 보인다: '鷄鳴紫陌曙光寒 鶯囀皇州春色闌 닭이 우는 서울의 큰거리에 새벽빛 차가운데 꾀꼬리 지저귀는 도성에는 봄빛이 무르익었다.' 北宋 賀鑄의 "寄王岐 왕기에게 부치다"에도 紫陌이 보인다: '紫陌塵埃日馳逐 靑樓燈火夜經過 낮에는 도성의 큰거리에서 세상의 속된 티끌과 먼지를 달려가 추구하고 밤에는 청루의 등잔불을 지나간다오.' 필자 黃山浦의 "氣候變化 其一 기후변화 그 첫 번째"에 自然毁損이 등장한다: '自然毁損自然變 利己招災繩縛殃 인간이 자연을 훼손하여 자연이 변질된 탓이니 인간의 이기주의가 부른 재난이요 자승자박의 재앙이라,' 언제부턴가 우리 수도 서울의 거리에 罪狀을 들어서 꾸짖는다는 彈劾≒彈駁이라는 표현이 유행해서 위 시에서도 자연의 질서와 조화를 훼손한, 그리하여 엄청난 비싼 댓가를 치르게하는, 죄상을 책망하고 동시에 우리의 삶의 터전 渾圓球를 살리는 기회로 삼자며 탄핵시가행진에 손에 손잡고 나설 것을 동시대 인민들에게 끝자락에서 제안하고 있는 바다. We march tonight!!! 2024. 12. 12.

〔詩原文〕82

自由人遊子吟
자유인유자음

朝朝暮暮頗皇皇
夜半晨明夢里徨
父母天能家伙去
周游世界淚淸狂
조조모모파황황
야반신명몽리황
부모천능가화거
주유세계루청광

〔시해석〕

자유인 방랑자의 노래

아침부터 저녁까지 자못 성급히 허둥대고
깊은 밤에는 날이 새도록 줄곧 꿈속을 헤매인다
부모도 벼슬살이 직장도 여식도 다 떠나가 버리고
세상천지를 두루 떠도는 눈물을 머금은 자유분방한 미치광이가 되었더라

〔平仄構成〕

詩의 平仄構成은 平平仄仄仄平平 仄仄平平仄仄平 仄仄平平平仄仄 平平仄仄仄平平으로 되어있다. 詩는 平起式 七言絶句다. 그리고 詩는 韻字는 下平聲 七 陽韻을 썼는데 韻脚은 偟과 徨과 狂이다.

〔작법감상〕

필자는 "自由人" "隱退自由人" "遊子吟" "孤哀子" 등등의 타이틀(Title)로 쓴 시가 이미 다수 있다. 黃白沙 "自由人" '放浪者是自由人 拘束堤防形式嗔 방랑자는 곧 자유인이니 구속을 경계하고 형식을 꾸짖는다.' 黃白沙 "自由人" '感此闡明吾所願 悠悠自適自由人 이에 느꺼워 내 일생의 소원을 분명하게 드러내서 밝히노니 세속의 굴레에 얽매이지 않고 내 하고 싶은 대로 마음 편히 사는 자유인이라.' 黃白沙 "隱退自由人" '老當益壯桑榆志 白首龍鐘薄暮優 늙어도 마땅히 더욱 건강하여야 하니 인생 후반전의 단단한 의지요 모습은 백발을 날려도 마음만은 단정하고 당당하여야 하니 인생 황혼녘의 빼어남이라.' 黃白沙 "隱退" '今始馬銜終仕宦 明朝散髮放周遊 오늘 바야흐로 나의 굴레의 벼슬살이도 끝마치니 내일 아침이면 머리 풀고 마음대로 세상을 떠다니리라.' 黃白沙 "孤哀子" '幾化人間傷感事 最悲棄養欲重申 인간사 슬픈 일 많기도 하지만 어버이를 여읨이 제일 서글프다고 거듭거듭 말하려네.' 黃白沙 "遊子吟" '一寸肝腸焦思患 倚閭而望眼穿期 한 토막의 간과 창자라 하였으니 노심초사 걱정하심이요 동구 밖 문에 기대어 서서 바라보았으니 눈이 빠지게 기다리심이라.' 黃白沙 "遊子吟" '天國如逢最思念 無窮忘覺欲忘還 하늘나라 천상에서 그리운 임을 만나게 되면 꿈에서 깨어남도 다시금 돌아옴도 영원히 잊으려네.' 물론 中唐 孟郊의 명편 "遊子吟 나그네의 노래"를 예서 어찌 간과하랴: '誰言寸草心 報得三春暉 누가 말하는가 이 한 조각 풀 같은 자식의 孝心으로 따뜻한 봄볕 같은 그 어머니 恩惠를 갚을 수 있다고.' 그래서, 이어서, 위 시 자유인 방랑자의 노래가 탄생하게 된 것이리라: '아침부터 저녁까지 꽤나 성급히 허둥대고 깊은 밤에는 날이 새도록 내내 꿈속을 헤매었다 부모도, 벼슬살이 직장도, 여식도 다 떠나가 버리고 혼자 남아 세상천지를 두루 떠도는 눈물을 머금은 굴레에 묶이지 않는, 자유분방한, 미치광이가 되었더라.' 杜甫의 "重過何氏 다시 하씨에게 들러서"에 頗가 보인다: '頗怪朝參懶 應耽野趣長 朝參에 게을리 함을 자못 괴이하게 여겼는데 그대 응당 자연의 흥취의 유장함을 즐기셨기 때문이리라.' 李商隱의 "訪隱者不遇成二絶 은자를 찾았으나 만나지 못하고 두 수의 절구 시를 지었다"에 夢中≒夢裏가 보인다: '秋水悠悠浸墅扉 夢中來數覺來稀 가을철 맑은 물 그득히 차올라 젖은 別墅 사립문 꿈속에서는 자주 오고 깨어서는 온 적이 없네.' 陳陶의 "隴西行 농서행"에도 夢裏가 보인다: '可憐無定河邊骨 猶是深閨夢裏人 가련타 무정하변의 백골 아직 깊은 규방의 꿈속의 사람이어라.' 19c 영국 빅토리아 시대(Victorian era) 계관시인(Poet laureate) Alfred, Lord Tennyson의 "Tears, Idle Tears 눈물이여 부질없는 눈물이여"에 괜히 흐르는 눈물/淚/Tears 속에 속절없음이 가득히 비친다: 'Tears, idle tears, I know not what they mean, Tears from the depth of some divine despair Rise in the heart, and gather to the eyes, In looking on the happy autumn-fields, And thinking of the days that are no more... 눈물이여 부질없는 눈물이여 나 그대 뜻을 헤아리지 못하네 어느 알 수 없는 깊은 절망의 심연으로부터 가슴속에 솟구쳐 눈에 고이는 눈물 행복한 가을의 들판을 바라보며 다시 돌아올 수 없는 날들을 생각할 적에...' (개인적으로 한때 가까이서 뵈었던, 몇 년 전 작고하신, 연세대 金東吉교수님도 이 테니슨의 시를 많이 좋아하셔서 종종 읊으셨던 기억이 내게 남아있다.) 杜甫의 "壯遊 비장하게 유람하며'에 '심성이 깨끗하여 청아한 멋이 있으면서도 그 언행이 상규에 벗어남 또는 그런 사람'을 뜻하는 詩語 淸狂이 나온다: '放蕩齊趙間 裘馬頗淸狂 제나라 땅 조나라 땅 사이를 이리저리 방랑하면서 갖옷 입고 말 타고 다니며 실컷 구속을 벗어나 미치광이가 되었었다.' 李商隱의 "無題 제목 없음"에도 淸狂이 나온다: '直道相思了無益 未妨惆悵是淸狂 서로 생각하고 그리워하는 것이 이로움 되는 것이 전혀 없다고 단도직입적으로 말하여도 마음대로 슬퍼하고 마음대로 미친 듯 살아감에 난 방해받지 않을 것요.' 그러므로 위 본 시의 눈 곧 詩眼은, 아무런 망설임 없이, 淸狂이 될 것이다. 그리고 위 본 詩 全篇에서 平仄의 기본 格式을 벗어난 것이 단 한 字도 없으니 律絶로서 律을 지킴이 가장 嚴格하다고 하겠다. 2024. 12. 29.

〔詩原文〕83

自由人
자유인

自由尋訪壯游行
留戀什麽還悵快
不得人生常稱意
機心獨忘述淸狂
자 유 심 방 장 유 행
유 련 십 마 환 창 앙
부 득 인 생 상 칭 의
기 심 독 망 술 청 광

〔시해석〕

자유인

자유분방함을 찾아서 비장히 유랑을 떠나가는데
무슨 미련이 아직도 남아 가슴아파하겠는가
인생살이 늘 내 맘 같지 않아라
세상사 욕심거리 호연히 홀로서서 잊으니 자유로운 미치광이가 되었더라

〔平仄構成〕

詩의 平仄構成은 仄平平仄仄平平 平仄仄平平仄平 仄仄平平平仄仄 平平仄仄仄平平으로 되어있다. 詩는 平起式 七言絶句다. 그리고 詩는 韻字는 下平聲 七 陽韻을 썼는데 韻脚은 行과 怏과 狂이다. .

〔작법감상〕

시의 主旨는 대체로 이렇다: '自由奔放함을 찾아서 비장하게 천하 유랑길을 떠나가는데 무슨 미련이 아직도 남아 마음이 심란해 슬퍼하겠는가 티끌 많은 세상 인생살이 항상 내 마음먹은 대로 되지 않더라 세상사 욕심거리 慨然히 홀로서서 잊으니 구속적 삶을 거부하는 미치광이 행위를 뒤쫓게 되었더라.' 필자는 自由人(自由民)이라는 제목으로 이미 여러 편을 썼다. 黃白沙 "自由人" '放浪者是自由人 拘束堤防形式嗔 방랑자는 곧 자유인이니 구속을 경계하고 형식을 꾸짖는다.' 黃白沙 "自由人" '感此闡明吾所願 悠悠自適自由人 이에 느껴워 내 일생의 소원을 분명하게 드러내서 밝히노니 세속의 굴레에 얽매이지 않고 내 하고 싶은 대로 마음 편히 사는 자유인이라.' 필자 黃白沙의 "尋訪霖雨雲峴宮殿懷古 장맛비 내리는 운현궁을 찾아가서 옛날 일을 회고하다"의 제목에서 尋訪이 쓰이고 있다: '當地東魂西器想 一番變習自彊衷 이곳은 동도서기를 통한 문명개화의 이상이 높았었고 한때는 변법자강을 통한 부국강병의 충정이 서렸었다.' 필자 黃白沙의 "夏日尋訪木覓納涼 여름날 목멱 남산을 찾아서 더위를 식히다"에도 제목에서 尋訪이 쓰인다: '山腰似帶雲霧裏 一陣淸風松籟涼 산허리에는 띠를 두른 듯 안개구름 자욱한데 한바탕 불어오는 맑은 바람에 솔나무 스치는 소리 시원하여라.' 필자 黃白沙의 "休日尋訪北山隱士哲人不遇 휴일에 북산의 은자 철인을 찾았으나 만나지 못하였다"에도 제목에서 尋訪이 쓰인다: '待機何必見之子 詩思旣明空好還 어찌 그렇게 꼭 기다렸다가 그대 은둔의 철학자를 만나볼 필요가 있겠는가 이미 詩想이 밝아지고 있다는 생각이 드니 흥겨운 기분으로 빈손으로 돌아가련다.' 필자 黃白沙의 "秋日尋訪隱士山房 其一 가을날 은사의 산방을 찾아서 그 첫 번째"에도 제목에서 尋訪이 쓰인다: '宦遊坎壈不堪說 敢告雲林塵慮忘 간난함이여 불운함이여 굴레에 구속되어 떠도는 벼슬아치 신세 차마 말로 다하지 못하리니 감히 고백하건데 내 구름이 머무는 숲속에 들어가서 속세의 名利에 연연하는 마음을 잊으리라.' 盛唐 邱爲의 시 "尋西山隱者不遇 서쪽에 있는 산에 속세를 떠나 숨어 사는 사람을 찾았으나 만나지 못하였다"도 있다. 唐僧 皎然의 시 "尋陸鴻漸不遇 육홍점을 찾아갔다가 만나지 못하고"도 있다. 中唐 劉長卿의 시 "尋南溪常山道人隱居 남계의 상산도인의 은둔처를 찾아서"도 있다. 北宋 魏野의 시 "尋隱者不遇 은자를 찾아왔으나 만나지 못하다"도 있다. 劉宋 鮑照의 "擬行路難 漢代의 행로난에 비겨서"에 不得恒稱意가 나온다: '人生不得恒稱意 惆悵倚徙至夜半 인생살이 항상 뜻대로 되지 않는다지만 심란하고 슬퍼서 밤늦도록 배회하네.' 盛唐 李白의 "宣州謝眺樓餞別校書叔雲 선주 사조루에서 교서랑 李雲 숙부를 전별하며"에도 不稱意가 나온다: '人生在世不稱意 明朝散髮弄扁舟 한평생 살아가는 게 뜻대로 되지 않으니 내일 아침이면 머리를 풀어 헤지고 조각배 저어 놀러 다니리라.' 晩唐 溫庭筠의 "利洲南渡 이주에서 남쪽으로 건너가며"에 獨忘機가 나온다: '誰解乘舟尋范蠡 五湖煙水獨忘機 누가 능히 배를 타고 范蠡를 좇아서 오호의 물안개 속에서 홀로 우뚝서서 세상의 욕심을 잊으랴.' 盛唐 杜甫의 "壯遊 비장하게 유람하며'에 詩語 淸狂이 나온다: '放蕩齊趙間 裘馬頗淸狂 제나라 땅 조나라 땅 사이를 이리저리 방랑하면서 갖옷 입고 말 타고 다니며 실컷 구속을 벗어나 미치광이가 되었었다.' 晩唐 李商隱의 "無題 제목 없음"에도 詩語 淸狂이 나온다: '直道相思了無益 未妨惆悵是淸狂 서로 생각하고 그리워하는 것이 이로움이 되는 것이 전혀 없다고 단도직입적으로 말하여도 내 마음대로 슬퍼하고 내 마음대로 미친 듯 살아감에 방해받지 않을 것이요.' 운현궁에스케이허브 건물 밖에서는 대통령탄핵 찬반집회가 온종일 시끄러운 가운데, 되게 우울한 마음 가득히, 2025년 1월 4일 쓴다.

〔詩原文〕 84

康壽神方是什麼 其一
강 수 신 방 시 십 마 기 일

康壽神方是什麼
安禪補劑莫稱歌
長生祈願昧從濫
醫藥萬能盲信訛
却往步行心氣活
還常競走體操多
人間動物原性動
憑您銘肝休止痾
강 수 신 방 시 십 마
안 선 보 제 막 칭 가
장 생 기 원 매 종 람
의 약 만 능 맹 신 와
각 왕 보 행 심 기 활
환 상 경 주 체 조 다
인 간 동 물 원 성 동
빙 니 명 간 휴 지 아

〔시해석〕

건강장수의 비결이 무엇일런가 그 첫 번째

건강장수의 비결이 무엇일런가
편안한 참선이나 몸보신 약품 따위를 칭송하여 노래하지 마시라
장생불사를 기원함을 무작정 추종하는 것은 어리석고
의술과 약물이 만능이라는 맹목적 믿음도 그릇된 것이리
도리어 종종 걷는 보행이 마음의 기운을 활성화시키고
또한 자주 뜀박질하는 경주가 체력단련을 빼어나게 한다지 않는가
인간이라는 동물은 본디부터 가진 성질이 움직이는 것이니
쉬고 멈춤은 곧 질병이라는 것을 간덩이에 새기기를 그대에게 부디 권하노라

〔平仄構成〕

詩의 平仄構成은 平仄平平仄仄平 平平仄仄仄平平 平平平平仄平仄 平仄仄平平仄平 仄仄仄平仄平仄 平平仄仄仄平 平 仄平仄平仄仄 平仄平平平仄平으로 되어있다. 詩는 仄起式 七言律詩다. 그리고 詩는 韻字는 下平聲 五 歌韻을 썼는데 韻脚은 麼, 歌, 訛, 多, 痾이다. 그리고 3句와 4句에서는 孤平拗救가 쓰였는데 本來 3句의 下三字는 平平仄이어야 하는데 仄平仄으로 되어, 卽 昧從濫으로 되어, 5字의 平字가 毁損되었다. 그러므로 4句의 5字는 本來 仄字여야 하는데 平字로 바뀌서, 卽 盲으로 바꿔서, 毁損된 平을 回復시켰다. 이로써 合律이 된다. 그리고 7句와 8句에서는 雙拗가 쓰였는데 本來 7句의 下三字는 平平仄이어야 하는데 平仄仄으로 되어, 卽 原性動으로 되어, 5字의 平字가 毁損되었다. 그러므로 8句의 5字는 本來 仄字여야 하는데 平字로 바꿔서, 卽 休로 바꿔서, 毁損된 平을 回復시켰다. 이로써 또한 合律이 된다. 그리고 中央四句의 下三字는 前聯과 後聯의 境遇에 文法構造를 다르게 配置하여 意味上 各各 昧(副詞) 從(名詞) 濫(動詞), 盲(副詞) 信(名詞) 訛(動詞), 心氣(名詞) 活(動詞), 體操(名詞) 多(動詞)로 읽히게 되어 四言一法 忌避의 原則을 따라서 平板을 避하고 錯綜을 지켰다. 그리고 詩에서 韻을 달지 않은 仄聲字 곧 濫, 活, 動은 次例로 去聲, 入聲, 上聲이 되어 이른바 四聲遞用의 法則을 充實히 따랐다.

〔작법감상〕

필자는 과거 시집에서 이미 健康長壽라는 취지로 글을 여러 편 쓴 바가 있었다. 黃白沙 "健康長壽" '定言命法人間事 美意延年千古衡 인간 만사의 절대명령은 아름다운 생각을 가지면 건강하게 장수할 수 있다는 것이 천년만년의 도량형이라는 것이다.' 黃白沙 "健康長壽四强" '四傑歷程眞積善 松齡鶴壽禱祈呈 걸출한 네 분이 거쳐 지나 온 길은 진실로 선함을 쌓고 또 쌓은 것일 터이니 소나무처럼 학처럼 건강하게 오래오래 사시도록 천지신명께 비는 바라.' 黃白沙 "長生久視 其一" '仙臺造築誰端笑 天下群黎病死迷 황하강가에 신선누대를 축조하였다는데 도대체 누가 비웃을 수 있겠는가 하늘 아래 온 세상 검은 머리의 민중들 생로병사의 고통에 헤매고 있으니.' 黃白沙 "長生久視 其二" '長生久視萬民求 善女善男由福謀 오래도록 살고 오래도록 보는 것은 천하 만민이 희구하는 바이니 우리들 선남선녀 모두가 크나큰 행복을 꾀하는 까닭이다.' 그런데 위 시 康壽神方是什麼에서는, 三篇 연작으로 기획하고 있는데, 其一에서는 참선과 명상이나 의술과 보약이라는 방법보다는 우선적으로, 또 본질적으로, 움직이는 운동 곧 걷고 뛰는 것을 제안하고 권장하고 있다. 그것은 인간이 움직이는 물체 곧 動物이라는 것이 증명하고 있어서 그렇다. 그리고 이어서 其二에서는 움직임이라는 운동이라는 것이 결코 신체적 운동만을 의미하는 것이 아니고 동시에 정신적 운동 말하자면 뇌의 사고의 운동도 포함한다는 것이며, 세 번째 其三에서는, 게다가, 신체운동이거나 정신운동이거나 양자 공히 요즘말로 정말 빠르고 빡세게(강하게) 하는 신체단련과 정신단련을 의미하는 것이라야 한다고 힘줘 말하고 싶은 것이다. 그래서 내가 신체운동에서의 슬로건으로 내세우는 '밖에서는 빠르게 안에서는 빡세게'가 그런 취지이며, 정신운동에서도 'TV나 신문이 아니라 漢詩나 哲學인 것이다'도 같은 맥락이다: '건강장수 비결이 무엇일까 편안한 참선이나 몸보신 약품 따위를 칭송하여 노래하지 말라 長生祈願을 빔을 덮어놓고 추종하는 것은 어리석고 의술과 약물이 天下萬能임을 맹목적으로 믿는 것도 그릇된 것이다 도리어 종종 걷는 보행이 심기를 활성화시키고 또한 자주 뜀박질하는 경주가 체세포를 빼어나게 한다지 않던가 인간이라는 동물은 본래 가진 성질이 움직이는 것이리니 동작이 아닌 멈춤은 곧 질병이라는 것을 마음에 새기기를 그대에게 권하노라.' 神方≒秘方≒秘法≒秘技≒秘傳≒秘訣. 中唐 賈島 "王侍禦南原莊 왕시어의 남원 별장"에 麼가 나온다: '南齋宿雨後 仍許重來麼 남재 별장에 연일 내리던 비가 개었으니 이제 거듭 오시려는가.' 盛唐 王維 "過香積寺 향적사를 찾아서"에 安禪≒坐禪≒參禪≒打禪≒禪那≒禪定이 나온다: '薄暮空潭曲 安禪制毒龍 땅거미가 질 무렵 인적 없는 못 굽이에서 편히 좌선하며 毒龍을 억누르리라.' 晩唐 杜牧의 "贈別 이별에 드리다"에 却이 보인다: '多情却似總無情 唯覺樽前笑不成 다정하다는 것이 도리어 모두 무정한 것과 같아서 술 단지 앞에 두고 웃어볼 수조차 없음을 깨달을 뿐이네.' 晩唐 薛逢의 "宮詞 궁궐 궁인의 노래"에 還이 보인다: '遙窺正殿簾開處 袍袴宮人掃御床 왕의 조회하는 궁전의 주렴 열린 곳을 아득히 엿보니 짧은 웃옷 수놓은 바지 短袍繡袴 입은 궁녀들이 임금님의 침상을 쓸고 있구나.' 競走≒賽跑≒跑賽≒走行으로 달리기요 달음박질이다: 'Race, A competition in which all the competitors try to be the fastest and to finish first.' 盛唐 王維의 "和賈舍人早朝大明宮之作 賈至 舍人의 이른 아침의 대명궁의 작품에 화답하다"에 動이 있다: '日色纔臨仙掌動 香煙欲傍袞龍浮 햇빛이 비로소 막 仙人掌에 내려와 어른거리니 향을 피우는 연기 곤룡포 주변에 떠 움직인다.' 高麗 鄭知常의 "送人 사람을 보내며"에도 動이 있다: '雨歇長堤草色多 送君南浦動悲歌 비가 그친 기다란 둑에는 푸르는 풀빛 가득한데 그대 보내는 남쪽 포구에는 슬프고 애절한 노래가 진동하는구나.' 中唐 賈島에게 師事한 晩唐 曹松의 "己亥歲 기해년"에 憑君≒憑您≒依君≒依您가 등장한다. '憑君莫話封侯事 一將功成萬骨枯 그대에게 당부하노니 부디 諸侯에 봉하여지는 일 말하지 마오 한 사람의 장수가 성공을 거두려면 만 사람의 병사들의 뼈가 사막에서 썩어 마른다오.' 그리고 盛唐 岑參의 "逢入京使 서울에 들어가는 사신을 만나서"에도 憑君이 등장한다. '馬上相逢無紙筆 憑君傳語報平安 말 등 위에서 만나 종이와 붓이 없으니 그대에게 부탁하노라 평안하다고 전해주오.' 2025. 1. 19.

〔詩原文〕 85

康壽神方是什麽 其二
강수신방시십마 기이

康壽神方是什麽
靈魂肉體又硏磨
徒行往往呼吸靜
跑賽常常元氣和
刻骨讀書兼誦記
銘肝手抄及吟哦
心身莫說二元說
兩者不分交動多
강수신방시십마
영혼육체우연마
도행왕왕호흡정
포새상상원기화
각골독서겸송기
명간수초급음아
심신막설이원설
양자불분교동다

〔시해석〕

건강장수의 비결이 무엇일런가 그 두 번째

건강장수의 비결이 무엇일런가
정신과 육체를 동시에 단련시켜야 한다오
걷기를 매번하면 호흡이 안정되고
뛰기를 자주하면 원기가 화창하리라고 하지 않는가
읽기 외우기 뼛속에 새기고
써 보기 읊조리기 심장에 새기라
몸과 맘이 따로따로 이원적이라고 말하지 마시오
두 가지 나뉘지 않나니 둘 다 많이많이 움직이시라

〔平仄構成〕

詩의 平仄構成은 平仄平平仄仄平 平平仄仄仄平平 平平仄仄平仄仄 平仄仄平平仄平 仄仄仄平仄仄仄 平仄仄仄平 平平 平平仄仄仄平仄 仄仄平仄平仄平으로 되어있다. 詩는 仄起式 七言律詩다. 그리고 詩는 韻字는 下平聲 五歌韻을 썼는데 韻脚은 麼, 磨, 和, 哦, 多이다. 그리고 3句와 4句에서는 雙拗가 쓰였는데 本來 3句의 下三字는 平平仄이어야 하는데 平仄仄으로 되어, 卽 呼吸靜으로 되어, 6字의 平字가 毁損되었다. 그러므로 4句의 5字는 本來 仄字여야 하는데 平字로 바꿔서, 卽 元으로 바꿔서, 毁損된 平을 回復시켰다. 이로써 合律이 된다. 그리고 7句와 8句에서는 孤平拗救가 쓰였는데 本來 7句의 下三字는 平平仄이어야 하는데 仄平仄으로 되어, 卽 二元說로 되어, 5字의 平字가 毁損되었다. 그러므로 8句의 5字는 本來 仄字여야 하는데 平字로 바꿔서, 卽 交로 바꿔서, 毁損된 平을 回復시켰다. 이로써 또한 合律이 된다. 그리고 中央四句의 下三字는 前聯과 後聯의 境遇에 文法構造를 다르게 配置하여 意味上 各各 呼吸(名詞) 靜(動詞), 元氣(名詞) 和(動詞), 兼(名詞) 誦記(名詞), 及(名詞) 吟哦(名詞)로 읽히게 되어 四言一法 忌避의 原則을 따라서 平板을 避하고 錯綜을 지켰다. 그리고 詩에서 韻을 달지 않은 仄聲字 곧 靜, 記, 說은 次例로 上聲, 去聲, 入聲이 되어 이른바 四聲遞用의 法則을 充實히 따랐다.

〔작법감상〕

필자가 먼저 "康壽神方是什麼 其一" 시에서 다음과 같이 밝혔다: '위 시 康壽神方是什麼에서는, 三篇 연작으로 기획하고 있는데, 其一에서는 참선과 명상이나 의술과 보약이라는 방법보다는 우선적으로, 또 본질적으로, 움직이는 운동 곧 걷고 뛰는 것을 제안하고 권장하고 있다. 그것은 인간이 움직이는 물체 곧 動物이라는 것이 증명하고 있어서 그렇다. 그리고 이어서 其二에서는 움직임이라는 운동이라는 것이, [心身二元論에 맞서며], 결코 신체적 운동만을 의미하는 것이 아니고 동시에 정신적 운동 말하자면 뇌의 사고의 운동도 포함한다는 것이며, 세 번째 其三에서는, 게다가, 신체운동이거나 정신운동이거나 양자 공히 요즘말로 정말 빠르고 빡세게/강하게 하는 신체단련과 정신단련을 의미하는 것이라야 한다고 힘줘 말하고 싶은 것이다.' 즉 "康壽神方是什麼 其二"는 건강장수에 이르는 지름길은 신체 움직임뿐만 아니라 정신 움직임도 '동시에 & 쉼 없이 - simultaneously & constantly' 추구하여야 한다는 주장을 펼치는 바다: '건강장수 비결이 무엇일까 정신과 육체를 동시에 단련시켜야 하리라 걷기를 매번하면 呼吸이 安靜되고 뛰기를 자주하면 元氣가 和暢하리라고 하지 않는가 읽기 외우기 뼛속에 새기고 써 보기 읊조리기 심장에 새기라 몸과 맘이 따로따로 二元的이라고 말하지 말라 두 가지 나뉘지 않나니 둘 다 많이많이 움직이라.' 철학사에서 인간은 신의 被造物이라는 중세의 선언에 정면 도전하며 '나는 생각한다 고로 나는 존재한다(Cogito ergo sum)'고 선언한 근대 데카르트(Rene Descartes)는 心身의 二元論을 주장하여 정신과 물질은 異質的인 것으로, 松果腺(pineal gland)을 통해서 교류가 가능하다고 하지만, 각각 독립적으로 보았다. 그래서 사람이 죽은 후에도 정신은 살아남아 영원히 불멸할 것이라고 하였다. 唯心論者다. 스피노자(Baruch Spinoza)는 心身은 실체의 表裏로 보아, 양자 평행(parallelism)하다는 一元論을 주장하여, 唯物論者에 가깝다. 금년에 들어 특별히 건강의 슬로건으로 'R&R, Repair and Resist, 몸과 맘을 보수하고 병과 악에 저항한다'를 내세웠는데, 이도 또한 몸과 맘을 곧 뗄 수 없는 불가분의 관계인 心身을 동시에 추스르고 강건히 하자는 취지가 되는데, 나는 위 시에서는 간략히 심신은 매우 연관적인 것이고 동시에 다 같이 소중한 것이며 무엇보다 건강장수를 위해서는 심신 양자의 동시적 운동을 확보하여야 한다고 주장하고 있다. 쉽게 말하자면 몸 운동뿐만 아니라 맘 운동도 함께 열심히 하여야 한다는 것이다. 그래서 시에서는 맨 먼저 그리고 맨 나중에도 거듭 건강장수의 비법이 무엇일까 묻고 이어서 심신을 함께 더불어 강건하게 단련시키라는 주문을 제안하고 있다. 고로 건강장수 장생불노를 위해서 정신운동 신체운동을 더하자!! 그리고 이 앞뒤 呼應의 주장을 설득력 있게 하기 위해서 前聯에서 신체운동으로서 걷기와 뜀박질의 효용성을 들먹이고 後聯에서는 읽고 기억하고 쓰고 읊조리는 정신운동을 나열하여 글 전체를 끊임없이 연결시키고 있는 것이다. 그러므로, 蛇足삼아 강조하건대, 한시의 짜임새는 문장의 구성이지 문장의 단순한 나열이 아니다. 한시의 글 짜임새는, 보다 더 적확히는, 文章의 起承轉結的 論理的(logical) 構成이지 文章의 衆口難防的 敍述的(narrative) 羅列이 결코 아니다. 2025년 1월 31일 쓴다.

[詩原文] 86

康壽神方是什麽 其三
강수신방시십마 기삼

康壽神方是什麽
心身鍛煉共過多
露天快速有酸習
室內洶溶筋力磋
詩韻工夫途徑正
新聞購讀試圖訛
不要害怕動量合
反倒桑楡加大苛

강 수 신 방 시 십 마
심 신 단 련 공 과 다
노 천 쾌 속 유 산 습
실 내 흉 용 근 력 차
시 운 공 부 도 경 정
신 문 구 독 시 도 와
불 요 해 파 동 량 합
반 도 상 유 가 대 가

[시해석]

건강장수의 비결이 무엇일런가 그 세 번째

건강장수의 비결이 무엇일런가
몸 맘 공히 둘 다 과다하게 운동시키는 것이다
옥외 노천에서는 유산소운동을 빠르게 훈련하고
실내 체력단련장에서는 근력운동을 빡세게 연마하라
한시공부 부류는 바른 방편일 것이요
신문구독 따위는 그릇된 시도일 것이리라
놀라지 마시라 심신 운동량의 총합이
오히려 노년기에 가서 가혹하게 더 무거워지는 것을

〔平仄構成〕

詩의 平仄構成은 平平仄仄仄平平 仄仄平平平仄仄 仄仄平平仄仄平 仄平平仄仄平平 平平仄仄仄平仄 仄仄平平平仄仄 平 仄仄平平平仄仄 平平仄仄仄平平으로 되어있다. 詩는 平起式 七言律詩다. 그리고 詩는 韻字는 下平聲 十一 尤韻을 썼는데 韻脚은 偸, 猷, 休, 憂, 舟이다. 그리고 3句의 下三字에서는 單拗가 쓰였는데 本來 3句의 下三字의 平仄의 構成은 平仄仄인데 仄平仄이 되어, 卽 一炊夢이 되어, 5字에서 毁損된 平字를 6字에서 바로 回復한 것이다. 이는, 下三字에 孤平 現象이 發生하였으나 挾平格으로 肯定的으로 看做하며, 本句 自救의 方法으로 合律이 된다. 그리고 5句와 6句에서는 孤平拗救가 쓰였는데 本來 5句의 下三字는 平平仄이어야 하는데 仄平仄으로 되어, 卽 不才苦로 되어, 5字의 平字가 毁損되었다. 그러므로 6句의 5字는 本來 仄字여야 하는데 平字로 바꿔서, 卽 流로 바꿔서, 毁損된 平을 回復시켰다. 이로써 또한 合律이 된다. 그리고 中央四句의 下三字는 前聯과 後聯의 境遇에 文法構造를 다르게 配置하여 意味上 各各 一炊(名詞) 夢(名詞), 永留(名詞) 休(名詞), 不才(名詞) 苦(動詞), 流客(名詞) 憂(動詞)로 읽히게 되어 四言一法 忌避의 原則을 따라서 平板을 避하고 錯綜을 지켰다. 그리고 詩에서 韻을 달지 않은 仄聲字 곧 夢, 苦, 畔은 次例로 去聲, 上聲, 去聲이 되어 이른바 四聲遞用의 法則을 充實히 따랐다.

〔작법감상〕

이 세 번째 시는 예고하였듯이 건강장수로 가는 비결 3번째 지침이다. 長生不死를 원하는 자는 운동하라, 육체 운동만이 아니고 정신운동도 아울러 하라, 그리고 그 心身의 운동을 대충하는 것이 아니고 정말 아주 빡세게 하여야 한다는 것이다. 그것이 비로소 인간이 동물이라는 움직이는 물체에 합당하는 운동량이 될 것이라는 운동 좀 하고 건강관리 깨나 챙긴다는 필자의 견해이자 주장이다. 독자 여러분은 부디 참고하시라. Nothing lost!! 나는 노래는 잘하지 못하는 편이다. 굳이 자평하자면 中中정도다, 아주 관대하게 봐주면 中上일지 모르나 좀 강퍅하게 평가하자면 아마 中下로도 떨어질 것이다. 그러나 나의 운동능력과 기량을 평가하라면 上中도 아니고 난 주저 없이 上上이라고… 어려서부터 가지가 없는 나무에도 오르기를 곧잘 하였다. 나 자신도 신기하였다. 태권도, 유도, 권투를 좀 하였는데 체육선생님께서 함께 운동하여 전국체전에 나가자고 제안하였다. 미국 유학시절 안장을 안 까는 승마(bareback)에서 산언덕을 질주하는 수준으로 대학에서는 코리언카우보이(Korean Cowboy)로 평판이 자자하였다. 귀국 후 승마장에 갔더니 선수로 뛰어도 좋겠다고 운영자가 칭찬하더라. 과거 영국으로 연구년으로 갔다가 골프를 잠시 시작하였는데 그곳 코치선생님께서 나의 연습을 1주일여 지켜보더니 '필홍 당신 정말 잘한다 계속해라 왜 당신 나라에 유명한 박세리선수가 있지 않느냐'고 했었다. 최근에는 짐(gymnasium)에 가서 운동하는데 그곳 트레이너선생이 나의 운동 수행실력을 평가하면서 '세상에 이런 일이'라는 프로그램에 나가야겠다고 하더라. 물론 과찬일 터이지만… 2002년 월드컵 당시 우리 선수들의 경기를 관전하면서 나는 어느 포럼 모임에서 우리 선수들을 평가한 적이 있었다. 박지성 홍영표 안정환 선수는 앞으로 세계적인 큰 선수로 성장할 것이나, 차00, 이00, 박00 선수는 그 정도로 크게 되지는 아니할 것이라고 예측하였다. 6선수 중 안정환 선수만 조금 빗나갔다. 운동 신경과 동작을 평하는 재능이 어느 정도 있다는 증명이 아닐까? 그런데 나는 고백하건대 건강을 위해서 운동하여야 하고 운동이 단순히 몸에만 국한되지 않고 뇌의 운동에도 확대되어야 한다는 것은 숙지하였으나 그 심신운동이 우리가 생각하는 것보다 더, 어떤 의미에서는 훨씬 더, 세차게 해야 하는 운동이라는 것은 몰랐다. 게다가 늙어가면서는 훨씬 더 강력하게 운동하여야 하는 것은 최근에야 깨닫게 된 것이다. 우리는 노년에 들어서는 여러 가지로 노화된 상황을 고려하여 운동을 외려 조심조심하는 경향이 있지만 꼭 그렇지는 않다. 운동이란 노화된 체력을 보강하기 위해서 더 많은 운동을 필요로 하고 또 더 빡센 운동을 해야 비로소 기대하는 효과를 거둔다는 것이다. 개인의 경험칙만이 아니고 건강전문의학자들도 다수가 그렇게 주문하고 있다. 신체운동은 크게 근력운동과 유산소운동이 있다. 몸에 相補的이어서 모두 다 하여야 한다. 月水金은 짐에 가서 근력운동을 하는데 운동기구를 쓰는 무게근력운동도 하고 기구 없이 하는 맨몸근력운동(calisthenics)도 빠트리지 않는다. 火木土는 유산소운동으로 야외에서 徒步와 競步를 진행하고 있다. 다만 실외에서나 옥내에서나 운동에는 강도를 유지하여야 한다. 내가 신체운동에서의 슬로건으로 내세우는 '밖에서는 빠르게 안에서는 빡세게'가 그런 취지이며, 정신운동에서의 'TV나 신문이 아니라 漢詩나 哲學인 것이다'도 같은 맥락이다. 반복하건대, 사람들이 운동이라면 신체운동으로만 생각하기 쉬우나 동시에 정신운동의 중요성도 부각되어야 하는 것은 너무나도 당연하며 정신운동을 게을리 하고서는 건강장수란 요원한 목표가 될 뿐이리라. TV 교양프로라든지 신문사설 따위의 강도로는 우리의 두뇌를 충분히 운동시킨다고 나는 생각하지 않는다. 예를 들자면, 이백과 두보의 한시를 공부하거나 플라톤과 아리스토텔레스의 철학을 공부할 정도에 이르러야 바야흐로 우리의 두뇌가 躍動하리라고 믿는 것이다. 결론적으로, '康壽神方是什麽 건강장수의 비결이 무엇일런가'라는 질문에 나로서는 움직이는 운동이요, 몸과 맘이 함께 움직이는 운동이요, 나아가 몸과 맘을 격렬하게 움직이는 운동이라고 대답하고자 한다. 그러므로 위 세 편의 시는 시대에 同行하는 우리들 이웃의 건강장수를 향한 白沙의 白書. 일전에 미국 억만장자 기업가 브라이언 존슨은 '매일매일 운동하는 것이 건강과 장수를 위해 할 수 있는 가장 강력한 일'이라고 말했다고 한다. 2025년 2월 1일 쓴다.

〔詩原文〕87

除夕有懷
제석유회

萬里他鄉五十秋
羈危苦恨遍巡羞
那堪放浪明日事
除夜鐘聲增旅愁
만 리 타 향 오 십 추
기 위 고 한 편 순 수
나 감 방 랑 명 일 사
제 야 종 성 증 여 수

〔시해석〕

섣달 그믐날 밤에 감회가 있었다

천만리 머나먼 길 타향살이 오십 년
고달프고 한스러운 떠도는 인생 부끄럽구나
방랑자 새해 내일이면 마주치게 될 일들 또 어찌 견디랴
섣달 그믐밤 제야의 종소리 나그네 근심 걱정 증가시켜주네

〔平仄構成〕

詩의 平仄構成은 仄仄平平仄仄平 平平仄仄仄平平 平平仄仄平仄仄 仄仄平平平仄平으로 되어 있다. 詩는 仄起式 七言絶句다. 그리고 詩는 韻字는 下平聲 十一 尤韻을 썼는데 韻脚은 秋와 羞와 愁이다. 그리고 3句와 4句에서는 雙拗가 쓰였는데 本來 3句의 下三字는 平平仄이어야 하는데 平仄仄으로 되어, 卽 明日事로 되어, 6字의 平字가 毁損되었다. 그러므로 4句의 5字는 本來 仄字여야 하는데 平字로 바꿔서, 卽 增으로 바꿔서, 毁損된 平을 回復시켰다. 이로써 合律이 된다.

〔작법감상〕

晩唐 崔塗의 시에 "巴山道中除夜有懷 파산으로 가는 도중 섣달 그믐밤의 회포를 쓴다"가 있는데, 느꺼워, 필자도 위 시를 쓰게 되었다. 盛唐 杜甫의 名篇 "登高 높은 데에 올라"에 萬里他鄕常作客이 있다: '萬里悲秋常作客 百年多病獨登臺 만 리 밖서 가을을 슬퍼하며 늘 나그네 되어 한평생 병은 많아 홀로 누대에 오른다.' (畵蛇添足: 唐 七言詩 중에서 壓卷으로 明 胡應麟은 杜甫의 "登高"를 들고, 南宋 嚴羽는 崔顥의 "黃鶴樓"를 들고, 明의 何仲默은 沈佺期의 "獨不見"을 들고 있다. 굳이 이 세 작품을 비교 평가하여 순위를 매겨야 한다면 나는 1등 登高, 2등 獨不見, 3등 黃鶴樓로 하겠다. 그 이유야 차후 어디선가 깊이 밝히기로 하겠지만 우선 그렇다. 물론 세 편 모두 한결같이 神品이요, 神來之筆이요, 神到之作이라는 데는 사족을 달지 않겠지만...) 唐나라가 망하고 宋나라가 등장하기 전 五代十國(907-979)의 어지러운 상황을 적나라하게 베껴서 膾炙人口된 소설 明 施耐庵/羅貫中의 "水滸傳 수호전"에 시구절 五十秋가 등장한다: '朱李石劉郭 梁唐晉漢周 都來十五帝 播亂五十秋 주씨 이씨 석씨 유씨 곽씨가 후량 후당 후진 후한 후주를 세워 도합 열다섯 임금이 다스리니 난리가 번져나가 오십년이었더라.' 晩唐 崔塗의 "巴山道中除夜有懷 파산으로 가는 도중 섣달 그믐밤의 회포를 쓴다"에 羇危가 나온다: '迢遞三巴路 羇危萬里身 아득히 먼 巴郡, 巴東, 巴西로 가는 길에 떠돌아다니며 힘겨운 만 리 밖의 몸이라.' 역시 晩唐 崔塗의 "巴山道中除夜有懷 파산으로 가는 도중 섣달 그믐밤의 회포를 쓴다"에 那堪이 나온다: '那堪正漂迫 明日歲華新 어찌 견디겠는가 한창 떠돌아다니면서 내일이면 새해를 맞이해야 하니.' 中唐 大曆十才子 李端의 "溪行遇雨寄柳中庸 산골짜기를 지나가다가 우연히 비를 만나서 유중용에게 부치다"에도 那堪이 나온다: '那堪兩處宿 共聽一聲猿 어찌 견디랴 두곳에서 묵으며 원숭이 울음소리 함께 들어야 하니.' 盛唐 杜甫의 "贈衛八處士 위팔처사에게 드립니다"에 明日世事가 나온다: '明日隔山岳 世事兩茫茫 내일이면 험준한 산 넘어 서로 떨어지리니 세상사 우리 두 사람 아득하기만 하여라.' 中唐 張繼의 "楓橋夜泊 풍교에서 밤에 정박하다"에 夜半鐘聲이 보인다. '姑蘇城外寒山寺 夜半鐘聲到客船 고소성 밖 한산사에서 울려 퍼지는 한밤의 종소리가 나그네 머무는 뱃전에 들려온다.' 盛唐 祖詠의 "終南望餘雪 종남산에 쌓인 남은 눈을 바라보며"에 增이 보인다: '林表明霽色 城中增暮寒 숲 너머 맑게 갠 하늘 훤한데 장안성은 해가 지면서 추위가 더해간다.' 우리 어릴 적 자주 불렀던 노래에 "旅愁 나그네의 시름"이 있었다. 원곡은, "Dreaming of Home and Mother 꿈에 그리는 고향과 어머니"는, 미국 오드웨이(John P. Ordway)가 작사작곡한 민요풍이다. 한국과 일본에서는 旅愁로 중국에서는 送別로 飜案曲으로 불리고 있다. '깊어가는 가을밤에 낯설은 타향에 외로운 맘 그지없이 나홀로 서러워 그리워라 나 살던 곳 사랑하는 부모형제 꿈길에도 방황하는 내 정든 옛고향.' 2024년 12월 31일 쓴다.

〔詩原文〕88

贈平士先生
증평사선생

蓮堂小見意衷崇
剛愎所行容忍躬
平士詞人襟度豁
萬民師表我英雄
연당소견의충숭
강퍅소행용인궁
평사사인금도활
만민사표아영웅

〔시해석〕

평사선생에게 드립니다

이 연당의 좁은 소견을 진정으로 존중하고
괴팍한 행동거지에도 관용과 인내를 몸소 실천하십니다
그대 평사시인의 남을 너그럽게 감싸는 도량이 넓고도 크나니
세상 사람들의 모범이요 나의 영웅이 되심이라

〔平仄構成〕

詩의 平仄構成은 平平仄仄仄平平 平仄仄平平仄平 平仄平平平仄仄 仄平平仄仄平平으로 되어있다. 詩는 平起式 七言絶句다. 그리고 詩는 韻字는 上平聲 一 東韻을 썼는데 韻脚은 崇과 躬과 雄이다.

〔작법감상〕

이 시는 우리 한국한시학당에서 활동하시는 蓮堂 徐潤禮님과 平士 洪炯彬님과의 사이의 아름다운 대화에서 출발하였다. 어느 날 평사선생님께서 연당선생님의 예사로운 言辭에 대해서 讚辭를 아끼지 않음에, '작은 사사로운 것에도 이렇듯 높이 평가하시니 감사할 따름입니다'라고 주고받으니, 참말로 시인들의 마음가짐 곧 處心으로 비춰져 필자가 시로 옮길 것을 제안하면서 이루어진 것이다. 비슷하게, 中唐 시기에 白居易와 陳鴻과 王質夫가 장안 근교 仙遊寺에 갔다가 玄宗과 楊貴妃의 이야깃거리에 올라서 결국 제안 받은 백거이가 명편의 장편 서사시 長恨歌를 태동시켰듯이... 보통 시에서는 平士나 蓮堂처럼 실제 사람의 이름이 등장하는 경우는 드물다. 그러나 詩仙 李白의 시에 明明白白히 詩人 本名이 등장하는 경우가 있으니 "贈汪倫 왕륜에게 드립니다"가 그렇다: '李白乘舟將欲行 忽聞岸上踏歌聲 桃花潭水深千尺 不及汪倫送我情 이백이 배를 타고 막 떠나가려는데 갑자기 언덕 위에서 땅을 밟으며 부르는 송별의 노래 소리가 들린다 도화담수의 깊이가 깊어 천척이나 된다지만 왕륜이 나를 보내는 석별의 정에는 미치지 못하리라.' 한시에서 이백과 두보의 권위는 말하자면 한시의 憲法(Constitution)에 버금가는 등급이니 마치 우리 한글에서 외솔 최현배박사와 일석 이희승박사의 권위에 비기리라. 그들이 이름을 사용하였다면 우리는 아무 저어함이 없이 쓸 수 있을 것이리라!! 실제로, 그래서일까, 필자도 오래전에 이미 實名을 등장시켜 작시에 당당히 활용한 적이 있었던 것으로 기억한다. 필자 黃白沙의 "登武昌黃鶴樓上遠眺 무창의 황학루에 올라서 멀리 바라보다"가 있었다: '此地登臨黃鶴樓 千秋崔顥與江流 謫仙李白自投筆 一曲陽春何所求 오늘 이곳 황학루에 올라 바라다보니 천년의 세월동안 崔顥는 예대로 강물 따라 흐르는구나 하늘에서 귀양 왔다는 신선 李白도 못 이겨 스스로 붓을 던져버렸는데 陽春白雪曲과 같은 아름다운 한가락 싯구를 내가 감히 어디서 구할 수 있겠는가.' 그러므로 이제는 위 본 시에서 연당과 평사의 이름자가 함께 서슴없이 등장함에 아무 부담스러움이 없을 것이리라: '이 사람 나 蓮堂居士의 얕은 견해를 진심으로 존중하고 강퍅한 짓거리에도 수용과 용서를 몸소 행하시네 그대 平士大人의 남을 용납할 만한, 껴안는, 도량이 넓고도 크시니 普天之下 萬民의 師表요 한편으로는 나의 英雄이시라.' 小見≒狹見≒陋見≒淺見. 意衷≒衷誠≒衷心≒衷款. 春秋時代 孔子 "詩經 시경"에 몸소 행한다는 躬이 있다: '弗躬弗親 庶民弗信 弗問弗仕 勿罔君子 몸소 실천하지 않으면 뭇 백성들이 믿지 않으니 묻지 않고 일하지 않으면서 군자를 속이지 말라.' 明 焦竑의 "玉堂叢語·行誼 옥당총어·행의"에도 躬行이 있다: '躬行實踐 鄕人化之 몸소 실제로 행하니 촌백성들이 따라서 그렇게 되었더라.' 盛唐 杜甫의 "北征 북방 원정"에 환히 통한다는 豁이 보인다: '仰觀天色改 坐覺妖氛豁 우러러 하늘을 보니 하늘빛이 변하여 요사스러운 기운이, 흉한 조짐이, 점차 뚫리는 것을 느끼노라.' 南朝 東晉 陶淵明의 "桃花源記 도화원기"에도 豁然이 보인다: '初極狹 纔通人 復行數十步 豁然開朗 동굴이 처음에는 극히 좁아서 사람 하나 간신히 통과할 수 있을 정도였다 그러나 다시 수십 보를 더 걸어나아가자 시야가 훤하게 트이더라.' 2025년 2월 24일 쓴다.

〔詩原文〕89

獨立萬歲運動
독립만세운동

渾身抵抗植民鞭
曲曲江山己未年
獨立宣言噫運動
喊聲萬歲振航天
혼신저항식민편
곡곡강산기미년
독립선언희운동
함성만세진항천

〔시해석〕

독립만세운동

혼신의 힘을 쏟아부어 일제 식민통치의 매질에 굴하지 않고 맞서서 싸웠으니
기미년 삼월일 삼천리 금수강산 방방곡곡에서 들고일어난 것이었다
아아 조선의 자주독립을 선언한 운동이여
만세 만세 함성 소리 우주 만방에 떨쳤더라

〔平仄構成〕

詩의 平仄構成은 仄平仄仄仄平平 仄仄平平仄仄平 仄仄平平平仄仄 仄平仄仄仄平平으로 되어있다. 詩는 平起式 七言絶句다. 그리고 詩의 韻字는 下平聲 一 先韻을 썼는데 韻脚은 鞭과 年과 天이다.

〔작법감상〕

우리가 애창하는 三一節 노래는 鄭寅普 작사 朴泰鉉 작곡으로 3·1절을 기념하는 노래다. 필자의 눈에는 가사 중 특히 '이날은 우리의 義요 生命이요 敎訓이다'는 참으로 소중하고 멋스럽다: '기미년 삼월 일일 정오 터지자 밀물 같은 대한 독립 만세 태극기 곳곳마다 삼천만이 하나로 이날은 우리의 의요 생명이요 교훈이다 한강 물 다시 흐르고 백두산 높았다 선열하 이 나라를 보소서 동포야 이날을 길이 빛내자.' 그래서 위 필자 시는 3·1 독립운동은 곧 우리들의 正義心의 발로요 우리 목숨을 지키기 위한 노력이며 우리가 자자손손 지키고 기억하여야 할 깨우침과 가르침이 되어야 한다는 절대적 定言命令(Absolute Maxim)을 말한 것이다: '온몸으로 힘을 다하여 日帝의 식민통치의 채찍질에 저항한 것이니 1919년 기미년 삼월일 삼천리 錦繡江山 坊坊曲曲에서 들고일어난 것이다 아 朝鮮의 자주독립국임을 선언한 운동이여 목소리 높여 크게 외치는 만만세 소리 우주 만방에 떨쳤으리라.' (참 특별한 것은, 우리나라 대한민국의 5대 국경일 노래 중, 삼일절 노래, 제헌절 노래, 광복절 노래, 개천절 노래, 한글날 노래 중, 한글날 노래 한 가사만 외솔 崔鉉培선생이 만들었을 뿐 나머지 국경일 노래 네 가사는 모두 爲堂 鄭寅普선생이 썼다는 것이다. 건국 새 정부 수립에 있어서 참으로 놀랄 만한 공헌을 한 것이 아닌가. 개인적으로 위당선생의 서예작품이 몇 점 있는데 소중히, 자랑스레, 간직하고 있다. 또 특별한 것은, 漢詩와 國學에 발군의 실력을 발휘한 爲堂선생의 수제자가 卷宇 洪贊裕선생이고 홍찬유선생의 수제자가 浩亭 河永爕선생인 것이다. 그리고 호정선생님께서는 실제로 '韓國漢詩學堂'을 세우시니 그 덕에 소갈머리 없는 우리들은 손쉽게 한시공부를 해 가고 있는 터다. 그래서 우리 한시학당의 기원의 적통은 아무래도 위당선생에 있으니 이 또한 막역한 인연이 아닐 수 없다. 爲堂선생께서는, 애석하게도, 1950년 한국동란 중에 납북되어 그 해에 사망하신 것으로 되어있다. 독립운동가이자 자유민주주의의 신봉자인 그가 독재적 공산정권에 협력하는 것을 단호히 거부하셨을 것이니 살아남기 어려웠으리라...) 그러므로 위 시는 不正義한 일본제국주의의 식민통치에 맞서 正義로운 조선의 자주독립만세 함성소리가 세계만방에 떨쳤을 것이라고 말하려는 취지로 써진 것이리라. 말하자면, 역사상 세계인민의 자유와 평화를 향한 싸움의 道程에 있어서 소중한 指南의 발자취를 남긴 것으로 인류의 역사발전을 향한 자부심을 또한 노래한 것이다. 盛唐 李白의 "蜀道難 촉으로 가는 길 어려워라"에 발어사 감탄사 噫吁戲가 보인다: '噫吁戲危乎高哉 蜀道之難難於上靑天 아아 위험하고도 높음이여 촉으로 가는 길 어려움이여 푸른 하늘에 오르는 것보다 더 어렵구나.' 盛唐 杜甫의 "秋興 가을의 흥취"에 떨친다 진동한다는 振이 보인다: '直北關山鉦鼓振 征西車馬羽書遲 바로 북쪽 관문에서는 징소리며 북소리며 진동하는데 서쪽으로 정벌 나간 군대에서는 羽檄이 늦어지고 있다.' 마침, 밖에서는 종일토록 윤석열 대통령 탄핵찬반집회가 한창인 2025년 3월 1일 3·1절의 抵抗精神을 마음에 새기며 쓴다. 나의 贊反의 사랑하는 이웃 시민들이여, 한편 슬프고 한편 장하시네. 又壯而又悲!! 동시에 2025년의 나의 개인적 삶의 슬로건 'R&R Repair&Resist 몸과 맘을 修理하고 병과 악에 抵抗한다'도 다시금 되새겨 본다.

〔詩原文〕 90

爲紅霞尙滿天
위 홍 하 상 만 천

認識力能經驗編
老年閱歷至高錢
桑楡非晩定言命
西作香霞還滿天
인 식 역 능 경 험 편
노 년 열 력 지 고 전
상 유 비 만 정 언 명
서 작 향 하 환 만 천

〔시해석〕

붉은 놀이 되어 아직껏 온 하늘 가득히 채우리

인간의 인식의 역량은 경험으로부터 만들어지는 것이니
노년기 축적된 경력 이력 지고지순한 가치의 자산이 되리로다
젊은 날 이미 지났으나 만년 아직 늦지 않았음은 절대적 도덕법칙임에랴
해가 지는 서편에서 향기로운 노을이 되어 여전히 천지간을 가득하게 채우려네

〔平仄構成〕

詩의 平仄構成은 仄仄仄平平仄平 仄平仄仄仄平平 平平平仄仄平仄 仄仄平平平仄平으로 되어있다. 詩는 仄起式 七言絶句다. 그리고 詩는 韻字는 下平聲 一 先韻을 썼는데 韻脚은 編과 錢과 天이다. 그리고 3句와 4句에서는 孤平拗救가 쓰였는데 本來 3句의 下三字는 平平仄이어야 하는데 仄平仄으로 되어, 卽 定言命으로 되어, 5字의 平字가 毀損되었다. 그러므로 4句의 5字는 本來 仄字여야 하는데 平字로 바꿔서, 卽 還으로 바꿔서, 毀損된 平을 回復시켰다. 이로써 合律이 된다.

〔작법감상〕

철학사에는, 대체로, 인식의 근원을 이성과 합리에서 찾는 합리론(Rationalism)과 인식은 감각과 경험에서 출발한다는 경험론(Empiricism)이 대립한다. 고대에는 플라톤과 아리스토텔레스가 전자에 가깝고 소피스트와 에피쿠로스학파가 후자에 속한다. 근현대에는 데카르트, 스피노자, 라이프니츠, 헤겔, 관념론이 전자에 가깝고 로크, 버클리, 흄, 퍼스, 논리실증주의가 후자에 속한다. 나는 이성주의와 경험주의가 극단적으로 대척의 위치에 있다고 보지는 않는데 인식의 출발선상에서는 경험과 감각과 내성이 매우 주효하지만 인식의 진행과정에는 동시에 이성과 합리와 논리가 동시적으로 교차하는 것이어서 이성과 경험은 일정한 과정적 관계성을 유지한다고 보는 입장이다. 그러나 우선적으로 인식의 시작에서부터 인간이 개별적으로 체험함을 어찌 감히 누가 과소평가하겠는가. 인식은 경험에서 나온다, 인식은 개개인에게 사적이며 특별하다!! Knowledge comes from experience, knowledge is personal and unique to each person!! 위 시에서는, 그래서, 그 경험주의를 바탕으로, 수많은 경험의 양과 질의 축적을 통해서, 노년기는 가히 빛나는 시간이 될 수 있을 것이라며 그러한 해석과 포부를 밝히고 있는 바로 저녁놀이 되어 석양을 붉게 물들이겠다는 것이다: '인간의 인식의 역량은 경험의 축적으로부터 엮어지는 것이니 노년기의 모아서 쌓은 이력과 경력은 至高至純한 가치의 자산이 되리라 東隅已逝 桑榆非晚은 임마누엘 칸트 식의 定言命法 곧 무조건적 도덕법칙임에랴 해가 지는 서녘에서 향기로운 노을이 되어 여전히 天壤之間을 가득하게 채우려네.' 이 시는 우선 白居易와 劉禹錫이 주고받은 시의 대화에서도 동력을 받았다. 中唐의 두 이름난 시인이 늘그막에, 어느 날, 백거이가 먼저 노인이 되니 여러 가지로 살아가기가 참 어렵다고 노년의 삶의 고통을 고백한 것이다. 이에 대해 유우석은 세상을 비추는 석양의 붉은 노을이 되리라고 위로하고, 또 자위하고, 있더라. 필자는 여기에 일정량 經驗主義哲學을 보충 각색하여 베껴 본 것이라는 말이다. 먼저 백거이가 "咏老贈夢得 늙음을 노래하여 몽득에게 보내며"를 유우석에게 보낸다: '眼澁夜先臥 頭慵朝未梳 눈은 꺼칠꺼칠해서 밤이면 먼저 눕고 머리 손질 게을러서 아침에는 빗지 않네.' 다음 유우석은 "酬樂天咏老見示 낙천이 늙음을 노래하여 알려줌에 화답하다"로 답가를 보낸다: '莫道桑榆晚 爲霞尙滿天 저무는 황혼 인생이라 말하지 마오 붉은 노을 되어 하늘 가득 물들이니.' 사실 유우석 이전에 初唐 王勃은 "滕王閣序 등왕각 서문"에서 동우이서 상유비만을 노래하였고, '東隅已逝 桑榆非晚 젊은 날 이미 갔으나 노년의 시간 아직 늦지 아니하였다,' 그리고 그 더 이전에 魏 曹操가 "步出夏門行 하문으로 나아가며 노래하다"에서도 동우이서 상유비만을 읊고 있다, '老驥伏櫪志在千里 烈士暮年壯心不已 늙은 천리마 마구간에 엎드려 있으나 여전히 천리를 달리고 싶고 피 끓던 용사 모년으로 늙었지만 굳센 마음은 아직 끝나지 않았다.' 2025. 3. 7

〔詩原文〕91

將欲游三淸世界
장욕유삼청세계

秦國始皇仙藥求
漢朝武帝羽人搜
移家不遠三淸洞
永永無窮留地毬
진국시황선약구
한조무제우인수
이가불원삼청동
영영무궁유지구

〔시해석〕

장차 삼청세계에서 노닐려네

진나라 시황제는 불노불사의 선약을 구하려 하였고
한나라 무제는 불로장생의 도사를 찾아 나섰다더라
나는 불원간에 대한국 수도 서울 삼청동으로 이사가서
이 지구 땅덩이 삼청세상에서 영원 무궁히 머무르려네

〔平仄構成〕

詩의 平仄構成은 平仄仄平平仄平 仄平仄仄仄平平 平平仄仄平平仄 仄仄平平平仄平으로 되어있다. 詩는 仄起式 七言絶句다. 그리고 詩는 韻字는 下平聲 十一 尤韻을 썼는데 韻脚은 求와 搜와 毬이다.

〔작법감상〕

사람은 누구나 오래 살고 싶어 한다. 아니, 할 수만 있다면, 누구라도 영원히 살고 싶을 것이다. Believe it or not=놀랍지만 진실이다!! 우리가 문헌을 통해서 익히 잘 알고 있듯이, 중국 진시황제는 불노초불사약을 구하러 우리 耽羅國에도 일본의 和歌山縣에도 사람을 보냈고, 한무제도 불노장생의 道士를 찾아 나섰으며 여신 西王母에게서 늙지 않고 오래 살게 되는 선경의 복숭아 蟠桃를 얻어먹었다고 한다. 그래서 나도, 다분히 재미삼아서, 영원무궁한 삶의 욕심을, 이 지구를 영구히 떠나고 싶지 않음의 욕망을, 시로 짧게 노래해보기로 하였다: '秦始皇帝는 不老不死의 仙丹을 구하려 하였고 漢武帝는 不老長生의 道士를 찾아 나섰다더라 나도 머지않아 대한국 수도 서울 종로 三淸洞으로 옮아가서 이 지구 땅덩이 玉淸 太淸 上淸 삼청세상에서 영원무궁히 머무르고 싶네.' 역사적으로 영생불사를 향한 강한 욕구를 펼쳤던 인물로 상징적으로 진시황제와 한무제를 등장시키면서, 起句와 承句가 서로 對仗이라는 형식까지 갖추게 하여, 상징성을 더욱 돋보이게 하였다. 그런데 나 필자는 시황제나 무제처럼 절대 권력이 있는 자가 아니고, 게다가 그들이 살던 이후로 전개된 숱한 과학사상을 경험하여 그들의 추구가 허황되게 보이기도 하여서, 그렇게 멀리 가서 구하려는 생각은 도시 없다. 轉結句에서, 그래서, 마침 가까이 사랑하는 서울 사랑하는 종로에 도교학파 도사들이 그토록 염원하였던 영원한 이상향의 신선세계 삼청동이 실제로 있으니 조만간 그곳으로 옮아가서 영구한 복락을 누리고 싶다는 바람을 표출시키고 있는 것이다. (참고로 필자의 1970년대 대학시절에는 삼청동의 삼청공원은 당시 아베크족(Avec族)이라 불리던 연인들이 많이 찾는 곳이었다. 지금 와서 생각해보니 아마도 그곳이 신선들이 영생복락을 누리는 곳이라는 흥미로운 신화적 전설적 믿음이 있어서 그렇게도 사랑하는 사람들 끼리끼리 북적북적 찾아 나섰었는지 모를 일이다.) 中唐 戎昱이 "移家別湖上亭 이사감에 호상정과 작별하며"에서 移家≒移栖≒移徙≒移居≒移住≒遷居를 노래하였다: '好是春風湖上亭 柳條藤蔓繫離情 黃鶯久住渾相識 欲別頻啼四五聲 호상정 호수의 봄바람 좋기만 한데 버드나무 가지 등나무 덩굴 떠나가는 내 마음 붙드는구나 거주한지 오래되어 앵무새도 혼연히 알아보고 떠나려 함에 잇달아 네댓 번이나 울어대네.' 戰國時代 孟子 "孟子·梁惠王上 맹자 양해왕상"에 不遠千里가 보인다: '王曰 叟不遠千里而來 亦將有以利吾國乎 왕이 말하여 묻기를 노선생님께서 천 리를 멀다 하지 않고 오셨으니 또한 장차 우리 나라를 이롭게 할 방도가 있겠습니까.' 소위 三淸은 道敎에서 신선이 산다는 玉淸, 太淸, 上淸의 세 仙境이자, 도교에서 숭상하는 세 最高神 곧 옥청의 天寶君, 태청의 太上老君, 상청의 太上道君을 가리킨다. 朝鮮 李瀷의 "星湖僿說 第二卷 天地門 方星圖 성호 이익이 쓴 細細한 논설 제이권 천미문 방성도"에 地毬≒地球가 보인다: '如金星大於月日大於地毬 銀河爲星氣金木二星有珥之類 非目力可得 此斷非鑿空當從之 금성이 달보다 크다던가 태양이 지구보다 크다던가 은하가 별의 기운이 된다던가 금성 목성 두 별이 고리가 있다던가와 같은 유형의 이야기는 視力으로만 알 수 없는 것이며 이는 단호히 터무니없는 말이 아닌 바이니 마땅히 따라야한다.' 2025년 3월 8일 쓴다.

〔詩原文〕 92

大統一大韓國大疆土
대통일대한국대강토

　　白頭山至漢拏山
　　對馬滿洲沿海還
　　闢土開疆大韓國
　　無窮無盡可閑閑
　　백두산지한라산
　　대마만주연해환
　　벽토개강대한국
　　무궁무진가한한

〔시해석〕

　　대통일의 대한국은 대강토다

　　백두산에서 한라산까지 이어지고
　　만주와 연해주와 대마도는 다시 돌아오리라
　　우리의 고유한 개척 영토 대한국이시여
　　한이 없고 끝이 없이 가히 넓고 크시구나

〔平仄構成〕

詩의 平仄構成은 仄平平仄仄平平 仄仄仄平平仄平 仄仄平平仄平仄 平平平仄仄平平으로 되어있다. 詩는 平起式 七言絶句다. 그리고 詩는 韻字는 上平聲 十五 刪韻을 썼는데 韻脚은 山과 還과 閑이다. 그리고 3句의 下三字에서는 單拗가 쓰였다. 本來 3句의 下三字의 平仄의 構成은 平仄仄인데 仄平仄이 되어, 卽 大韓國으로 되어, 5字에서 毁損된 平字를 6字에서 바로 回復한 것이다. 이는, 下三字에 孤平現象이 發生하였으나 挾平格으로 肯定的으로 看做하며, 本句 自救의 方法으로 合律이 된다.

〔작법감상〕

우리나라의 '統一'은 보통 남북 즉 남한과 북한의 통일이겠지만 우리의 '大統一'은 남과 북을 아우르는 한반도와 또 북으로 만주 연해주 그리고 남으로 대마도까지 포함하여 하나가 되는 것을 의미한다고 나는 말하고 싶다. 남북의 통일은 물론 중국으로부터 만주를, 러시아로부터 연해주를, 일본으로부터 대마도를 還收시켜야 하리라. 이 시에서는, 당연한 일일 터이지만, 그런 큰 대통일을 바라며 노래한 것이다. 우리 조상들이 일구며 살던 땅덩이를 찾으려는 것은 너무 당연하고 마땅한 일이어서 그렇다. 만약, 선대로부터 물려받은, 현재는 강제로 빼앗긴, 어느 아파트나 어느 논밭이 있다면 어느 개인이라도 응당 찾아나서야 하지 않겠는가! 古朝鮮, 夫餘, 高句麗, 渤海, 高麗, 朝鮮으로 이어지는 반만년 역사 속에서 滿洲 沿海州 獨島 對馬島 濟州道 離於島는 오롯이 우리의 성스러운 국가영토인 것이리라! 西海는 중국과 함께 쓰니 꼭 西海라고만 하겠는가 黃海-누런 바다-도 좋으리라, 東海는 일본과 함께 쓰니 꼭 東海라고만 하겠는가 靑海-푸른 바다-도 좋으리라! 그러므로 대통일의 대한국은 대강토라고 노래하리라: '백두산에서 한라산까지 이르고 만주와 연해주와 대마도는 곧 還屬되리라 우리의 고유한 개척 영토 大韓國이여 한이 없고 끝이 없이 가히 넓고 크구나.' 우선 대한국이라는 표현은 조선 말 개화시기에 많이 쓰이던 표현이다. 물론 당시 대한제국이라는 명칭과 관련한 그 줄임말이기도 하겠지만 말이다. 大韓帝國은 대한국을 황제가 주인이 되어 이끈다는 시대의 정치성이 담긴 말이겠고 지금의 大韓民國은 대한국의 주인은 국민이라는 천명일 것이다. 우리가 미구에 남북 자유민주주의 국가통일이 되면 대한국이라는 國號도 좋겠다. 우리들이 100-150여 년 전으로 올라가면 남북 다 같이 대한국이라고 우리의 정체성을 드러내고 있었으니까... 해방이 있고서 정확히 두 달 뒤 1945. 10. 15. 발행된 어류학자이며 농림부수산국장이며 부산수산대학교장인 鄭文起(1898-1995)선생의 "對馬島의 朝鮮還屬과 東洋平和의 永續性"에서는 대마도의 한국 再次歸屬을 촉구하며, 대마도가 한국 영토라고 주장하는 상세한 지정학적 역사적 자료를 제시하고 있는데, 괄목할만한 것으로 내부에는 '(1) 대마도는 본래 조선의 領地 (2) 대마도가 日本海賊 巢窟化 (3) 대마도 討伐의 一例 (4) 대마도의 降附 (5) 對馬島 陰居 日本人 代表의 官職任命 (6) 今後의 對馬島는 密語와 陰謀의 根據地 (7) 結言'으로 구성되어 있다. 강토를 개척하여 넓힌다는 闢土開疆≒拓土開疆≒托土開疆≒展土開疆은 晉의 역사를 기록한 방현령 이연수 배행검의 "晉書 진서"에 보인다: '潛謀遠計 闢國開疆 몰래 먼 앞날의 계획을 꾀하며 강토를 개척하여 넓혔다.' 初唐 楊炯 "原州百川縣令李君神道碑 원주백천현령이군신도비"에도 拓土開疆이 보인다: '拓土開疆 豈直五千餘里 강토를 개척하고 넓히니 어찌 縱으로 五千餘 里만 되랴.' 淸 陳康祺의 "郞潛紀聞 낭잠기문"에도 開疆闢土가 보인다: '開疆闢土 仁育義征 강토를 개척하고 넓히며 仁으로 교육하고 義로서 바르게 나아갔다.' 2025년 3월 15일 쓴다.

〔詩原文〕93

聊贈一咏雪中梅
료증일영설중매

獻春白豔落飄洄
小苑冷香浮動徠
欲寄一枝無幸便
聊呈暗唱雪中梅
헌춘백염낙표회
소원냉향부동래
욕기일지무행편
료정암창설중매

〔시해석〕

애오라지 눈 속의 매화를 한번 읊어 드립니다

봄이 시작되는 머리에 하아얀 고움 떨어져 나부껴 빙빙 돌아서 흐르고
작은 동산에는 차가운 향기 공기 중에 둥둥 떠돌아 오는구나
매화나무 한 가지 꺾어 부치려하나 마땅한 인편이 없으니
오직 외곬으로 눈 속의 매화를 노래하여 드립니다

〔平仄構成〕

詩의 平仄構成은 仄平仄仄仄平平 仄仄仄平平仄平 仄仄仄平平仄仄 平平仄仄仄平平으로 되어있다. 詩는 平起式 七言絶句다. 그리고 詩의 韻字는 上平聲 十 灰韻을 썼는데 韻脚은 洄와 徠와 梅이다.

〔작법감상〕

사랑하는 情人에게, 아니면 경애하는 親友에게, 드리는 이른 봄날의 戀情詩로 쓰여진 것이다. 春初의 梅花의 고운 자태와 시린 향기를 먼저 그려내고 당장 찾아가 만나 뵈올 수는 없다면 애오라지 아름다움과 향기로움을 담아 매화 시 한편을 보내드리고자 한다고 매듭지었다. 애절하지 않는가?: '이른 봄날에는 하아얀 고운 꽃떨기 떨어져 나부껴 빙빙 돌아서 흐르고 작은 庭園에서는 차가운 향기가 공기 중에 둥둥 떠돌아서 到來하는 구나 매화나무 한 가지 꺾어 부치려하나 마땅한 驛使가 없사오니 오직 한 곬으로 눈 속의 梅花를 노래하여 드리렵니다.' 초봄 獻春≒孟春≒早春≒肇春≒開春≒初春≒春頭≒春起≒春首≒春初. 晚唐 李商隱의 "蜂 벌"에 小苑이 나온다: '小苑華池爛熳通 後門前檻思無窮 작은 동산에 찬란한 연못은 밝게 빛나고 후문 앞 난간에 서니 생각이 새록새록 끝이 없어라.' 마침 조선 명필 안평대군 李瑢(1418-1453)의 "小苑花開帖 제목: 작은 정원에 꽃이 피었다"라는 국보 서첩도 있다. (畵蛇添足: 사전에 따르면 苑은 나라 동산이고, 그래서 궁궐의 동산을 지칭하고, 園은 산야의 동산이라 하나 실제로는 종종 서로 섞여 쓰이더라. 또 殿은 궁궐을 가리키고 院은 일반 집을 지칭하는 것으로 예전에 배웠으나 실제에 있어서는 일반 寺刹에서도 殿이 쓰이고 院이 宮室로도 쓰인다. 또 聞은 피동태로 들리는 것이고 聽은 능동적으로 애써 듣는 것이라고 우리 어릴 적 한자시간에 배웠는데 그냥 교환되어 쓰이는 것으로도 보이고, 見은 피동적으로 보이는 것이고 觀이나 看이나 視는 능동으로 살펴보는 것이라고 배웠지만 이도 또한 그냥 왔다갔다 섞여 쓰이더라. 일단 필자가 한시 공부 20년 동안 지켜본 바로는 그렇다...) 晚唐 羅隱의 "梅花 매화"에 粉艷과 寒香이 보인다: '愁憐粉艷飄歌席 靜愛寒香撲酒樽 근심스럽고 애처롭기도 하니 하얀빛 고운 잎사귀 연회석에 나부끼고 깨끗하고 사랑스럽기도 하니 차디찬 향기는 술잔을 치는구나.' 北宋 林逋의 "山園小梅 산기슭 정원의 작은 매화"에 暗香浮動이 있다: '疎影橫斜水淸淺 暗香浮動月黃昏 성긴 가지의 그림자 가로 비껴 맑고 얕은 물가에 비치고 그윽이 풍기는 향기는 황혼의 월광 속에 떠돌고 있구나.' 南宋 姜夔의 詞 "暗香 어둠 속에 풍기는 향기"에도 香冷이 보인다: '但怪得 竹外疎花 香冷入瑤席 다만 원망스럽구나 대수풀 밖 성긴 꽃 차가운 향기 고운 방석에 밀려든다.' 明의 高啓의 "梅花九首 매화 아홉 편"의 첫 편에도 殘香이 보인다: '寒依疎影蕭蕭竹 春掩殘香漠漠苔 추위는 성긴 그림자에 의지하고 사각사각 대나무 쓸쓸한데 봄날은 남아 있는 향기를 가리어 덮고 막막하게 이끼는 아득하구나.' 다시, 晚唐 羅隱의 "梅花 매화"에 欲寄所思無好信이 보인다: '欲寄所思無好信 爲君惆悵又黃昏 멀리 그리움을 그대에게 보내려 하나 좋은 人便이 없어서 그대 때문에 가슴이 아파지니 또다시 맞는 黃昏이어라.' 그리고, 위 필자의 시에서 특별히 1구와 2구는 對仗을 이루었는데 獻春의 시간과 小苑의 공간을 활용하여 시공간간에 대비시켰다. 끝으로, 이 시간 한밤중에도 탄핵 찬반의 함성소리가 양쪽에서 역력히 들리는 인사동 開化工程美術 사무실에서 글을 쓰고 있다. 찬성소리도 반대소리도 모두 진실 되게 들리고 우리 고운님들의 조국에의 충성심이 만천하에 떨친다. 모두 사랑하고 존경하는 바다. 2025년 3월 21일 쓴다.

〔詩原文〕 94

歌頌忠孝
가송충효

漸老覺醒回報良
唱歌游子唱襄陽
母親母國優恩至
結草啣環死不忘
점노각성회보량
창가유자창양양
모친모국우은지
결초함환사불망

〔시해석〕

충효의 덕성을 기리다

점점 나이가 들어감에 크게 깨닫는 것은 보답함의 아름다움이니
맹교의 효자의 노래 유자음을 읊조리고 대한제국군인의 충정의 노래 양양가를 부르리라
나의 조국과 나의 부모에게서 입은 두터운 은혜 더할 나위 없이 지극히 크니
그 은공 잊지 않고 기필코 보답하리라 죽어서도 잊지 아니 하리라

〔平仄構成〕

詩의 平仄構成은 仄仄仄平平仄平 仄平平仄仄平平 仄平仄仄平平仄 仄仄平平仄仄平으로 되어있다. 詩는 仄起式 七言絶句다. 그리고 詩는 韻字는 下平聲 七 陽韻을 썼는데 韻脚은 良과 陽과 忘이다.

〔작법감상〕

2025. 3. 23. 며칠 전 동아일보에 한 寄附와 관련한 기사가 실려 있었다. 기초생활수급자로 알려진 93세 할머니가 동사무소 복지센터를 찾아와 '내가 나라에 도움을 준 적은 없지만 나라가 나를 잘 돌봐줘서 늘 고마웠다... 큰돈은 아니지만 힘든 환경에서도 꿈을 포기하지 않는 아이들에게 도움이 되길 바란다'며 수년 동안 조금씩 아껴 모은 돈으로 보이는 300만원 수표를 기부했다고 한다. 나는 그 기사 뉴스댓글에 '나라가 잘 돌봐줘서 늘 고마웠다고 하시니... 할머님 감사합니다 건강하십시오'라고 댓글을 달았다. 나의 댓글에 대한 공감은 111명 비공감은 0명 내 댓글의 전체 받은 공감률은, 그래서, 99%나 되었다. 참으로 위대한 사람의 마음씨!! 요사이 탄핵정국을 맞아 찬반의 시위가 한창이다. 나는 개인적으로 대체로 찬반의 중간지점에 있다. 윤대통령의 12.3 비상계엄을 時宜適切한 통치행위로 보기가 어렵고, 이대표도 전과4범이라는 흠결 탓에 바른 지도자로 받아들이기 어렵다. 어쨌든, 일반적으로 정치적 입장으로도 난 보수도 진보도 딱히 아니다. 자유주의를 오랫동안 공부하는 정치철학도로서 여러 가지 사회윤리적 이슈에 대해서 비교적 左派에 다가가지만, 예를 들어, 포르노그라피, 인간복제, 낙태, 뇌사, 안락사, 게이, 래스비언, 동성결혼, 트랜스젠더 등등의 주제에 대해서도 능히 찬성의 입장을 줄곧 견지해 온 터며 나아가 각별히도 국가사회의 재산의 재분배(assets redistribution) 정책에 대해서도 적극 찬성하지만, 그러나 인륜을 저버리는 극악한 행위에 대한 사형제도(capital punishment)를 찬동하거나 인권을 유린하는 독재정권에 대해서는 국제사회의 강력한 제재가 필요하다는 데에도 적극적으로 찬동하고 있어서 또한 右派에 가깝게 가는 측면도 있어서다. 국내정치 현안에서도 미국유학 후 귀국하여 대선에서 김대중후보를 찍기도 하였고, 박근혜후보를 찍기도 하였으며, 안철수후보를 찍기도 하였다. 여, 야, 제3당 후보에게 골고루 표를 줘 본 셈이다. 그러므로 요사이 시끌벅적한 대규모의 탄핵시위에서도 찬성소리도 반대소리도 나로서는 다 경청하고, 내게는 모두 진실 되게 들리고, 조국에의 충성이 가득히 넘쳐나 보인다. 자정이 넘어 한밤중에도 양쪽 탄핵 찬반의 함성소리가 필자의 인사동 開化工程美術 사무실에 역력히 들려온다. 모두 사랑하고 존경하는 바다. 그런데 각 시위 진영을 지나다보면 여러 가지 응원 구호와 의기를 북돋는 노래가 등장하는데 소위 태극기 집회의 '襄陽歌≒忠誠歌'는 내게는 남다른 사연이 있어서 새롭다. '인생의 목숨은 초로와 같고 조국의 앞날은 양양하도다 이몸이 죽어서 나라가 산다면 아아 이슬 같이 기꺼이 죽으리라'던데, 거슬러 올라가 6.25 한국전쟁 때는 '인생의 목숨은 草露와 같고 조국의 앞날은 洋洋하도다 이몸이 죽어서 나라가 산다면 아아 이슬 같이 죽겠노라'와 '인생의 목숨은 草露와 같고 고구려 삼천년 襄陽하도다 이몸이 죽어서 나라가 선다면 아아 이슬같이 죽겠노라'가 있으며, 더 거슬러 올라가면 조선 말 대한제국 군가는 '인생의 목숨은 초로와 같고 조선왕조 오백년 양양하도다 이몸이 죽어서 나라가 산다면 아아 이슬 같이 죽겠노라'다. 내게 특별히 흥미로운 것은 내가 어렸을 적에 아버지께서 때때로 작은 술상을 마련하고, 무릎 꿇고 앉은 나를 마주하시면서, 부르신 양양가의 노래는, 전반부는 기억에 남아있지 않으나 후반부는 차라리 6.25 양양가와 비슷해서, '이몸이 죽어서 나라가 선다면 아아 이슬 같이 사라지겠어요'였다. '나라가 산다면'이 아니라 '나라가 선다면'이고 '이슬 같이 죽겠어요'가 아니라 '이슬 같이 사라지겠어요'다. 우리 한글의 표현으로는 나라가 '살고 죽는다' 보다는 나라가 '바로 선다'는 것이 옳겠고, 이슬 같이 '죽겠다'기 보다는 이슬 같이 '사라지겠다'는 것이 보다 알맞다고 생각한다. 한편 충성의 襄陽歌와 맞서서 효성을 노래한 不朽의 명편 시가 있으니 中唐 孟郊의 "遊子吟 길 떠나는 자식"이다. 소담한 시어 속에 깊은 맛이 난다. '慈母手中線 遊子身上衣 臨行密密縫 意恐遲遲歸 誰言寸草心 報得三春輝 인자하신 어머니 손 안의 실은 길 떠나는 자식의 옷이라 떠남에 촘촘히 깁는 것은 더디 올까 두려워하기 때문이다 누가 말했던가 한 치 밖에 안 되는 풀과 같은 보잘 것 없는 자식의 마음이 온 춘삼월을 비추는 햇빛 같은 따뜻한 어머니의 사랑에 보답할 수 있다고.' 93세 할머니도, 양양가도, 유자음도 보답함이 아름답다고, 고귀하다고, 전하고 있다.

〔詩原文〕 95

紅豆相思子
홍두상사자

秋來紅豆正當祁
叢蕊叢枝濃豔時
只是南方寄平否
不忘此子最相思
추래홍두정당기
총예총지농염시
지시남방기평부
불망차자최상사

〔시해석〕

홍두나무 상사열매

가을이 와 홍두나무 바야흐로 번성하니
무성한 꽃봉오리 무성한 가지 때에 한껏 무르익어 아름다워라
그대 계신 남쪽나라 멀리 다만 안부를 전할뿐이지만
부디 잊지 마소서 이 상사자 홍두가 그리움의 정을 가장 잘 위로해준다오

〔平仄構成〕

詩의 平仄構成은 平平平仄仄平平 平仄平平平仄平 仄仄平平仄平仄 仄平仄仄仄平平으로 되어있다. 詩는 平起式 七言絶句다. 그리고 詩는 韻字는 上平聲 四 支韻을 썼는데 韻脚은 祁와 時과 思이다. 그리고 3句의 下三字에서는 單拗가 쓰였다. 本來 3句의 下三字의 平仄의 構成은 平仄仄인데 仄平仄이 되어, 卽 寄平否로 되어, 5字에서 毁損된 平字를 6字에서 바로 回復한 것이다. 이는, 下三字에 孤平現象이 發生하였으나 挾平格으로 肯定的으로 看做하며, 本句 自救의 方法으로 合律이 된다.

〔작법감상〕

사랑하는 사람들의 그리움을 노래한 시가 어디 한둘이랴. 相思病이라는 낱말도 있지 않던가. 일찍이 盛唐 王維가 "相思 그리워함"을 썼고, 中唐 여류시인 李冶가 "相思怨 그리움을 원망하다"를 썼으며, 우리 朝鮮 중기 여류시인 黃眞伊는 "相思夢 사모하여 꾸는 꿈속에서"를 썼으니, 필자 黃山浦도 족히 감개하는 바가 있어서, 紅豆에 比興하여, "紅豆相思子 홍두나무 상사열매"를 써 본 것이다. 王維, '紅豆生南國 春來發幾枝 願君多采擷 此物最相思 홍두나무 남방에서 생겨나서 봄이 오니 몇 가지 피었을 테지요 원하노니 그대여 많이많이 따주세요 이 물건 홍두가 그리움에 가장 좋다고 합니다,' 李冶, '人道海水深 不抵相思半 海水尙有涯 相思渺无畔 携琴上高樓 樓虛月華滿 彈著相思曲 弦腸一時斷 사람들이 바닷물이 깊다고 말들 하지만 그리움의 깊이의 반에도 맞먹지 못할게요 바닷물은 오히려 끝이 있지만 그리움은 아득하여 가없다오 거문고 끼고 높은 누대에 오르니 누대는 텅 비어 있고 달빛만 가득 차있구나 사랑의 곡조 뜯노라니 거문고 줄과 애간장이 한순간에 끊어지네.' 黃眞伊, '相思相見只憑夢 儂訪歡時歡訪儂 願使遙遙他夜夢 一時同作路中逢 서로 그리워하고 서로 만나보는 것은 다만 꿈길밖에 없으니 내가 임을 찾으러 갈 때 임은 나를 찾아왔다네 원컨대 아득히 먼 다른 밤의 꿈에서는 동시에 함께 떠나 길 가운데서 만나를 지고,' 黃山浦, '秋來紅豆正當祁 叢蕊叢枝濃豔時 只是南方寄平否 不忘此子最相思 가을이 와 그리움의 紅豆나무 바야흐로 繁昌하니 무성한 꽃봉오리며 무성한 가지며 때에 한껏 무르익어 아름다우리 다만 그대 계신 남쪽나라 멀리 安否를 전할뿐이지만 부디 잊지 마소서 이 相思子 홍두가 그리움의 정을 가장 잘 위로해준다오.' 위 네 편의 소위 戀愛詩를 내게 평가하라면, 좀 본받을 만한 칭찬의 嘉言을 빌어 써보면, 네 작품 모두 시 1편 1편 한결같은 기운으로 이루어져 무엇보다도 起承轉結≒起承轉落≒起承轉合의 연결이 매우 공교롭다고 자평하고 싶다. 王維의 相思 시는 사랑의 표현이 아름답고, 李冶의 相思怨 시는 사랑을 담박하게 표현하였고, 黃眞伊의 相思夢 시는 사랑이 애달프며, 그리고 黃山浦의 시는 아름다운 사랑을 은근하게 드러내었다고 할 것이다. 더 나아가 네 편 가운에서 壯元을 내게 꼽으라면 나는 주저함 없이 조선조 名唱 黃眞伊의 相思夢을 강추할 것이다. 가히 壓卷이다. 그 이유라면, 우선 까다로운 수식이 없는, 비유적인 복합어 典例와 故事成語를 동원하지 않고서, 사랑의 고백을 완곡하게 잘 드러내었으니 行雲流水요 溫柔敦厚를 연상케 한다. 시편에 흐르고 있는 한 움큼의 적료하고 원망한 분위기가 그렇다. 또한 현실이 아닌 꿈속에서 만남을 노래하였으니 참신하고 애절하다. 어긋나는 꿈이라면 동시에 길 떠나서 길을 오가는 동안에 만나자는 제안은 기승전결 연결의 극치를 보여준다. 모름지기 神來之筆이요 神到之作이다. 2025년 4월 3일 쓴다.

〔詩原文〕 96

送別滿洲
송별만주

出閣成人是大賓
懷中膝上撫柔新
親緣父女予和爾
隔斷南洋若比鄰
출 각 성 인 시 대 빈
회 중 슬 상 무 유 신
친 연 부 녀 여 화 이
격 단 남 양 약 비 린

〔시해석〕

떠나는 만주를 작별해 보내다

출가한 성인이 되어 이제는 귀한 손님일런가
과거 품에 안고 무릎에 앉혀놓고 부드럽게 어루만지며 놀았던 기억이 새롭구나
그대와 나는 혈연의 부녀지간이니
크고 넓은 바다 태평양을 사이에 두고 떨어져도 가까이 지내는 이웃과 같으리

〔平仄構成〕

詩의 平仄構成은 仄仄平平仄仄平 平平仄仄仄平平 平平仄仄平平仄 仄仄平平仄仄平으로 되어있다. 詩는 仄起式 七言絶句다. 全 詩가 한 字도 平仄의 格式을 벗어난 것이 없는, 말하자면 律을 지킴이 가장 嚴格한(持律最嚴!!), 律絶이 되었다. 그리고 詩는 韻字는 上平聲 十一 眞韻을 썼는데 韻脚은 賓과 新과 鄰이다.

〔작법감상〕

아버지가 女息을 떠나보내는 애틋한 안타까운 마음이 족히 표현된 시로는 얼른 中唐의 시인 韋應物의 "送楊氏女 양씨 집안에 딸을 시집보내며"와 元末明初의 시인 高啓의 "見花憶亡女書 꽃을 보고 죽은 딸 書를 생각하며"가 떠오른다. 전자는 양씨 집으로 시집가는 딸을 떠나보내면서 감개한 바를 실감나게 표현한 것이고, 후자는 병나 죽어 곁을 떠난 딸을 애타게 그리워하며 솔직담백하게 쓴 것이다. 한편 필자의 위 시 "送別滿洲 떠나는 滿洲를 작별해 보내다"는 미국에서 활동하는 딸이 잠시 서울을 찾았다가 다시 저 멀리 떠나감에 아쉬움을 애써 달래며 써 본 것이다. 세상을 살아가는데 이별은 참 많기도 한데(于武陵 '花發多風雨 人生足別離!!) 어느 이별이라도, 그 누구에게라도, 도대체 슬픔이 없겠는가… '지금은 出嫁한 成人이 되어 이제는 곧 待接하기 어려운 귀한 손님이던가 起다 과거 품에 안고 무릎에 앉혀놓고 부드럽게 어루만지며 함께 놀았던 기억이 새롭구나 承이다 起와 承은 일종의 倒置다 그러나 그대와 나는 血緣의 父女之間이니 轉이다 크고 넓은 바다 太平洋을 사이에 두고 가로막혀도 가까이 지내는 이웃과 같으리라 結이다 또한 일종의 轉과 結의 倒置다.' 元末明初 高啓 "見花憶亡女書 꽃을 보고 죽은 딸 書를 생각하며"에 懷中과 膝上이 돋보인다: '懷中看哺果 膝上敎誦詩 품에 안고 과자 먹는 것을 바라보았고 무릎에 앉히고 시를 외는 것을 가르쳤다.' (曹植 '人生處一世 去若朝露晞'!!) 中當 韋應物 "送楊氏女 양씨 집안에 딸을 시집보내며"에 撫念과 慈柔가 돋보인다: '爾輩苦無恃 撫念益慈柔 너희들 그야말로 의지할 데 없어서 쓰다듬고 가엾게 여기며 더욱 귀여워하였다.' 盛唐 孟浩然의 "宿建德江 건덕강에서 하룻밤을 숙박하다"에 新이 보인다: '移舟泊煙渚 日暮客愁新 배를 옮겨 안개 낀 물가에 대니 해는 저물어 나그네 느끼는 쓸쓸한 마음이 새롭게 다가온다.' 盛唐 杜甫의 "贈衛八處士 초야의 선비 衛八에게 드리다"에 隔이 나온다: '明日隔山岳 世事兩茫茫 내일이면 높고 험준하게 솟은 산들 넘어 서로 헤어지리니 세상에서 일어나는 온갖 일들에 우리 두 사람 실로 막막하여라.' 晚唐 杜牧의 "泊秦淮 진회에 배를 정박시키다"에도 마찬가지 隔이 나온다: '商女不知亡國恨 隔江猶唱後庭花 술을 팔고 노래하는 여인은 망한 나라의 한도 모른 채 강 건너 편에서 여전히 玉樹後庭花 노래를 부른다.' 初唐 王勃의 "送杜少府之蜀州 두소부가 촉주로 부임하는 것을 전송하며"에 若比鄰이 보인다: '海內存知己 天涯若比鄰 이 세상에 나를 알아주는 벗이 있다면 하늘 끝이라도 마치 이웃이려니.' 魏나라 曹植의 "贈白馬王彪 백마왕 彪에게 드리다"에도 猶比隣이 보인다: '丈夫志四海 萬里猶比隣 장부가 天下에 뜻을 두면 1만리 밖에 있어도 이웃과 같다.' 시에서 滿洲는 물론 필자의 無男獨女 여식 黃滿洲다. 만주에게는 미국인 남편 마코와 아들 沿海州가 있다. 만주는 서울 이화외고를 마치고 미국으로 건너가 동부 컬럼비아대학에서 교육공학박사학위를 취득하고 현재 뉴욕대교수로 재직하고 있다. 이번에 마침 7년째에 맞는 安息年(sabbatical)을 얻어 와 1년 내내 머물기를 기대하였지만 그녀 나름의 일정이 있어서 중간에 돌아가는 모양이다. 2025년 4월 11일 쓴다.

〔詩原文〕 97

傳聞哲友心身健忘症狀
전문철우심신건망증상

形神記性鼎能瘍
漸老相遭就健忘
準備圖謀昏亂想
嗟嘆後悔日常瘡
磨菇動作適焉束
突發躊躇宜奈量
顚蒜自然靈肉病
順從天命最和祥
형 신 기 성 정 능 양
점 노 상 조 취 건 망
준 비 도 모 혼 란 상
차 탄 후 회 일 상 창
마 고 동 작 적 언 속
돌 발 주 저 의 내 량
전 산 자 연 영 육 병
순 종 천 명 최 화 상

〔시해석〕

총명하고 사리에 밝은 벗의 심신에 건망 증세가 있다는 소식을 다른 사람을 통해 전해 듣고서

몸과 맘의 사물의 기억력이 바야흐로 능히 헐어지니
점차 늙어가면서 이러하여서 곧 건망증을 맞닥뜨리게 된 것이리라
과거 준비하고 도모한 것은 흐릿하고 어지러운 회상일 뿐
지금은 탄식과 후회가 일상생활의 상처 난 자국이 되었다고 한다
굼뜬 동작 어떻게 적절히 잡아매고
돌발하는 머뭇거림 어떻게 마땅히 헤아리랴
건망 증상이란 자연의 법칙을 따르는 영혼과 육신의 질병이려니
하늘의 명령에 순종하는 것이 최상의 밝고 복된 상서로움을 내는 일이라오

〔平仄構成〕

詩의 平仄構成은 仄平仄仄仄平平, 仄仄平平仄仄平, 仄仄平平平仄仄, 平平仄仄仄平平, 平平仄仄仄平仄, 仄仄平平平仄平, 平仄仄平平仄仄, 仄平平平仄平平으로 되어있다. 詩는 平起式 七言律詩다. 그리고 詩는 韻字는 下平聲 七 陽韻을 썼는데 韻脚은 瘍, 忘, 瘡, 量, 祥이다. 그리고 5句와 6句에서는 孤平拗救가 쓰였는데 本來 5句의 下三字는 平平仄이어야 하는데 仄平仄으로 되어, 卽 適焉束으로 되어, 5字의 平字가 毁損되었다. 그러므로 6句의 5字는 本來 仄字여야 하는데 平字로 바꿔서, 卽 宜로 바꿔서, 毁損된 平을 回復시켰다. 이로써 合律이 된다. 그리고 中央四句의 下三字는 前聯과 後聯의 境遇에 文法構造를 다르게 配置하여 意味上 各各 昏亂(名詞) 想(名詞), 日常(名詞) 瘡(名詞), 適(副詞) 焉(副詞) 束(動詞), 宜(副詞) 奈(副詞) 量(動詞)으로 읽히게 되어 四言 一法 忌避의 原則을 따라서 平板을 避하고 錯綜을 지켰다. 그리고 詩에서 韻을 달지 않은 仄聲字 곧 想, 束, 病은 次例로 上聲, 入聲, 去聲이 되어 이른바 四聲遞用의 法則을 또한 充實히 따랐다.

〔작법감상〕

내가 존경하는 후배 철학자, 나의 忘形之友, 신OO 박사가 요사이 건망증세가 심해져서 고생하고 있다는 소식을 지인으로부터 전하여 들었다. 이에 나는 건망증이라는 병은 늙어감에 육체와 정신에 찾아오는 자연스런 현상이라고 말하고, 따라서 특별히 고통스럽게 여길 것이 아니며 順命하는 것이 최상책이라고 위로와 응원을 보내고 있다. 나의 愛之重之 晚唐의 고독 시인 于武陵은 친구와 헤어지면서 꽃이 피려면 비바람도 많은 법 인생을 살아가는데 이별도 많은 것이라고 - 花發多風雨 人生足別離[支] - 위문했는데, 친구의 병 소식을 들으면서 필자는 꽃이 피려면 비바람도 많은 법 인생을 살아가는데 질병도 많은 것이라고 - 花發多風雨 人生足病患[刪] - 위무하고 싶다: '몸과 마음의 사물을 기억하는 능력이 바야흐로 능히 낡아지니 점점 늙어가면서 인하여 자연스럽게 건망증을 마주치게 된 것이리라 [일으킨 起의 首聯이다] 과거, 정신적 활동으로서, 준비하고 도모한 것은 어둡고 어지러운 回顧일 뿐 지금은 탄식과 후회가 일상생활에 남은 傷痕이 되었다고 한다 [이어진 承의 頷聯이다] 어디 그뿐이겠는가 또, 신체적 움직임에 있어서도, 굼뜬 동작 어떻게 적절히 잡아매고 또 돌발하는 머뭇거림 어떻게 마땅히 헤아리랴 [한번 구르는 頸聯이 된다] 그러므로 건망 증상이란 자연의 법칙을 따르는 靈魂과 肉體의 疾病이려니 타고난 운명에 순종하는 것이 최상의 和氣致祥일, 밝고 복된 상서로움을 내는 일, 것이요 [이어 매듭짓는 尾聯이 된다].' 나는 개인적으로 건강관리에 관한 나름 작은 견해를 가지고 있는데, 물론 다분히 사적 성찰을 통한 것이긴 하지만, 대개 이렇다. 우리 사람은 일상에서, 노골적으로 표현해서, 먹고, 하고, 자고, 싸는 네 가지를 반복하게 마련이다. 그런데, 바라건대, 기왕이면 잘 먹고, 잘 하고, 잘 자고, 잘 싸고 싶은 것이다. 당연히 맛있는 영양가 있는 음식을 잘 먹는 것이 건강한 삶에 중요한 밑천일 것이다. 또한 하는 여러 가지 일들을 물론 잘 하여야 할 것이며, 그리고 이어서 쉬어주는 잠을 편히 충분히 잘 자야할 것이고, 끝으로 다음날에는 일찌감치 잘 싸는 배설이 또한 건강에 중요하리라. 그런데 두 번째 '잘 하는'에는 두 가지가 있다. 삶을 영위하는데 필요한 갖가지 '일들'을 잘하는 것과 동시에 움직이는 '운동'을 잘하는 일도 있다는 것이다. '일들'도 열심히 잘 하여야 하겠지만 '운동'이라는 일도 열심히 잘 해야 한다는 말이다. 그런데, 여기서 특히 더 강조하고 싶은 바는, 운동을 열심히 잘 한다는 내용 안에는 단순히 '신체적' 운동만을 말하는 것이 아니라 동시에 '정신적' 운동도 열심히 잘 한다는 내용이 반드시 포함되어야 한다는 것이다. 게다가 운동을 잘 한다는 것이 '얼마간' 잘하는 것이 아니고 말하자면 요즘말로 '빡세게' 잘 하는 것을 의미한다는 것이다. 사람이 動物 곧 움직이는 물체라고 할 때도 신체운동을 좀 숨차게 하는 것을 의미하며 정신운동이라는 것도 뇌를 좀 심하게 쓰는 것이라는 의미가 된다. 안락의자에 편히 앉아서 신문이나 TV를 시청하는 따위는 여기서 언급하는 정신운동으로는 力不及하다. 그래도 연구일상(Research Routine) 정도가 되어야 할 것이다. 말하자면 철학서적을 읽고 논문을 쓴다든지, 한시를 감상하고 작시하는 정도를 말하는 것이다. 그러므로 과거 경험을 드문드문 기억하거나 전혀 기억하지 못하는 건망증이라면 잘 하는, 잘 운동하는, 잘 정신운동하는 것으로부터라도 극히 저항할 수 있어야 한다. Repair & Resist!! Sound body, Sound mind!! 2025년 4월 19일 쓴다.

〔詩原文〕 98

詩仙靑蓮居士李白
시선청련거사이백

雲游四海事靑蓮
捉月江中墜永眠
天馬行空咸絕唱
不磨不朽活詩仙
운유사해사청련
착월강중추영면
천마행공함절창
불마불후활시선

〔시해석〕

시선 청련거사 이백

온 천하를 두루 돌아다니면서 구경하며 즐기기를 일삼은 청련거사 이태백이시여
양자강 물속에 비친 달그림자를 잡으려다가 떨어져서 영원히 잠드셨더라
옥황상제 천마를 타고 하늘을 달리듯 글재주 호방표일하여 시편마다 비할 데 없이 뛰어났으니
천고불마의, 만고불후의, 영원히 살아 숨쉬는 시의 신선 이태백이로세

〔平仄構成〕

詩의 平仄構成은 平平仄仄仄平平 仄仄平平仄仄平 仄平平平平仄仄 仄平仄仄仄平平으로 되어있다. 詩는 平起式 七言絶句다. 그리고 詩는 韻字는 下平聲 一 先韻을 썼는데 韻脚은 蓮과 眠과 仙이다.

〔작법감상〕

이 작품과 다음 작품은 당나라를 대표하는, 나아가서 한시 역사를 솟아 대변하는, 두 시인 李白(701-762)과 杜甫(712-770)를 칭송하여 시문으로 써 본 것이다. 이백과 두보는 역사상 가장 위대한 한시 시인으로 꼽힌다고 하였는데 단순히 필자의 견해가 아니고 이미 1300년의 세월 속에서 수많은 시인묵객들이 입을 모아 평가한 것이다. 두 사람을 합쳐서 '李杜'라고 칭하고, 이백을 詩仙 곧 시의 신선이라 일컫고, 두보를 詩聖 곧 시의 성인이라 일컫는다. 필자는 종종 동양 한시문학에서의 이백과 두보의 위상은 마치 서양 철학세계에서의 플라톤과 아리스토텔레스의 위상에 필적한다고 자평하는 바다. 위 시에서는 起句와 承句에서 바로 그의 형식과 구속을 벗어나 자유로운 삶을 추구하였던 분방한 방랑적 낭만적 인생역정을 그렸다. 정처 없이 떠돌다 취하여 뱃놀이 하던 중 그가 늘 사랑하고 많이 노래하였던 달을 잡으려다가 익사하였다니 날개가 돋쳐 하늘로 올라 신선이 되었다는 羽化登仙일런가. 그래서 轉句와 結句에서는 그의 神品이라고 평가되는 작품들은 천년 만 년 닳지 않고 썩지 않고 살아남아, 영원하리라고, 칭양해 마지않는다: '온 천하를 두루 떠돌아다니면서 구경하며 놀기를 일삼은 靑蓮居士 이태백 長江 물속에 비친 달그림자를 잡으려다가 떨어져서 영원히 잠들었더라 玉皇上帝가 神馬를 타고 하늘을 달리듯 文才가 豪放飄逸하여 詩篇들 낱낱이 비할 데 없이 뛰어났으니 千古不磨 몇천 년이 지나도 닳아 없어지지 않고 남을, 萬古不朽 몇만 년이 지나도 썩어 없어지지 않고 남을, 영원히 살아 숨쉬는 시의 神仙 이태백이로세.' 李太白이 남긴 시는 1100편 정도라는데 모두가 가히 神來之筆이요 神到之作이다. 몇몇만 인용해 보더라도, "月下獨酌 달빛 아래 혼자 술을 마심" '永結無情遊 相期邈雲漢 정에 얽매이지 않는 영원한 交友를 맺어 저 먼 은하수에서 다시 만날 것을 기약하자,' "關山月 關門에 있는 산의 달" '高樓當此夜 歎息未應閑 높은 누각에는 오늘 밤을 당하여 고향의 탄식하는 소리 마땅히 그치지 않으리,' "子夜四時歌 子夜의 사계절의 노래" '裁縫寄遠道 幾日到臨洮 지은 옷 먼 길에 부치지만 몇 날 만에 임조에 닿을 수 있을까,' "長干行 長干의 노래" '相迎不道遠 直至長風沙 마중 가면서 不遠千里라 곧바로 長風沙까지 달려가리라,' "金陵酒肆留別 금릉 주막에서 시를 써 주고 떠나다" '請君試問東流水 別意與之誰短長 그대에게 청하여 시험 삼아 묻노니 동쪽으로 흐르는 저 강물과 이별을 아쉬워하는 이 마음 가운데 어느 쪽이 더 긴가,' "宣州謝眺樓餞別校書叔雲 선주 謝眺樓에서 교서랑 李雲 숙부를 餞別하며" '人生在世不稱意 明朝散髮弄片舟 평생 세상 살아감에 제 뜻대로 되지 않으니 내일 아침이면 머리 풀어헤치고 조각배 저어 떠나리라,' "蜀道難 촉으로 가는 길 험해라" '蜀道之難 難于上靑天 촉으로 가는 길의 어려움 푸른 하늘로 오르는 것보다 더 어렵네,' "長相思 못 잊어" '長相思 摧心肝 길이 그리운 사람 심장이 미어지고 간장이 끊어지네,' "行路難 가는 길 험해라" '長風破浪會有時 直挂雲帆濟滄海 장풍 타고 파도 헤치는 때 반드시 있으리니 곧바로 구름 돛 높이 달고 창해를 건너리라,' "夜泊牛渚懷古 牛渚에서 밤중에 묵으며 옛일을 회고한다" '明朝挂帆席 楓葉落紛紛 내일 아침 돗자리 돛 올리고 떠나면 단풍잎만 어지러이 떨어지리...' 2025. 4. 27.

〔詩原文〕99

詩聖少陵野老杜甫
시성소릉야노두보

社稷人民杜少陵
終身恭奉又憐矜
寫眞悲壯抒情性
詩聖揮之詩史興
사직인민두소릉
종신공봉우연긍
사진비장서정성
시성휘지시사흥

〔시해석〕

시성 소릉야노 두보

시인 자미 두보에게는 나라 조정과 백성 인민만이 있었으니
살아서 목숨이 다할 때까지 공손히 받들고 가련히 불쌍하게 여겼다
진실을 있는 그대로 그려 내어 비장한 서정성을 노래하였더라
시의 성인이 일필휘지하니 바야흐로 시로 엮은 역사가 시작되었다

〔平仄構成〕

詩의 平仄構成은 仄仄平平仄仄平 平平平仄仄平平 平平平仄仄平仄 仄仄平平平仄平으로 되어있다. 詩는 仄起式 七言絶句다. 그리고 詩는 韻字는 下平聲 十 蒸韻을 썼는데 韻脚은 陵과 矜과 興이다. 그리고 3句와 4句에서는 孤平拗救가 쓰였는데 本來 3句의 下三字는 平平仄이어야 하는데 仄平仄으로 되어, 卽 抒情性으로 되어, 5字의 平字가 毁損되었다. 그러므로 4句의 5字는 本來 仄字여야 하는데 平字로 바꿔서, 卽 詩로 바꿔서, 毁損된 平을 回復시켰다. 이로써 合律이 된다.

〔작법감상〕

이전 작품과 이번 작품은 각각, 한시 역사를 우뚝 서서 대변하는, 李白(字 太白 號 靑蓮居士 701-762)과 杜甫(字 子美 號 少陵野老 712-770)의 시문을 稱頌하여 써 본 것이다. '필자는 종종 동양 한시문학에서의 이백과 두보의 위상은 마치 서양 철학세계에서의 플라톤과 아리스토텔레스의 위상에 필적한다고 자평하는 바다'라고 진작에 말하였다. 이백과 두보의 시풍을 비교하여, 淸新 飄逸하고 沈鬱 悲壯하며, 낭만적이고 사실적이며, 方外적 耽美主義的이고 塵世적 現實主義的이며, 개인주의적이고 사회주의적이며, 귀족적이고 서민적이며, 천재형이고 노력형이며, 道敎的이고 儒敎的이며, 그래서 하늘의 시의 신선 詩仙이고 지상의 시의 성인 詩聖이라는 것이다. 그래서 우리 朝鮮에서, 두 시인은 정말로 더 낫고 더 못함의 차이가 없는 莫上莫下(Diamond cut diamond)의 경지이나, 현실적 유교적 성향의 두보의 시를 "分類杜工部詩諺解 분류두공부시언해"라고 풀어 詩 공부의 典範이 되는 교과서로 삼았던 것도 충분한 일리가 있다고 보겠다. 위 시는 그런 詩聖의 그런 詩史를 높이 稱揚하고 있다: '시인 자미 두보에게는 나라 조정과 백성 인민만이 있었으니 종신토록 공손히 받들고 가련히 불쌍히 여겼다 진실을 있는 그대로 그려 내어 비장한 抒情性을 노래하였으니 시의 성인은 一筆揮之하여 바야흐로 詩史 곧 시로 쓴 歷史가 시작되었더라.' 杜子美가 남긴 시는 1400편 정도라는데 모두가 가히 神來之筆이요 神到之作이다. 몇몇만 인용해 보더라도, "絶句 절구" '今春看又過 何日是歸年 올봄에 본댄 또 지나가나니 어느 날이 이 돌아갈 해오,' "北征 북으로 가는 길" '生還對童稚 似欲忘飢渴 살아서 돌아와 어린 자식 아이들을 대하니 굶주리고 목마름도 잊을 듯하구나,' "秋興 가을의 흥취" '寒衣處處催刀尺 白帝城高急暮砧 곳곳에서 겨울옷 가위질과 자질을 재촉하는데 백제성 높은 곳에서는 저물녘 다듬이질 소리 급하구나,' "兵車行 전쟁에 쓰는 수레의 노래," '邊庭流血成海水 武皇開邊意未已 변방에 흐른 피가 바다를 이뤘건만 군주의 변방 개척의 의지는 끝나지 않았더라,' "麗人行 미인의 노래" '炙手可熱勢絶倫 愼莫近前丞相嗔 손을 델만큼 뜨거운 권세 비할 데 없으니 삼가 가까이 가지 말라 승상이 화낼까 두렵다,' "古柏行 오래된 측백나무를 노래하다," '志士幽人莫怨嗟 古來材大難爲用 나라와 사회를 위해 몸을 바치려는 큰 뜻을 품은 사람이며 어지러운 세상을 피해 조용한 곳에 숨어 사는 사람이여 원망 탄식 하지 말라 예로부터 材木이 크면 쓰이게 됨이 어려웠더라,' "登高 높은 곳에 올라" '萬里悲秋常作客 百年多病獨登臺 1만 리 밖서 가을을 슬퍼하며 늘 나그네 되어 백년 한평생 병은 많아 홀로 누대에 오른다,' "江南逢李龜年 강남에서 이구년을 만나다" '正是江南好風景 落花時節又逢君 정말로 여기 강남의 풍광은 좋은데 꽃이 지는 시절에 그대를 다시 만났습니다,' "八陣圖 팔진도" '江流石不轉 遺恨失呑吳 강물은 흘러도 돌은 구르지 않는데 吳나라 삼키려던 실책 恨으로 남았구나.' 2025. 5. 3.

〔詩原文〕100

東方燈燭大韓國 동방등촉대한국

遼水浿江阿利湲　요수패강아리원
白頭太白漢拏連　백두태백한라연
虎熊王儉至高頌　호웅왕검지고송
理化人間無盡傳　이화인간무진전
壓倒隋唐句麗戰　압도수당구려전
啓明中日震壇權　계명중일진단권
佛門法戒般若憬　불문법계반야경
儒道綱倫名敎虔　유도강륜명교건
勒約倂呑哀自省　늑약병탄애자성
相殘分斷恨相憐　상잔분단한상련
邦家經濟終于盛　방가경제종우성
民主制成奮臂堅　민주제성분비견
錦繡山河盈曲曲　금수산하영곡곡
强剛心性活鮮鮮　강강심성활선선
東方燈燭大韓國　동방등촉대한국
永世長存千萬秊　영세장존천만년

〔시해석〕

동방의 등불을 밝히는 대한국이시여

요서요동 요하강과 대동강과 한강수가 흐르고
만주연해주 백두산과 태백산맥과 한라산이 이어지고 있다
범곰신화와 단군왕검은 지고지순하게 기리고
이화세계와 홍익인간은 무궁무진하게 전하여진다
수나라 당나라 능히 제압하니 대고구려의 전투 군사력이요
되놈에게 왜놈에게 문명을 떨쳤으니 해동성국 발해의 권위였다
고려 불교는 삼법오계로 지혜와 선정의 세계를 동경하였고
조선 유교는 삼강오륜으로 명분과 교훈을 굳건히 지켰었다
을사늑약과 경술병탄에 애통해하며 스스로 성찰하였고
동족상잔과 남북분단으로 한탄하며 서로를 불쌍히 여겼더라
국가의 경제를 마침내 크고 왕성하게 일으켰고
민주주의의 완성을 보란 듯이 굳고 단단하게 하였더라
비단에 수를 놓은 것처럼 아름다운 산천 땅덩이 삼천리 방방곡곡에 가득하고
강인한 민족성 사람들 생생하게 살아 숨 쉬는 나라일런가
동방의 등불을 밝히는 대한국이시여
천년토록 만년토록 영원무궁하소서

〔平仄構成〕

詩의 平仄構成은 平仄仄平平仄平 仄平仄仄平平 仄平平仄仄平仄 仄仄平平平仄仄 仄平平仄仄平 仄平平仄仄平平 仄平仄仄平仄 平仄平平仄平 平仄平仄仄平仄 平仄平仄仄平平 平仄平仄仄平平 仄仄平平仄仄 平仄仄仄平平 平平平仄仄平仄 仄平仄平仄平平으로 되어있다. 詩는 仄起式 七言排律詩다. 그리고 詩의 韻字는 下平聲 一 先韻를 썼는데 韻脚은 湲, 連, 傳, 權, 虔, 憐, 堅, 鮮, 秊이다. 그리고 3句와 4句에서는 孤平拗救가 쓰였는데 本來 3句의 下三字는 平平仄이어야 하는데 仄平仄으로 되어, 卽 至高頌으로 되어, 5字의 平字가 毀損되었다. 그러므로 4句의 5字는 本來 仄字여야 하는데 平字로 바꿔서, 卽 無로 바꿔서, 毀損된 平을 回復시켰다. 이로써 合律이 된다. 그리고 5句의 下三字에서는 單拗가 쓰였다. 本來 5句의 下三字의 平仄의 構成은 平仄仄인데 仄平仄이 되어, 卽 句麗戰으로 되어, 5字에서 毀損된 平字를 6字에서 바로 回復한 것이다. 이는, 下三字에 孤平現象이 發生하였으나 挾平格으로 肯定的으로 看做하며, 本句 自救의 方法으로 또한 合律이 된다. 그리고 7句와 8句에서는 雙拗가 쓰였는데 本來 7句의 下三字는 平平仄이어야 하는데 平仄仄으로 되어, 卽 般若憬으로 되어, 6字의 平字가 毀損되었다. 그러므로 8句의 5字는 本來 仄字여야 하는데 平字로 바꿔서, 卽 名으로 바꿔서, 毀損된 平을 回復시켰다. 이로써 또한 合律이 된다. 그리고 15구와 16구에서도 다시 孤平拗救가 쓰였는데 本來 15句의 下三字는 平平仄이어야 하는데 仄平仄으로 되어, 卽 大韓國으로 되어, 5字의 平字가 毀損되었다. 그러므로 16句의 5字는 本來 仄字여야 하는데 平字로 바꿔서, 卽 千으로 바꿔서, 毀損된 平을 回復시켰다. 이로써 또한 合律이 된다. 위 詩는 16句로 된 排律詩(長律詩)로서 首句에도 押韻하였고 또 모든 聯의 出句와 對句를 對仗으로 해 全對格을 갖추었다.

〔작법감상〕

고대에 唐나라에서는 우리 高句麗의 계승자 渤海의 높은 문화문명의 수준을 稱頌하여, 그 번영과 강함을 稱揚하여, 발해를 바다 동쪽의 융성한 나라 海東盛國으로 불렀다. 근현대에서는 印度에서는, 노벨문학상 수상자 시인 타고르는, 우리나라를 가리켜 동방의 등불이 되리라고 稱歎해 마지않았더라: 'The Lamp of the East: In the golden age of Asia {Corea} was one of its lamp-bearers, and that lamp is waiting to be lighted once again for the illumination in the East. Rabindranath Tagore 28th, March, 1929. 동방등촉: 일찍이 아시아의 황금시기에 빛나던 등촉의 하나인 조선이여 그 등불 한 번 다시 켜지는 날에 그대는 동방의 밝은 빛이 되리라 1929년 3월 28일 라빈드라나스 타고르.' 그런 古來의 칭찬에 사뭇 상기되어 위의 시는 촉발되었다: '북방 벌판과 한반도 일원을 강과 산으로 노래하면서 그 터전 위에서 국조 단군의 멋진 신화가 태동하였다는 것이다. 外侵에 맞선 전쟁 영웅국 고구려, 문명세계의 해동성국 발해, 불교의 고려, 유학의 조선이 뒤를 잇는다. 그러나 어찌 근현대의 挫折과 傷心의 을사늑약, 경술국치, 6.25 전쟁, 남북분단의 역사를 잊으랴. 그럼에도 50 60 70년대의 초고속 경제성장과 80 90 2000년대의 눈부신 민주주의의 성취에 왜 자긍하지 않겠는가. 아아, 삼천리금수강산 땅덩이 地요, 內憂外患에 결코 굽힘이 없는 강인한 사람들 人이라. 동방 등불 대한국은 영원하라!!' 그런데, 필자는 과거 詩集에서 말한 바가 있다, '나는 未久에 남과 북이 만나서 하나가 되는 통일국가에서는 나라 이름으로 대한국(GG Great Gorea)을 제안하고 싶다. 우리가 남북으로 갈라서기 전에 조선 끝자락에 대한제국시대(1897-1910)가 있었다. [大韓帝國은 대한국을 황제가 주체로 이끈다는 시대의 정치성이 담긴 말이겠고, 지금의 大韓民國은 대한국의 주인은 국민이라는 선언일 것이리라.] 그 당시는, 여러 가지 문헌이 증거하듯이, 대한국이라고 널리 통용되었다. 위대한 한민족의 나라라는 표현이 우리의 정서에 알맞다는 말일 것이다... 미래에 우리가 하나가 되는 것이 천만번 무엇보다 중요하지 않겠는가.' 수도 서울도 통일이 되는 그때쯤이면 '성문을 활짝 열겠다'는 '開城'이 어떨까. 평양과 서울은 문화중심의 대도시로 더욱 융성하게 하고, 경기도 개성은 행정수도로서 빛을 발하면 어떨까 한다. 이미 고릿적 개성은 우리 고려국의 활짝 열린 수도로서 나날이 번화하게 창성하였던 곳이다. 역사에서 한 때 西京(平壤)천도운동이 일어났지만 굳건히 開京(開城)을 고집하지 않았던가. 미래 대한국의 수도는 個性 만점의 수도 開城이 어떤가!! 그런데, 필자는 또한 과거 시집에서 말하였는데, '우리나라의 統一은 보통 남북 즉 남한과 북한의 통일이겠지만 이제 우리의 大統一은 남과 북을 아우르는 한반도와 또 북으로 만주 연해주 그리고 남으로 대마도까지 포함하여 하나가 되는 것을 의미한다고 나는 말하고 싶다. 그래서 남북의 대통일은 모름지기 중국으로부터 만주를, 러시아로부터 연해주를, 일본으로부터 대마도를 되찾아야 하리라. 이 시에서는, 당연한 일일 터나, 그런 큰 대통일을 바라며 노래한 것이다. 우리 조상들이 일구며 살던 옛 땅덩이를 찾으려는 것은 기실 마땅한 일이어서 그렇다... 古朝鮮, 夫餘, 高句麗, 渤海, 高麗, 朝鮮, 大韓國으로 이어지는 반만년 역사 속에 滿洲 沿海州 獨島 對馬島 濟州道 離於島는 오롯이 우리의 신성한 국가영토인 것이다. 西海는 중국과 함께 쓰니 꼭 西海라고만 하겠는가 黃海-누런 바다-도 좋으리라, 東海는 일본과 함께 쓰니 꼭 東海라고만 하겠는가 青海-푸른 바다-도 좋으리라. 그러므로 '大統一'의 '大韓國'은 '大疆土'라고 노래하리라.' 나에게는 無男獨女가 있는데 그녀 본래 이름이 황만주다. 그녀의 아들이 하나 있는데 그의 이름은, 아버지가 미국인이라, 연해주 산타루치아다. 혹 불원 내가 자식을 더 갖게 된다면 그의, 그녀의, 이름은 황대마도가 될 것이 거의 확실하다. 2025년 5월 24일 쓴다.

백사한시백수 5
동방등촉

2025년 6월 24일 초판1쇄 인쇄
2025년 7월 01일 초판1쇄 발행

지은이 | 황필홍
펴낸이 | 김영환
펴낸곳 | 도서출판 다운샘

05661 서울특별시 송파구 중대로27길 1(오금동)
전화 02 - 449 - 9172   팩스 02 - 431 - 4151
E-mail : dusbook@naver.com
등록 제1993 - 000028호
ISBN 978-89-5817-559-9 03810
ⓒ 2025, 황필홍
값 40,000원

* 이 책의 무단 전재와 복제를 금합니다.